伊拉克史

Iraq

兩河流域的榮與辱

鄭慧慈——著

三民書局

增訂二版序

兩河流域是人類文明的搖籃，自古因歐亞強大帝國的統治與經營而匯聚各民族的人文與科學思想精華，從蘇美文明、阿卡德、巴比倫和亞述等古閃族文明、希臘、羅馬和波斯等印歐民族文明，到中世紀融合諸民族心血的伊斯蘭黃金時期文明，以及近現代被土耳其殖民、被英國託管、被美國占領的經驗，伊拉克累積並融合數千年東西文明的成果，其文化底蘊非常多元深厚，世界甚少國家的文明能望其項背。透過伊拉克數千年的歷史進程，或許得以認知人類物質與精神品質藉由前人的智慧而不斷提升、各民族因共享與融合加速進步，而發生在伊拉克土地上無止盡的戰爭更警惕人類文明的締造須備嘗艱辛，摧毀文明成果卻往往在須臾之間。凡執政者錯誤的政策、狹隘的宗派主義或僅是強者的私慾等，都足以將眾人的血汗、生命毀於一旦。伊拉克因其溫和的亞熱帶大陸性氣候、幼發拉底河和底格里斯河由北而南貫穿全境的優勢、富庶的兩河沖積平原、發達的農工商社會等條件，成為古帝國相爭之地，並因巨大的石油儲量與地緣戰略地位成為現代強國的角逐戰場，它的宿命便因此戰亂不斷、難得休生養息。國家就如同個人，弱肉強食的人性主宰著它們的命運，但盛極必衰，歷史輪迴的定律永不止息。

本書初版距今十五載，這期間伊拉克災難不斷，歷經強權美國的占領與殖民模式的管控、「伊斯蘭國」組織的蹂躪伴隨多國聯軍的「正義」介入、宗派與民族之間的鬥爭等，凡此都一再挑戰伊拉克百姓的容忍極限，與其稱此期間伊拉克是一個國家，毋寧說它是一個偌大的諸民族戰場；冠冕堂皇的參戰者與悄悄滲入的破壞者既包含頂尖的文明國家，也不乏許多激進的組織與邊緣團體。無奈這些現象對古老的伊拉克而言都不足為奇，所謂文明與野蠻、民主與專制、正義與邪惡等人類千古錯誤卻又執著的二元論，在伊拉克的歷史上從不曾得到驗證。因此，誰又能像所謂的先進國家在地圖上大筆一揮，便劃定阿拉伯國家邊界一般的隨意論斷這塊土地上的人民以及他們的功過？

本書 2008 年版本並未將阿拉伯語專有名詞的拉丁譯音標準化，此版本中的阿拉伯語專有名詞採用標準化羅馬拼音，絕大多數並同時採用自製的標準化阿漢譯音處理，以避免相近語音的名詞混淆。本書的近、現代史章節，因考慮這十餘年的發展重點而重新編排，期待能更清晰地呈現當今伊拉克的狀況，同時調整、更正舊版中的一些疏失。最後，感謝三民書局此次再版的機緣。

鄭慧慈

於 2023 年 9 月 22 日

自　序

今日的伊拉克是伊斯蘭阿拉伯國家，位於亞洲西南邊，北鄰土耳其，東邊與伊朗為界，南鄰沙烏地阿拉伯、科威特，西邊是約旦、敘利亞，邊界全長3,650公里，其中與伊朗的邊界最長，達1,458公里，全國面積437,072平方公里。2007年7月的人口統計為27,499,638人，穆斯林占全國人口97%，其中60%至65%是什葉派，遜尼派則有32%至37%，其他宗教占3%。首都巴格達是伊拉克第一大城，幼發拉底河和底格里斯河兩條河流自西北向東南貫穿全境。兩河流域曾歷經各種不同血統、民族、國家的統治。此區域曾發展出人類最早的農業、畜牧業，有人類最古老的文明中心及都市，出現最早的文字記載，衍生出人文與科學各層面的學術。中古世紀此地更是孕育世界科學文明之處，其成果傳播到西方，成為西方學術之母。跨越數千年歷史的伊拉克是人類文明、靈性的搖籃，卻也是人類相互殘殺、摧殘智慧結晶的見證地。

本書內容大多綜合古今歷史學者及有關書籍作者們的意見，其中以阿拉伯文書籍最多，英文其次、小部分取自中文書籍及網路資料。由於學者們在古代史的記載，尤其是年代的記載上有很大的差異，許多歷史事件甚至令人懷疑其正確性，筆者僅能取其較無爭議者，若有疏失尚請讀者斧正。另外，非常感謝三民書局編輯們在校對、出版的過程中提供非常專業、寶貴的意見。

鄭慧慈

2008 年 4 月於政治大學

伊拉克史

兩河流域的榮與辱

目　次 | Contents

第 I 篇

諸民族與帝國時期

第一章 | Chapter 1

肥沃月彎文明
（約 3500 B.C.～635 A.D.）

人類文明誕生在中東地區的地中海東岸到波斯灣之間，該區氣候溫和，有廣大的肥沃平原，地形呈彎月狀，因此美國東方學者詹姆斯．亨利．布雷斯蒂德 (James Henry Breasted, 1865～1935) 稱此地區為「肥沃月彎」(Fertile Crescent)，地理上包含今日以色列、黎巴嫩、約旦、敘利亞、伊拉克、土耳其東南、埃及東北一帶。肥沃月彎的西半部通稱為「大敘利亞國家」，即現今的敘利亞、黎巴嫩、巴勒斯坦、約旦等國。該地實際的農業發展約起源於西元前 8000 年，種植大量的野生大麥、小麥。畜牧活動約始於西元前 7500 年，最初畜養山羊、綿羊等反芻動物。遊牧民族及牧人沿著河岸居住，隨著人口增加，逐漸組成許多村落社會，重要的村落如今日巴勒斯坦的耶利哥 (Jericho)、今日約旦南部的貝達 (Beidha) 等都屬於人類最早的文明據點。

肥沃月彎東邊的幼發拉底河 (Euphrates River) 及底格里斯河 (Tigris River) 之間狹長的土地是肥沃月彎最適合農耕的土地，希臘人稱之為「美索不達米亞」(Mesopotamia)，希臘文意即「兩河

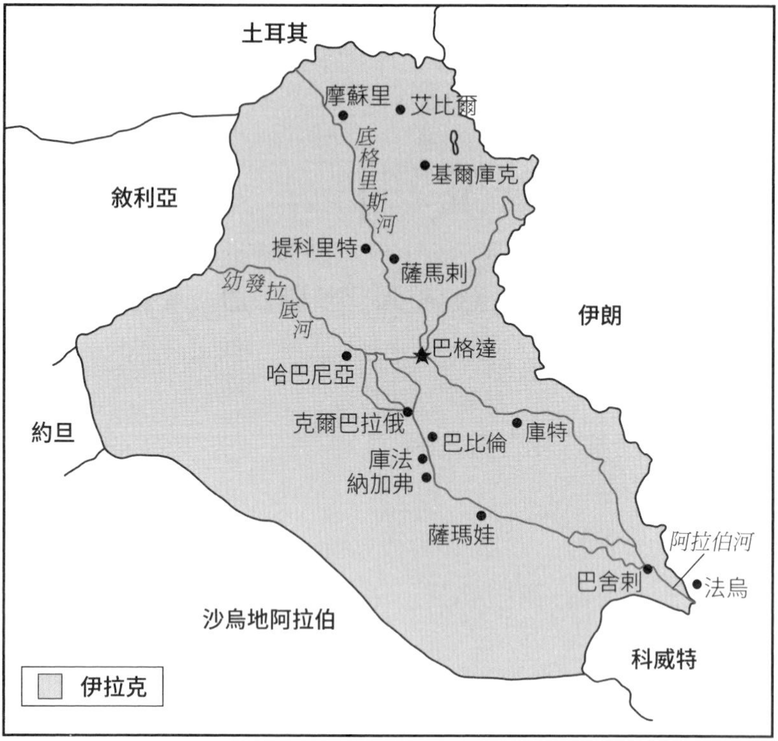

圖 1：伊拉克地圖

之間的土地」，日後有許多文明發源於此。古代所稱的「美索不達米亞」幾乎相當於今日的伊拉克，可能便是傳說中的「伊甸園」。亞伯拉罕的故鄉烏爾 (Ur) 便座落於美索不達米亞，也是蘇美人最著名的城市。《聖經》中諾亞 (Noah) 方舟的故事發生在巴比倫文明之前二千年左右，應該也在兩河流域，因為諾亞的故鄉在巴比倫城東南。至於廣義的「美索不達米亞」指的則是北起安提塔魯斯山脈 (Anti-Taurus Mountains) 南麓，南至波斯灣；東起札格魯

斯山脈 (Zagros Mountains)，西至敘利亞沙漠。透過遺跡顯示，最早定居在美索不達米亞的文化是烏拜德 (Ubayd) 出土的「烏拜德文化」，時間推溯到西元前 5500 年至 4000 年左右，此後逐漸發展成有階級的村落社會。

第一節　蘇美文明（約 3500～2350 B.C.）

蘇美人 (the Sumerians) 居住在伊拉克南部下美索不達米亞 (Lower Mesopotamia)，即今日巴格達以南到波斯灣之間的兩河流域沖積平原。他們充分發揮地理優勢，利用天然肥沃的土地與充足的水源發展農業與畜牧業，在埃及文明之前便創造了燦爛的文明。蘇美文明的黃金時期約在西元前 3500 年開始，也應是世界上最早的文明。

一、蘇美行政體系

蘇美人由各地移居到蘇美 (Sumer)，定居之後被稱為「蘇美人」。他們圍繞著神廟建造許多獨立的城邦，有許多行政中心，由祭司統治，在城邦四周建築圍牆以抵禦外侮。這些城邦為了爭奪美索不達米亞河谷控制權而戰爭頻繁，僅一些大城邦得以倖存。蘇美文明興盛時期共有十幾個城邦，許多統治者嘗試統一這些城邦，使之歸屬於一個政治中心。每個城邦居民約一萬至五萬人，居民被視為神的奴隸，從事士、農、工、漁、牧等職業。從事工業者負責製造器具，供保衛城邦的神廟及戰士所使用。蘇美人為管理偌大的疆域，創造了世界最早的君主政體，君王的職責在統帥軍隊、管理貿易、解決紛爭、主持重要的宗教慶典等。中央政府掌管土地的測量與分配、農作物的分配等事務。在伊拉克的古文明時代，國王政權是世襲制，甚至曾經認為王權是神權。蘇美文明經由波斯灣到紅海的海路，影響了埃及文明，可能也影響了印度文明。閃族阿卡德人 (the Akkadians) 征服蘇美人之後，幾乎放棄自己的文化，承襲蘇美人所建立的政治、經濟、法律、宗教、文字等制度。

著名的蘇美城邦計有基什 (Kish)、烏魯克 (Uruk)、烏爾、烏瑪 (Umma)、拉爾撒 (Larsa)、埃里都 (Eridu)、阿達伯 (Adab) 等。基什王國最後兩位統治者在巴格達南方的尼布爾 (Nippur) 建立蘇美伊庫爾 (Ekur) 神廟，膜拜風與大氣之神安利勒 (Enlil)，從此尼布爾成為蘇美宗教、文化中心。烏魯克即《聖經》中的以力 (Erech) 城，曾是政治、宗教、貿易中心，其重要性持續至蘇美衰微為止。烏魯克的開國國王梅斯積敘爾 (Meskiagsher) 將勢力範圍擴張到今日伊拉克東邊及地中海，統治整個蘇美。其子安梅兒卡爾 (Enmerkar) 繼承王位後征服伊朗阿拉塔 (Aratta)❶。烏爾是先知亞伯拉罕的故鄉，城中有壯麗的月神塔廟。烏瑪與拉迦敘 (Lagash) 城邦為了爭奪水源及邊境而爭戰數世紀之久，國王魯迦

❶ 其位置至今仍是一個謎，可能是位於伊朗西部。現代考古學家對於人類文明是否源於美索不達米亞開始抱持懷疑態度，有些學者認為或許人類文明最早的城市是出土楔形文中所記載的阿拉塔城。

爾札吉希（Lugalzagesi，約 2375～2350 B.C. 在位）曾短暫統一蘇美，勢力範圍抵達地中海，但其勝利僅僅維持二十五年（或說至西元前 2340 年）　便為阿卡德國王薩爾貢一世 (Sargon I, 2334～2279 B.C.) 所敗 。拉爾撒最繁榮的時期約於西元前十九至十八世紀，城中建有日神沙馬敘 (Shamash) 塔廟。西元前 1763 年漢摩拉比（Hammurabi，約 1792～1750 B.C. 在位）打敗拉爾撒國王林遜 (Rim-Suen)，設拉爾撒為其王國南方首都。埃里都是重要的宗教中心，該城邦人民膜拜水神愛爾 (Ea)，依賴河水發展農業和漁業。阿達伯國王魯加爾安尼穆杜（Lugalannemundu，約 2490～2400 B.C. 在位）在位九十年間積極擴展疆域，勢力範圍曾包含整個蘇美。

二、蘇美人的經濟

蘇美時期農業發展勝過工商業。農業依靠雨水灌溉，使用簡易的器具，最初收成只能自足，後漸漸利用工業改善灌溉方式，擴充灌溉面積。蘇美人發明輪子和播種用的犁，建築水壩，挖掘運河以灌溉田地，並建立防洪系統，制定農業用曆法，主要農作物是大麥、小麥、椰棗、玉米、芝麻、扁豆。果樹有無花果、橄欖、葡萄、石榴、蘋果等。他們畜牧牛、羊、驢，用羊毛製造紡織品。蘇美人擅長於冶金，懂得製造兵器，用泥土、石頭、骨頭、木頭雕塑各種物品。在青銅器時期，塑造許多青銅作品，配製顏料、化妝品、香水等。他們精通貿易，經由陸路或河道，從波斯灣輸入象牙及其他貴重貨品，並輸出本土貨品至鄰近地區，其商業的繁榮與發展得益於發達的度量衡工具及帆船、馬車等交通工具的發明，政府也制定交易法規供人們遵循。各行各業自成專業團體，如商、漁、牧、建築、鐵匠、木匠等團體，各以精通此業者為領導人，世代相傳。銀行概念也源自於美索不達米亞，最早起源於神廟或各地舉辦活動時提供給人們寄放貴重物品的儲藏室，最早接受寄放的是穀物，而後是牲畜、耕種器具、貴重金屬等。

三、蘇美人的學術

1869 年，法國學者儒勒．歐佩爾特 (Jules Oppert) 發現出土泥版上明顯有兩種語言的存在，推翻一般人認為阿卡德人是楔形文字發明者的說法，認為較阿卡德人更早的蘇美人才是楔形文字的發明者。後來美國考古學者在尼布爾挖掘出數千件蘇美文學的泥版和銘文，證實了這項理論。根據書寫在泥版上的蘇美楔形文字遺跡，顯示蘇美人發明了世界最早的書寫符號，發展出楔形文字，是世界最古老的文字系統。每個符號代表一個或一個以上的音節，被西南亞各民族所沿用。楔形文字原來是一種象形字，用削尖的蘆葦或其他工具刻在潮濕的泥版上，然後在日光下曬乾，字形呈筆直的三角形，如同楔形，因為就地取材方便且較埃及古文明所使用的莎草紙容易保存，兩河流域的文明因此留下豐富的歷史資料。蘇美人由於經濟、行政的需要，在泥版上雕刻象

圖 2：西元前 3000 年左右的蘇美楔形文字泥版，記載醫生的處方。

形文字，創造三百五十個楔形字或音節。蘇美語包含四個元音，十五個輔音，動詞和名詞只能由句子的結構去分辨。

蘇美人的政治、經濟、人文等現象都記載在數千塊出土的泥版上，其中約有五千件文學作品，內容包含史詩、讚頌詩、悼詩、格言、預言、神話等。兩河流域的文學作品可以遠溯至西元前二千多年的《吉爾伽美什史詩》(*The Epic of Gilgamesh*)，遠較西元前九世紀希臘荷馬 (Homer) 的史詩《伊利亞德》(*Iliad*) 及《奧德賽》(*Odyssey*) 還早。《吉爾伽美什史詩》出土於尼尼微 (Nīnawā)，寫在十二塊泥版上，約有三千節，內容記述烏魯克城邦吉爾伽美什國王的事蹟，描述此王與其摯友恩奇都 (Enkidu) 的冒險故事，敘及吉爾伽美什因此友之死而哀傷，其後他積極追求「不朽」。此詩中表現人類的脆弱、對死亡的恐懼及追求永生的慾望等，頗似《舊約聖經》、《古蘭經》中諾亞先知的故事。

蘇美人在天文、數學、醫學等各方面學術皆有傲人的成就，譬如在天文方面，他們發明太陰曆法，以月亮的圓缺計算時間，將一年分成十二個月，共三百五十四天，每三年閏月一次，以配合太陽現象。他們也訂定六十進位法，將時間以六十進位法計算，每小時為六十分鐘，每分鐘為六十秒。數學方面，他們發明十進位法，能計算分數、解一元二次方程式，將圓周分為三百六十度，能計算不規則多邊形的面積及某些錐體的體積。醫藥上，他們使用動、植、礦物成分配製藥方。藝術方面，他們發明類似西方音樂的七音全音階連貫音樂系統，後人從王室陵墓中挖掘出許多當時蘇美人製作的豎琴、里拉琴 (lyre)，技術精巧，由此可見他們的音樂水準。蘇美人並建立圖書館典藏書籍，創辦學校，學校設校長、教師、助教，學生大多來自富裕家庭，經嚴格訓練成為政府、神廟及其他機構負責繕寫及記載國家史料的文書人員，訓練期往往持續數年之久。

四、蘇美人的信仰

宗教能規範人們的行為，其儀式與觀念逐漸形成該族群的傳統與習俗，在古老民族的社會中影響著人們的生活及文明發展方式。蘇美人的宗教思想記載在楔形文獻中，有故事、神話及禮拜儀式。許多宗教儀式所使用的器皿遺留至今，根據這些遺跡可知蘇美人是多神教徒，並將神明擬人化。他們崇拜四位主神：天神、地神、海神、氣神，主神之下有日、月、星、風、雨等諸神，最崇高的神是阿努 (Anu)，風與大氣之神是安利勒，水神愛爾創造男人，另外尚有許多與生活有關的眾小神。他們相信人是神用泥土塑造出來的，人須用食物、住所來供奉神明，遇到災難時，可向神明祈求，人死後會進入淒涼的陰間。此外，宗教儀式中經常出現對掌管愛、戰爭及繁榮的女神伊南娜 (Inanna) 的膜拜。他們相信若能在統治者及女神伊南娜的神聖儀式下結婚，日後夫妻會幸福。神曾經因創造人類而後悔，於是製造洪水以毀滅錯誤的創造物，這場洪水中有一個人造船乘舟而倖免於難。後來的一神教中也出現諾亞方舟的故事，其源或許便出自早期蘇美人的信仰，因為今日三個一神教始祖亞伯拉罕，便是出生於蘇美的烏爾。他們都深信城邦由神明統治，大祭司地位特殊，其職責在察覺神的旨意，是神與人之間溝通的橋梁，是神在地球上的代表。每個城市中心都有屬於自己的神廟，蘇美神廟用泥磚建造，呈金字塔形狀，座落在高塔上，神廟正中央有神龕，供奉神像，每個神都具有形體，有壁畫裝飾，廟宇中的塑像、雕刻顯示他們的藝術水準，四周是祭司的房間。這種塔廟 (ziggurat) 並非執行大眾宗教儀式之處，而是象徵神與人之間的接觸管道，只有祭司才能在此膜拜，後來成為世界三個一神教：猶太、基督、伊斯蘭教的宗教建築原型。

蘇美人的宗教思想影響了後來各種宗教思想，譬如神創造天地萬物、死亡與陰間等觀念皆源於此。因為整個城市都歸屬於神，神廟不僅擔負保衛都市安全的責任，且擁有人民與土地。蘇美人可以擁有自己的財產並自由處理，可以自由交易，蘇美國王也不像埃及法老一般擁有王國內的所有財產。

第二節　古閃族文明（約 2334～539 B.C.）

「閃族」(Semites) 是一個近、現代名詞，溯源於希伯來文經典中諾亞的長子「閃」(Shem)，閃的子孫都稱之為「閃族」，此民族所操的語言稱之為「閃語」(Semitic)。古閃族包含很廣，如阿卡德人、巴比倫人、迦勒底人、亞述人、亞拉姆人、腓尼基人❷、亞摩利人、迦南人等，現存的閃族則包含阿拉伯人與猶太人。伊

---

❷ 學者們對於腓尼基人是否屬於閃族仍有爭議。

拉克受閃族統治的時間很長，孕育許多光輝的閃族文明，尤其是中古時期的阿拉伯伊斯蘭文明。

一、阿卡德帝國（Akkadian Empire，約 2334～2190 B.C.）

約西元前 3000 年，閃族的阿卡德人遷入兩河流域北邊逐漸定居下來，並與當地居民融合。換言之，西元前 3000 年伊拉克有兩個使用不同語言的民族居住在這塊土地上：南邊的蘇美人和北邊的阿卡德人。

西元前 2334 年（或說西元前 2340 年、前 2350 年），阿卡德領袖薩爾貢一世打敗魯迦爾札吉希國王，征服蘇美人，建立世界史上第一個帝國阿卡德帝國，建都阿卡德 (Akkad)，是古代世界最繁榮的城市，「阿卡德人」也因此城而得名。依據民間傳說，薩爾貢一世出生寒微，嬰兒時被放在籃子裡順河漂流，被一位園丁發現，將他扶養長大，稍長擔任基什國王烏爾札巴巴 (Ur-Zababa) 的斟酒人。在蘇美文的《薩爾貢傳奇》裡敘述薩爾貢一世夢見自己被女神伊南娜所喜愛，伊南娜將烏爾札巴巴溺死在血河裡。薩爾貢一世將自己的夢告訴烏爾札巴巴，後者因此心生畏懼，想除掉薩爾貢一世，乃派遣薩爾貢一世送信給魯迦爾札吉希國王，信中提及謀殺薩爾貢一世之事，所幸女神伊南娜極力保護薩爾貢一世，歷史對其後的發展記載有限。薩爾貢一世可說是美索不達米亞軍隊的創始者，有些學者甚至認為薩爾貢一世可能與亞述的薩爾貢國王是同一人。薩爾貢在位很久，因為他的王位得自個人的奮鬥，非世襲而來，自稱是「真王」(Sharru-kin, Rightful King)。

薩爾貢一世徵兵建軍，動員大批勞工治理水患、灌溉農田，發明用木條和動物角做成的弓，成為作戰的利器，拓展疆域直抵埃及、衣索比亞，其影響力西北抵地中海，東達伊朗。

里穆旭（Rimush，約 2279～2270 B.C. 在位）繼承薩爾貢一世王位，在位八、九年後被暗殺，曾鎮壓阿卡德及蘇美境內的暴動，征服伊勒姆 (Elam) 及馬爾哈敘 (Marhashi or Barakhshe) 等地。里穆旭的雙胞胎兄弟曼尼旭圖蘇（Manishtushu，約 2270～2255 B.C. 在位）繼位後，積極將版圖擴展到伊朗，北到亞述、尼尼微，遠征成果較其兄弟更輝煌。曼尼旭圖蘇之子納拉姆辛（Naram-Sin，2255～2218 B.C. 在位）在位時採用埃及的神權政治，擁有所有神權，戴象徵神權的有角皇冠，自稱為「宇宙之王」(King of the Universe)，正式頭銜則是「阿卡德之神」(God of Akkad)。納拉姆辛統治帝國期間，北部偏遠地區的古蒂民族 (the Gutians) 入侵。納拉姆辛之子沙爾卡里薩利（Shar-Kali-Sharri，約 2218～2193 B.C. 在位）繼位之後東有古蒂人，西有亞摩利人 (the Amorites) 的威脅。沙爾卡里薩利過世後無子嗣，阿卡德帝國三年中換了四個國王，終於被古蒂人所滅，阿卡德成了荒涼之地，阿卡德帝國對整個美索不達米亞歷史而言有如曇花一現。

阿卡德人承襲蘇美人的高度文化，無論在宗教、文學或文字上都深受蘇美人的影響。他們繼蘇美人使用蘇美人發明的楔形文字，直至西元前十三世紀迦南人創造拼音字母為止。阿卡德帝國通行的阿卡德語稱為「古阿卡德語」，是最古老的閃語，也是最接近阿拉伯語的古閃語，阿卡德語後來取代蘇美語成為說話語言，並發展出各種方言，其中最重要的方言是巴比倫語和亞述語。巴比倫語使用時間至西元前 539 年巴比倫淪陷。亞述語使用時間約從西元前十九世紀到尼尼微被迦勒底及米提人攻陷 (612 B.C.) 前不久。

二、古巴比倫帝國 (Old Babylonian Empire, 1894～1595 B.C.)

西元前二十二世紀初期，美索不達米亞南部的烏爾征服其他蘇美城邦，打敗古蒂人，建立歷史上的烏爾第三帝國，統治大部分的美索不達米亞。烏爾第三帝國後來被來自東方伊朗高原的伊勒姆人 (the Elamites) 及來自西方敘利亞的閃族亞摩利人聯合消滅。驍勇善戰的亞摩利人繼之而起，建立「古巴比倫帝國」，建都巴比倫，繼承蘇美及阿卡德文明，並加以發揚光大，亞摩利人也因此被稱為巴比倫人，並在兩河畔建立城市，美索不達米亞文明在巴比倫人手中達到巔峰。「巴比倫」 在阿卡德語中意為：神門 (Babilli)，在早期只是幼發拉底河畔的小鄉鎮，阿卡德人的碑文遺跡中，將它列為被征服的城鎮。

有關巴比倫的記載最早可推溯到西元前 2200 年左右。西元前 1894 年建立王國，第一位國王是蘇穆阿卜 (Sumu-Abum)，極盛期從西元前十九世紀至西元前十七世紀。最出類拔萃的巴比倫國王是第六任的漢摩拉比，他統治帝國四十二年期間被稱為「巴比倫黃金時期」。漢摩拉比不僅是一位傑出的軍事領袖，也是行政管理及外交奇才，以實施睿智、公正的法律著名。他建立君權神授的

圖 3：現代部分復原的古巴比倫城

中央集權制度，除了中央機構外，並在各大管轄區派遣總督，分層管理帝國事務，人事、稅務與軍事權力集中於帝王一身。他擅長於經濟管理，譬如開鑿運河，建築跨河大橋使商船暢行無阻，建立水利系統，化荒地為良田，建築豪華的宮殿及雄偉的神廟，凡是航運、灌溉、建築、稅收等皆親自督導。

當時的住宅建有中庭花園，房間圍繞著花園而建。城市建城牆防衛敵人入侵，有數個城門，商賈在城門交易。商人向西可到敘利亞，向北到亞述，向南到海灣各國交易。商品包括食品、紡織品、建材、奴隸、牲畜等。經濟主要仰賴農業生產、工業產品及農產品外銷到中東其他地區，並輸入金屬、木頭、石頭等原料。社會分為三階層：統治階層、平民、奴隸。統治階層如政府官員、祭司、富賈、地主。平民包含農、牧、工、商，不能享有統治階層的權力，須納稅、服兵役、勞役；自由女人可擁有財產，在法律上享有權利，丈夫通常由父親挑選。奴隸階層主要是外族及負債之人，其地位卑微並以蓄長髮來辨識其奴隸身分。理髮師若不經奴隸主人同意，擅自剃除奴隸的長髮則視同竊盜。奴隸可買賣、轉讓、交換、贈予，可透過收養、婚姻、貸款等方式贖身。

漢摩拉比登基時巴比倫尚是兩河流域的小王國，在他精心經營後，巴比倫成為世界中心。漢摩拉比更致力於擴張疆域，將其他王國納入版圖，建立「古巴比倫帝國」，勢力範圍包含底格里斯河、幼發拉底河河谷（包含今日的敘利亞東部、土耳其南部及大部分的伊拉克），西至地中海岸，南至蘇美、波斯灣，北抵亞述。漢摩拉比過世後，其子山蘇伊魯納（Samsu-Iluna，約 1750～1712 B.C. 在位）繼位，非閃族的卡司特人 (the Kassites) 不斷攻擊古巴比倫帝國，帝國喪失大部分的土地，執政者也無心擴張疆域。西元前十六世紀美索不達米亞出現許多民族，狀況非常混亂，但直至漢摩拉比曾孫阿米薩度迦 (Ammisaduqa) 仍自稱為「亞摩利人土地之王」(King of the land of the Amorites)。西元前 1595 年（或說西元前 1570 年或 1530 年），巴比倫淪陷，帝國被印歐民族西臺人 (the Hittites) 聯合貝都因卡司特人所滅。阿米薩度迦之子山蘇迪塔納 (Samsu-Ditana) 是最後一位國王， 被西臺國王穆爾西里一世 (Mursilis I) 推翻。西臺人不久勢微，卡司特人在巴比倫建立帝國，將巴比倫重新命名為「卡爾度尼敘」(Karanduniash)，統治五百七十六年之久。西臺人在西元前十四世紀上半葉再度強盛，控制地中海到波斯灣地區，他們的崛起應歸功於鐵製兵器及戰車的使用。

約於西元前十六世紀印歐民族米坦尼人 (the Mitannis) 曾在美索不達米亞北邊建立帝國，並征服東邊的亞述人，強盛時疆域東自伊拉克北部基爾庫克 (Kirkūk) 及伊朗札格魯斯山脈，西抵地中海。西元前十四世紀末葉，米坦尼帝國勢微，被迫與埃及法老簽訂和平條約。西北部的西臺人此時也威脅帝國，米坦尼帝國乃透過與法老及西臺王室的聯姻，而得維持半自主狀態，勢力範圍卻大幅縮小。亞述人見有機可趁，於西元前十四世紀中葉徹底摧毀米坦尼王室，弄瞎一萬多位米坦尼人的眼睛。部分米坦尼人乃向北遷移，組織小王國。亞述帝國統治巴比倫期間以嚴刑峻罰統治百姓，巴比倫居民起而反抗。西元前 689 年亞述國王信納闕里布（Sennacherib，約 705～681 B.C. 在位）摧毀巴比倫城，十一年後其子以薩哈頓（Esarhaddon，約 681～669 B.C. 在位）重建巴比倫城。

‧《漢摩拉比法典》

世界最早的律法出現於兩河流域。西元前 2113 至前 2095 年的蘇美法律便有後來出現在一神教經典裡的「以牙還牙，以眼還眼」原則。西元前 1934 至前 1923 年出現阿卡德文書寫的律法，接著便是漢摩拉比執政第二年的《漢摩拉比法典》，內容參考蘇美及阿卡德的律法，並加以修改與擴充，包含一些基本法律觀念，譬如國家是負責執行法律的機構，法律保護範圍應當包含社會低階層民眾、懲罰要依據罪行而定等。此法典的前言在讚頌漢摩拉比的豐功偉業，內含二百八十二條律法，使用的是楔形文字書寫

圖 4：漢摩拉比法典的內容

體，語言則是阿卡德語中的巴比倫方言，是古代最成熟完善的律法，對所有近東國家的文明有深遠影響，現保存在法國的羅浮宮 (Louvre) 中。

三、亞述帝國（Assyrian Empire，約 1350～612 B.C.）

閃族亞述人是美索不達米亞最早的居民之一，居住在平原北部的高原區，原居地氣候多雨，但因為灌溉困難而非常嚮往西、南邊的富庶平原區。約西元前 2000 年今日伊拉克東南部的烏爾國王統治亞述 (Assur)❸。不久，亞述人聚集在安納托利亞高原 (Anatolia) 從事貿易，約於西元前十四世紀開始擴張版圖。

亞述帝國歷史可分為兩個階段：古亞述帝國時期約自西元前十四世紀中葉至西元前十二世紀；新亞述帝國時期約自西元前十

❸ 有些學者將亞述帝國分為古、中、新三階段，此階段便是古亞述時期。

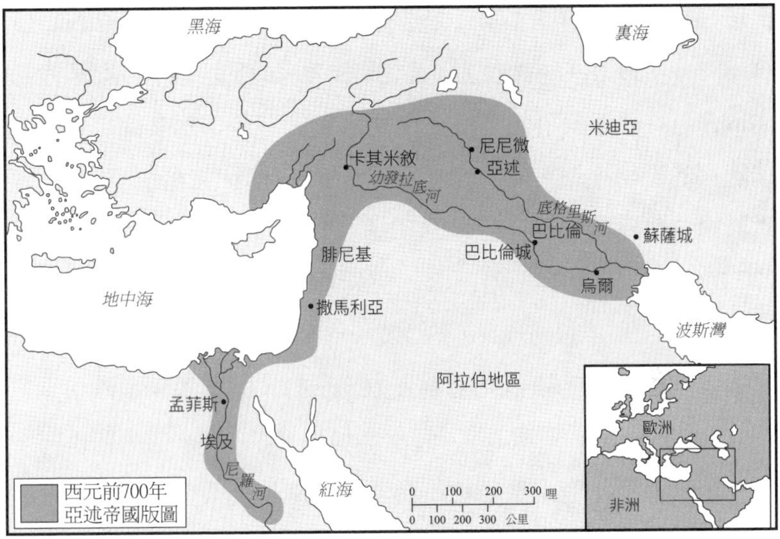

圖 5：亞述帝國版圖

世紀至西元前七世紀初。亞述帝國的開創者是亞述爾．巴利特一世（Ashur-uballit I，約 1365～1330 B.C. 在位），他擊退米坦尼人，建立「古亞述帝國」，自稱「大王」(Great King)，不斷擴充領土。西元前十三世紀末亞述帝國將兩河流域皆納入版圖中。日後帝國雖曾陷入短暫衰微，但是在西元前 1120 年提格拉琵勒瑟一世（Tiglath-Pileser I，約 1115～1077 B.C. 在位）越過幼發拉底河打敗西臺人，復興亞述帝國。西元前十一世紀亞述帝國因亞拉姆人入侵，再度衰敗，古亞述帝國階段結束。

新亞述帝國第一位國王是阿達德尼拉瑞二世（Adad-nirari II，約 911～891 B.C. 在位），帝國進入鐵器時代，他們大量製造兵器，致力於征戰，對待俘虜及被征服民族極度殘忍。新亞述帝國出現幾位著名的君王：其一是亞述納西珀二世（Ashurnasirpal II，約 883～859 B.C. 在位），他將首都從亞述遷至寧姆魯德(Nimrud)，興建豪華的宮殿，使用大量的石雕作為裝飾，奠定亞述建築的藝術標準。其二是施行人口流放政策、強化帝國戰鬥力、鞏固中央集權的提格拉琵勒瑟三世（Tiglath-Pileser III，約 745～727 B.C. 在位）。其三是征服以色列王國首都撒馬利亞 (Samaria) 的薩爾貢二世（Sargon II，約 722～705 B.C. 在位），他將帝國版圖擴張到地中海，直抵塞普勒斯 (Cyprus)，並建築都爾沙魯金宮殿 (Dur Sharrukin)，意為：「薩爾貢城堡」。其四是信納闕里布，他使用武力平定巴比倫暴動，西元前 689 年摧毀巴比倫城，在敘利亞、巴勒斯坦平定許多暴動，再遷都底格里斯河畔的尼尼微城，並建造規模空前的宮殿，將行政機構集中在皇宮四周。

西方考古學者發現信納闕里布時期尼尼微有十五個城門，有十八條水渠引泉水到城裡，首都裡有壯麗的宮殿，宮中約有七、八十個房間，其中一間是亞述班尼珀（Ashurbanipal，約 668～627 B.C. 在位）後來建造的「亞述班尼珀圖書館」。尼尼微宮殿至少有二十七個入口，每個入口都有巨大的牛、獅或牛身人面的石雕衛士守護。尤其壯觀的是記載著亞述歷史和神話的石雕壁畫，如果把這些壁畫一幅一幅排列起來，其長估計超過三公里。信納闕里布的繼承人以薩哈頓將埃及納入亞述帝國版圖。

亞述最後一位強盛期國王是信納闕里布的孫子亞述班尼珀，此時亞述帝國領土包含巴比倫、敘利亞、波斯、埃及等，然而帝國也開始陷入混亂狀態。西元前 651 年亞述軍隊在埃及挫敗，退出埃及，約於西元前 635 年亞述帝國開始衰微，西元前 612 年，亞述最後一位國王信沙里敘昆（Sinsharishkun，627～612 B.C. 在位）時期，亞述被伊朗北部操印歐語的遊牧民族米提人 (the Medes) 和美索不達米亞南部的閃族迦勒底人所滅，尼尼微被夷為平地。十九世紀中葉，考古學者發現尼尼微出土的石碑中，記有古巴比倫時期上帝用大雨和洪水懲罰有罪的人類，情景極像《聖經》中的諾亞方舟故事，可惜這塊碑文已經破碎，這段故事也不再可考。

相較於巴比倫人，亞述人是一支強悍的民族，也是著名的戰士，被稱為「亞洲羅馬人」，擅長於組織軍隊，武器設備精良。亞述帝國強盛時曾占領腓尼基 (Phoenicia) 各城市，勢力範圍直抵地中海及黑海，帝國北部包含今日整個伊拉克，其文明在許多方面類似其南邊的巴比倫文明。

1. 亞述行政體制

亞述國王被稱為法律之王、亞述之王、宇宙四方之王、世界之王、眾王之王等，親自率軍到亞述帝國各地徵收稅款。亞述國王的長子即王儲，居住在行政宮裡，負責行政事務。一些古城如亞述、尼尼微等地的居民享有減稅或免兵役特權，其他居民則須繳稅並服兵役。帝國分成許多省分，各設省長管理省務，對中央政權負責。根據出土的遺跡顯示，亞述政府對待人民非常嚴苛，譬如任何城市居民若發生暴動或拒繳稅款，政府會將他們放逐到邊陲地帶。

亞述帝國的城市很少，都有城牆圍繞，由射手負責保護。城

圖 6：亞述帝國雕刻藝術

市人從事商業或工業，製造陶器、金、銀、銅、象牙、木器等器皿，居民也種植蔬果，城牆外灌溉區有葡萄園。亞述農人耕種田地，挖掘運河引水灌溉，幫忙治理洪水，重要的農作物是大麥。農人住茅屋，牆壁是草和泥土混合而成，他們畜養家畜，製作乳酪。亞述境內的遊牧民族通常是逃跑的奴隸、落魄的農人或是被驅逐的城市人，經常侵襲城市居民，城、鄉雙方關係惡劣。亞述帝國奴隸數目很少，通常是戰俘或債務人，有些人會販賣自己的妻子或子女來償還債務，使他們淪為奴隸。

2.學　術

亞述語屬於閃語，使用蘇美人的楔形文字，晚期的亞述人說話語言使用閃語的亞拉姆語，也使用亞拉姆文書寫，但多數仍用楔形文字，兩種文字並用的現象一直到亞述帝國結束為止。一般而言，這兩種文字使用在不同的用途上：楔形文用在書寫歷史、宗教事務；亞拉姆文則用在日常生活上。由於亞拉姆文的遺跡多數已毀，學者們所知僅止於帝國最後階段的亞述商業活動狀況。亞述人的科學成就輝煌，尤其是數學成就，醫學上的成就則可媲美希臘。亞述人的藝術表現在宮殿的雕刻石板上，雕刻許多動物形象，但大部分缺乏立體感。亞述宮殿建築龐大，屋頂高聳，雕刻藝術使用材料有石頭、金屬、木頭、象牙，也自埃及、腓尼基進口藝術品。

十九世紀在尼尼微發現的「亞述班尼珀圖書館」蒐集許多蘇美、巴比倫、亞述宗教、歷史、法律、醫學、語言、文學等領域的楔形文泥版圖書，保存了世界最早的阿卡德文獻，遺留至今的泥版約一萬多片，現在保存於倫敦大英博物館的泥版圖書館及伊拉克古物局中，是兩河流域最寶貴的歷史、文化原始資料。書籍中有西元前 1400 年的亞述法律，如同《漢摩拉比法典》一般，但較巴比倫法律顯得更嚴厲。這些泥版都分類保存在書架上，顯示亞述帝國有圖書館專責人員管理書籍、整理目錄。

3.信　仰

亞述人的宗教信仰和蘇美、巴比倫人的宗教有密切關係，他們相信有許多神祇主宰著人類的命運，也控制著天、地、風、雨、火、水等自然現象，他們也相信善、惡及巫術。亞述人最大的神是亞述神，亞述國王同時也是亞述主神的大祭司。亞述人認為國王是亞述主神派遣在人間的統治者。除了主神外，亞述人還崇拜知識神、戰神、愛神等。他們奉獻食物、貴重物品給神明，占卜者會依據天候、鳥行等預測未來。

四、新巴比倫帝國（Neo-Babylonian Empire，約 626～539 B.C.）

西元前 627 年，亞述國王派遣兩位王族任巴比倫總督，當時有一位曾經參與亞述軍隊作戰的巴比倫士兵納伯波拉薩

（Nabopolassar，約 626～605 B.C. 在位）❹將此二人驅逐，隔年自立為王。納伯波拉薩持續與亞述作戰，當時埃及支持亞述，戰爭顯得格外辛苦。西元前 612 年，巴比倫人聯合米提人攻打亞述帝國，亞述帝國首都尼尼微淪陷，巴比倫人奪得尼布爾及所有的蘇美、阿卡德地區，建立「新巴比倫帝國」或稱「迦勒底帝國」，首都巴比倫。納伯波拉薩在位期間統治的疆域相當於今日大部分的中東地區，巴比倫在新帝國的統治下盛況達到歷史巔峰。納伯波拉薩之子尼布甲尼撒二世（Nebuchadnezzar II or Nebuchodonosor，約 605～562 B.C. 在位）在西元前 607 年未即位時便在幼發拉底河與埃及人作戰，西元前 605 年摧毀幼發拉底河上游埃及人的大城卡其米敘 (Carchemish)，趁勝追趕落逃的埃及軍隊直抵埃及邊境，腓尼基和敘利亞因此併入新巴比倫帝國版圖。尼布甲尼撒二世在位四十三年，東征西討，是最強勢的新巴比倫國王。西元前 586 年，他征服巴勒斯坦，鎮壓耶路撒冷的封臣叛變，摧毀所羅門聖殿，將一萬五千名俘虜放逐到幼發拉底河畔，將耶路撒冷併入版圖，並鼓勵大量移民，疆域擴張到紅海邊。尼布甲尼撒二世除了重建帝國境內所有的城市和神廟外，最令人矚目的是他重新建造巴比倫，建築厚度達二十六公尺的城牆，城牆有溝渠圍繞，居民進出的城門有八個銅門，城外有宗教慶典劇場。每逢新年巴比倫人會扛著神像在街上舉行慶典。城市面積達到二千八百英畝以上，成為當時世界最大的城市，也是世界文明中心。

---

❹ 有些學者認為他並非迦勒底人，而是亞拉姆人。

圖 7：尼布甲尼撒二世王宮廢墟遺址

尼布甲尼撒二世還建築了「空中花園」(Hanging Gardens)，其地理位置約在巴格達南方五十公里處的幼發拉底河東岸。傳說中尼布甲尼撒二世建此花園是為了取悅他的妻子或妾阿米蒂絲(Amyitis)。阿米蒂絲是米提國王的女兒，故鄉在山上，自從離鄉背井住到巴比倫平原後適應困難。尼布甲尼撒二世為解她思鄉之情，在宮殿屋頂種植熱帶植物。花園工程完工於西元前 600 年，離地面約二十三公尺，以複雜的工程技術著稱，如齒輪帶動水桶，引幼發拉底河水灌溉，再經由人工河道回歸地面。其建材因當地石塊不足，故混合著瓦塊、蘆葦及瀝青等。希臘人將位在高建築物屋頂的空中花園視為世界七大奇景之一。最早有關空中花園的記載來自古希臘歷史學者，如西元前三世紀的貝洛蘇斯(Berossus) 和西元前一世紀的狄奧多羅斯 (Diodorus Siculus)，然而

圖 8：空中花園想像圖

「空中花園」的真實性仍待考證。

西元前 539 年，新巴比倫帝國最後一位國王那波尼杜斯 (Nabonidus) 在位期間，波斯人藉著幼發拉底河道穿越城牆入侵，由於新巴比倫帝國境內受反政府聲浪及被放逐的猶太人影響，波斯人幾乎毫不費力的消滅新巴比倫帝國，巴比倫成了波斯帝國最富庶的地區。1899 年至 1917 年，德國考古學家發掘巴比倫大多數的宮廷、神廟、住宅區、城牆等遺跡，這些遺跡都追溯到新巴比倫帝國時期。

新巴比倫人的主神是馬爾杜克 (Marduk)，新巴比倫國王並非宗教領袖，一年只需進入神廟一次便可，或在必要時才入神廟。家庭是社會的組成單位；社會有統治階層、被統治階層。統治階層是王室、軍隊將領、富賈、大祭司等，享有特權。被統治階層包含一般農人、商人、工人。另外尚有奴隸階層，待遇與前述二階層顯然不同。由於人與人之間的關係日漸複雜，有習慣法讓一般人們遵循，最後發展成由政府頒布的法令。

第三節　古波斯帝國文明與波希戰爭（約 559 B.C.～651 A.D.）

遠自西元前 3000 年左右， 在伊朗高原西南部便出現伊勒姆人，他們建都蘇薩 (Susa) 城發展他們的文明，約於西元前十世紀遷移至波斯內地，西元前八世紀建立在伊朗的第一個帝國，西元前七世紀末勢力達到巔峰。伊勒姆人的語言曾被波斯人所使用，但並非屬於印歐語系。

西元前十世紀左右有一支遊牧民族遷徙到美索不達米亞，發明許多制度，如驛馬郵政制度、統一度量衡等，應是該地區最早的波斯人。波斯 (Persia) 一詞源於希臘文 Persis，是當時波斯西南部濱臨波斯灣的帕爾斯 (Pars) 省分的名稱，波斯灣也因而得名。「帕爾斯」意指「雅利安人」(the Aryans) 的土地，伊朗 (Iran) 一詞便源於此，帕爾斯人也稱自己的語言為「雅利安語」。古波斯語屬於印歐語系，與印度梵語及現代波斯語有關聯。波斯帝王的手抄卷使用楔形文字，因為當時能閱讀者屬於少數，故數量稀少。書寫上，波斯人使用閃語中的亞拉姆文字，當時亞拉姆文字普遍使用在敘利亞、巴勒斯坦及兩河流域一帶，波斯人將它傳入印度、中亞及今日的土耳其。

一、阿契米尼恩帝國（Achaemenid Empire，約 559～330 B.C.）

波斯歷史在薩珊帝國之前充滿了神話，非常模糊。西元前七世紀，伊朗西北部的米提人曾強大一時，他們建立王國，疆域涵蓋大部分的波斯 。 西元前 612 年他們聯合巴比倫人毀滅亞述帝國。居住在米提人南邊受米提人統治的波斯人中，出現一位強勢的英明領導者阿契米尼恩斯 (Achaemenes)，帶領他的部族巴薩爾加達 (Pasargadae) 對抗米提人，統治今日伊朗西北部地區 。阿契米尼恩斯後代尊崇其貢獻，而以其名作為帝國名稱。阿契米尼恩斯之子泰斯皮士 (Teispes) 繼續帶領族人出征，定居在伊朗西南部的城市安鄉 (Anshan)。西元前 559 年阿契米尼恩斯曾孫居魯士大帝（Cyrus the Great，約 559～530 B.C. 在位）統治波斯，西元前 550 年征服米提人建立帝國，是波斯人所建最早的帝國。其盛世與雅典、斯巴達等城邦帝國同時，文明也媲美同時期的古希臘文明。勢力範圍西起北非及東南歐，東至印度；南起阿曼灣，北抵土耳其及俄羅斯，包含整個伊朗、伊拉克，影響力曾抵達大敘利亞、埃及、小亞細亞。

西元前 546 年 ， 居魯士大帝消滅小亞細亞西部的利底亞 (Lydia) 王國，使之成為波斯的一省。西元前 539 年征服新巴比倫帝國，對巴比倫人民保證維護他們的宗教自由及商業行為，釋放西元前 586 年新巴比倫帝國所俘虜的猶太人，讓他們帶著神像返回家園，重建耶路撒冷聖地。波斯因此控制了美索不達米亞的農

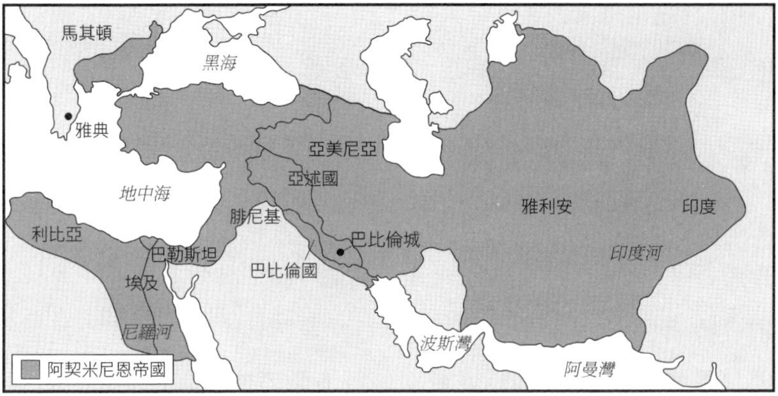

圖 9：西元前六世紀阿契米尼恩帝國版圖

業生產線及世界最重要的商業中心。居魯士大帝任用精明幹練的省長，要求人民服從、奉獻，以尊重百姓來代替前朝的奴役百姓政策。居魯士大帝過世前一年任命兒子甘比西斯二世（Cambyses，約 530～522 B.C. 在位）為巴比倫王，自己則為其他各省之王。西元前 530 年，居魯士大帝出兵征討裏海東岸的馬薩格泰 (Massagetes) 貝都因人，在戰役中喪生。馬薩格泰女王將其頭顱割下，浸在鮮血中。後人將其遺體葬在今日伊朗法爾斯省，二百年後亞歷山大大帝曾修葺其陵墓，其功績受人景仰可見一斑。

居魯士大帝去世後，帝國曾一度動盪不安。甘比西斯二世繼承父親遺志，於西元前 525 年打敗埃及，接受北非、希臘各城市和利比亞的投誠，然而他派遣至埃及沙漠的軍隊卻折損在沙漠中。當他得知家鄉發生篡位事件時即率軍返鄉，回程中意外受傷，於敘利亞去世。此後，阿契米尼恩帝國因為爭奪權位發生內戰。西元前 520 年 (或說西元前 522 年)，甘比西斯二世遠房堂兄大流士一世（Darius I，約 520～486 B.C. 在位）經歷過無數的內鬥，終能鎮壓覬覦王位者脫穎而出，統治帝國。

大流士一世在位期間是帝國的巔峰時期，疆域擴張迅速，自今日的東南歐及巴基斯坦南部、印度延伸至希臘，包含整個伊拉克領土，並曾遠征俄國南部，惜未成功。大流士最大的成就在於建立行政體系並研發縝密的稅制。他重建省制，將全國分為二十一省，各省設置總督，每年須向中央進貢，並大舉興建帝國各項工程建設，尤其是連接各省的省道，在蘇薩城及波爾西普利斯 (Persepolis) 兩個首都興建宮殿，將行政中心及皇宮遷移到蘇薩城。西元前 513 年，波斯進攻黑海西、南部，但占領的土地並不大。西元前 490 年，大流士一世在馬拉松 (Marathon) 戰役中敗給雅典人，是為第一次波希戰爭。大流士一世之子薛西斯一世（Xerxes I，約 486～465 B.C. 在位）繼位後平定巴比倫叛亂，西元前 482 年拆毀巴比倫城牆及巴比倫守護神馬爾杜克神像和神廟，處死許多祭司，巴比倫一度沒落。薛西斯一世征服埃及，嚴苛的對待埃及人，並一心一意想征服希臘，完成其父的遺志，積極建立強大的陸軍和海軍，全國軍人共有十八萬人，與希臘人之間戰爭不斷。西元前 480 年，雅典西北部的什莫比利 (Thermopylae) 勝利戰是第二次波希戰爭，薛西斯一世燒毀許多雅典神廟及建築物。不久又發生薩拉米斯 (Salamis) 灣戰役，此役中希臘與波斯戰艦比例約一比三，卻因希臘人運用政治家希米斯塔柯勒斯 (Themistocles) 的戰略，引誘波斯軍隊進入狹窄的海灣，希臘人因諳水性而勝利，薛西斯一世戰敗率殘部逃往安納托利亞。此役提升希臘人的優越感，奠定

圖 10：阿契米尼恩帝國蘇薩城宮殿的浮雕

希臘人進入黃金時代的基礎。西元前 479 年，波斯人再度在雅典西方的布拉底亞 (Plataea) 挫敗，希臘人終將波斯人趕出歐洲，薛西斯一世征服希臘的野心因此破滅，帝國逐漸式微。大流士二世（Darius II，423～404 B.C. 在位）在位期間幾乎都在鎮壓叛變，如西元前 413 年敘利亞及利底亞叛變、西元前 410 年米迪亞 (Media) 叛變。其後繼位的阿塔薛西斯二世（Artaxerses II，約 404～359 B.C. 在位）個性圓融，曾與希臘人簽訂和平協定。阿塔薛西斯二世仿效巴比倫首度建築波斯神廟。在此之前，波斯人因信奉自然界的神明如太陽、天空、光等，習慣在山上露天膜拜神明，並不建神廟。阿塔薛西斯三世（Artaxerses III，359～338 B.C. 在位）繼位後施行恐怖政策，鞏固中央政權，再度出征埃及，被下毒而死，其子繼位後被同一人下毒而亡。阿契米尼恩帝國的末代國王大流士三世（Darius III，約 336～330 B.C. 在位）即位後正值馬其頓 (Macedon) 腓力普二世 (Philip II) 征服希臘人，大流士三世過於低估馬其頓的實力而屢次敗給腓力普二世之子亞歷山大大帝 （Alexander the Great ， 336～323 B.C. 在位）。 西元前 330 年帝國被亞歷山大所滅，大流士三世被其親屬所殺，波斯王室被虜，結束阿契米尼恩帝國二百餘年的統治。波斯成為亞歷山大帝國的一部分，進入諸小國分立的階段。

這時期波斯人的統治興起了伊拉克歷史上波斯人的移民潮，伊拉克的波斯人口從此不斷增加，也使得美索不達米亞的語言銷聲匿跡，代之而起的是普遍使用的亞拉姆語。西元前五世紀之後文化中心集中在幾個都市，如巴比倫、烏魯克、烏爾、尼布爾等，商業多控制在巴比倫人、亞拉姆人及猶太人手中。大體上，古波斯帝國自從居魯士大帝執政時便採取寬容政策，並尊重被征服民族的宗教信仰，對待子民較其前的帝國寬厚，其後的亞歷山大帝國或阿拉伯伊斯蘭國家的文明也深受其影響。

二、亞歷山大統治時期 (330～323 B.C.)

西元前 356 年亞歷山大大帝生於馬其頓首都培拉 (Pella)。其父腓力普二世能力卓越，建立一支強軍，征服希臘大多數的領地，正準備攻打波斯時遇刺身亡，亞歷山大時年二十便繼承王位。自幼其父即非常重視亞歷山大的教育，除了聘請哲學家亞里斯多德 (Aristotle) 擔任亞歷山大的教師 ， 還親自教導亞歷山大政治和軍事，故亞歷山大能文善武，有過人的勇氣與領袖能力。亞歷山大繼位時，被其父腓力普二世征服的國家原本想藉機掙脫馬其頓的統治，不料亞歷山大青出於藍，穩定征服的疆域，率其父所訓練的精良部隊每戰必勝。西元前 334 年，他以三萬五千相對少數的兵力戰勝強大的波斯帝國 。 西元前 330 年大勝波斯 ， 攻入巴比倫，消滅當時統治伊拉克的阿契米尼恩帝國，殺死大流士三世的繼承人，並建都於巴比倫。亞歷山大大帝曾計畫在帝國設置兩個行政中心，其中之一設在巴比倫。他花了一年多的時間整建帝國，統治巴比倫期間尊重古老的文化，如尊重巴比倫人膜拜主神馬爾杜克的習俗，建造一個融合波斯與希臘的東西混合文化。他疏通幼發拉底河，使船隻能直航到波斯灣。西元前 323 年，亞歷山大罹患熱病於巴比倫城去世，享年三十三歲。由於帝國過於龐大，他去世後立即陷入混亂狀態，後人為了爭奪帝位，發生一連串的內鬥 ， 帝國分裂為三 ， 巴比倫居民幾乎都遷徙到新都塞魯夏 (Seleucia) 城。

亞歷山大大帝被視為歷史上的偉大人物，曾建立二十多座城市，原先都命名為「亞歷山大」，最重要的是埃及的亞歷山卓城，它是中古世紀世界上先進的科學、文化中心之一。埃及人尊他為法老王，有些記載指出儘管他臨終之前曾囑咐要將遺體丟入河裡以便長存不朽，以符合他是「太陽神之子」的傳說，然而繼位者還是將他葬在埃及孟菲斯 (Memphis)，後來被移至亞歷山卓城，然而其陵墓的確切位置已不得而知。

三、塞流息得帝國統治時期（Seleucid Period，約 312～141 B.C.）

亞歷山大去世後十餘年，其下屬將領塞流息得 (Seleucus, ?～280 B.C.) 建立「塞流息得帝國」，統治從現今阿富汗到地中海的龐大帝國，包含波斯、美索不達米亞及其附近區域，採用波斯模式統治隸屬地的人民。西元前 312 年，巴比倫曾再度為塞流息得帝國首都，但為期十年之後便從此荒涼沒落，因為帝國引用希臘城邦的模式，在中東建立許多城市，其中最重要者是底格里斯河畔的塞魯夏，取代巴比倫成為帝國東方各省的首都，也是商業及行政之都。帝國將希臘文化引進西亞及中亞，目標卻在征服腓尼基港口，巴比倫城因此失去它的地位。西元前 222 至 220 年，塞流息得帝國曾一度因米提人入侵而失去對美索不達米亞的控制。

塞流息得的法律綜合本土與希臘法律，希臘文和亞拉姆文同時為官方語文，中央與地方檔案由專人管理。希臘人對美索不達米亞的貢獻尚包含西方神祇、藝術及思想的傳入，然而塞流息得時期的藝術僅限於一些印章、小型雕像及希臘神像等作品。希臘貿易路線經過該區許多城市，帶動美索不達米亞地區的貿易再度繁榮，由此地輸出大麥、小麥、椰棗、香料、羊毛、黃金、寶石、象牙、瀝青。

四、波斯帕提亞帝國統治時期 （Parthian Period，約 141 B.C.～224 A.D.）

約在西元前五世紀中葉，阿契米尼恩帝國居魯士一世征服裏海東方及南方來自土耳其斯坦的一支遊牧民族帕提亞人 (the Parthians)，將之併入之後設立的巴塔法 (Parthava) 轄區。亞歷山大征服波斯阿契米尼恩帝國時，帕提亞人與阿契米尼恩並肩而戰。帕提亞騎兵舉世聞名，所謂 “a Parthian shot”（回馬箭），其典故便源於帕提亞人擅長射箭，戰場上會假裝退卻，轉身放箭殺敵。西元前 247 年，帕提亞開國國王阿爾薩希斯（Arsaces，約 247～211 B.C. 在位）建立帕提亞帝國，是繼阿契米尼恩人之後建立的第二個波斯帝國，其早期的歷史甚為模糊，可能有一段時間附屬於塞流息得帝國。阿爾塔巴努斯一世（Artabanus I，211～191 B.C. 在位）繼位後大肆擴張領土，占據伊朗高原及兩河流域河谷。米斯里達特一世（Mithridates I，約 171～139 B.C. 在位）在位時由希臘人手中奪回伊朗剩餘的疆域。西元前 141 年攻入塞魯夏城，同年勢力抵達巴比倫南方的烏魯克，兩年後將伊勒姆併入版圖。此時帝國疆域北抵高加索、西達幼發拉底河、南接阿拉伯沙漠、東至阿富汗高原。帕提亞人並未以巴格達南方的塞魯夏城為首都，因為該城是美索不達米亞的商業中心，控制兩伊地區的貿易，當地的富商和帕提亞帝國達成協議：帝國維持該城的自治，不在此地駐軍，但城市須定期向帝國繳納稅金。帕提亞人乃在塞魯夏城東邊，底格里斯河對岸附近的泰西封 (Ctesiphon) 駐防，漸漸將此地發展成城市，並建設為首都。約西元前 127 年前塞流息得帝國駐美索不達米亞南方的總督希伯西尼斯 (Hyspaosines) 趁帕提亞人與東方的貝都因人作戰之際，占領巴比倫及塞魯夏城，西元前 125 年並發行錢幣，建都於底格里斯河下游的安提歐區亞 (Antiochia) 城，將之改名為斯班西奴．闕拉克斯 (Spasinou Charax) 意為「希伯西尼斯的堡壘」，儼然有宣布獨立之意，但僅維持短暫的時間。帕提亞帝國米斯里達特二世 (Mithridates II the Great, 124～88 B.C.) 在位時，將波斯人在阿契米尼恩帝國末期失去的疆域全數收復，美索不達米亞及其附近地區都臣服其下，且向外再擴張，但隨即面臨和羅馬之間的緊張關係。西元前 92 年首度與羅馬簽訂協定，劃定幼發拉底河為國界。

帕提亞帝國統治美索不達米亞時保留其原來的行政體制，並將美索不達米亞平原歸併於其帝國的「南方諸王國」國度，以古巴比倫為中心，米斯里達特二世因此自稱為「諸王之王」(King of kings)，其後的帝王也用此稱呼。歐羅帝斯二世（Orodes II，約 57～38 B.C. 在位）在位時，羅馬發動戰爭企圖收復亞歷山大時代的領土，西元前 53 年為帕提亞人所敗。歐羅帝斯之子法拉特斯四世（Phraates IV，約 38～2 B.C. 在位）即位後再打敗羅馬人，使之無法越過幼發拉底河，帝國根基非常穩固。阿爾塔巴努斯三世（Artabanus III，約 10～38 在位）在位時，猶太人曾在泰西封北部建立小國長達十五年之久，帕提亞帝國並未完全統治美索不達米亞。夫羅迦希斯一世（Vologases I，約 51～78 在位）在位時於泰西封附近建新都夫羅迦希亞斯 (Vologesias)，整個區域包含泰西封及塞魯夏城都變成都會區。此時，亞美尼亞已經成為羅馬帝國的附庸國，夫羅迦希斯卻擅自指派一位亞美尼亞統治者，經過羅、帕兩國協商的結果是亞美尼亞王可以是帕提亞親王，但須羅馬帝國的批准。夫羅迦希斯之後，由於邊境諸民族和羅馬的入侵以及一連串的內戰，帕提亞帝國開始衰微。帕提亞帝國鼎盛時期疆域從亞美尼亞延伸至印度，包含大部分的中東及西南亞，即今日的伊朗、伊拉克、土耳其、亞美尼亞、喬治亞、亞塞拜然、土庫曼、阿富汗、塔吉克、巴基斯坦、黎巴嫩、約旦、巴勒斯坦、以色列等地。

二世紀初帕提亞國王夫羅迦希斯三世（Vologases III，約105～147 在位）罷黜亞美尼亞王，羅馬皇帝圖拉真 (Trajan) 決定入侵帕提亞。114 年帕提亞慘敗，羅馬正式占領亞美尼亞。116 年羅馬人向美索不達米亞挺進，占領帕提亞泰西封，並在亞述及巴比倫建省。然而被羅馬人征服的地區人民起而叛變，選擇效忠帕提亞，圖拉真派遣軍隊鎮壓，117 年圖拉真的繼承人放棄這些版圖。此時，帕提亞王室賦予貴族更多的權利，讓他們能掌控農人與土地，貴族的勢力逐漸壯大，開始對抗王室。161 年，夫羅迦希斯四世（Vologases IV，約 147～191 在位）向羅馬宣戰，收復亞美尼亞。165 年羅馬再度占領泰西封及塞魯夏城，卻因流行病蔓延而撤退。夫羅迦希斯五世（Vologases V，約 191～208 在位）趁羅馬內戰，企圖收復兩河流域失土卻告失敗。198 年泰西封第三度被羅馬人占領，羅馬人帶回大量珍貴的戰利品。224 年，轄區內法爾斯省的領袖阿爾達希爾一世（Ardashir I，約 224～241 在位）推翻帕提亞帝國最後一位國王阿爾塔巴努斯五世（Artabanus V，約 216～224 在位），建立持續四百年之久的波斯「薩珊帝國」。

帕提亞帝國制度以阿契米尼恩帝國系統為基礎，但並未採用中央集權政策，各地方政府行政獨立，類似小王國，政治中心也不只一個，因此儘管其最重要的首都泰西封在西元一世紀曾三度被羅馬人占領，帝國卻得以倖存。帝王須尊重當地統治者及各地習俗，在宮廷議會裡有幾個著名的家族擁有投票權，貴族可擁有自己的軍隊，鑄造自己的錢幣。帝國採用不同的經濟政策，財政主要來源是貢金及稅金，並控制從美索不達米亞到中國的絲路。帝國境內有許多民族，說多種語言，大臣說波斯語，官方也使用希臘文、使用希臘人的模具鑄造錢幣。帕提亞文是使用亞拉姆字母拼寫波斯語的文字，許多詞彙來自亞拉姆語，閱讀較困難，通常使用於官方與宗教典籍上。宗教上已經漸漸脫離美索不達米亞傳統的膜拜儀式，代之以混合希臘和東方的宗教儀式，猶太教對美索不達米亞宗教行為影響也越趨明顯。帕提亞藝術相較其他帝國的宮廷藝術顯得較為平民化，常見的雕像如飛馬、人面像等，其建築常出現拱形圓頂建築，可能是受美索不達米亞建築藝術的影響。

五、薩珊帝國時期（Sasanian Dynasty，約 224～651）

波斯薩珊帝國創立者阿爾達希爾一世是阿契米尼恩帝王家族的後代，他打敗帕提亞帝國後，以其祖先薩珊 (Sasan) 為名建立帝國，建都泰西封，統治伊拉克。阿爾達希爾一世最大的政績在重新組織帝國，鞏固帝國的基礎。他引用阿契米尼恩帝國的總督制度，將全國劃分為十二省，廢除封建制度，凡地方政府與官員都由中央直接任命，授予祆教 (Zoroastrianism) 主教及高階神職人員龐大的權力。

薩珊帝國最賢明的君主是阿爾達希爾一世之子夏布爾一世（Shapur I，241～272 在位），約於 259 年戰勝羅馬，俘虜羅馬皇帝，疆域從幼發拉底河擴展至印度河，並重新鑄造錢幣，定祆教為國教。 夏布爾一世執政時出現一位自稱先知的巴比倫人馬尼 (Mani)，創造混合基督宗教與祆教的摩尼教 (Manichaeism)。夏布爾一世本人也接受該信仰，遭到祆教神職人員的反彈，最後馬尼被處決，信徒被流放到今日中國的新疆省，繼續傳播其信仰。此後波斯仍然忙於與羅馬的爭鬥，喪失很多版圖，羅馬將其所屬介於兩河之間的美索不達米亞省當作對波斯作戰的軍事要地。

夏布爾二世（Shapur II，310～379 在位）時波斯與羅馬戰爭持續十餘年。359 年波斯再度克羅馬，取得美索不達米亞北部的控制權，並在沙漠中征服阿拉伯人，創造薩珊帝國的黃金時代。夏布爾二世是波斯歷史上在位最久的國王，也是位軍事天才，短短數年內他削弱神職人員的權力，擊敗所有企圖獨立的小王國，帝國版圖從印度北部旁遮普 (Punjab) 到高加索北部，從今日中國邊界到埃及。亞日德葛一世（Yazdgerd I，399～420 在位）在位時，運用外交手腕與羅馬建立和平關係，給予境內少數民族信仰自由，並以身作則娶一位猶太公主。他的睿智與能力建立波斯的太平盛世，功績可媲美君士坦丁大帝 (Constantine the Great)。亞日德葛之子巴合拉姆五世（Bahram V，420～438 在位）以戰績爭得皇冠，在位期間帝國繁榮達到巔峰，許多文學、音樂作品出爐，馬球在此時成為宮廷娛樂，承襲至今仍是許多王國的宮廷運動。巴合拉姆五世之孫腓魯之（Firuz，457～484 在位）在位時匈奴侵犯帝國東北部，他出動大軍圍剿，但有一次失利被俘，割讓塔吉克 (Tajikistan) 作為贖金，484 年再犯匈奴而被殺。腓魯之死後，波斯貴族掌權，扶植傀儡政權。腓魯之之子卡法德一世（Kavadh I，488～497；498～531 在位）繼位後，消弭貴族權力，聽取民意，並與匈奴和平相處。卡法德一世的密友馬自達克 (Mazdak) 提倡一種近似馬克思主義的思想進行改革，貴族及神職人員受到威脅，鼓吹人民起而反抗異端政府，二年之內境內發生十幾起暴動，卡法德一世遭罷黜，其弟善馬斯比 (Zamasp) 在貴族扶植下即位。一年後善馬斯比協助其兄復位，卻遭卡法德一世放逐。卡法德一世復位後改變作風，不再支持馬自達克主義，也未採取報復手段。對外他試圖向拜占庭帝國示好，並邀請賈斯丁（Justin，約 450～527）皇帝做其子的教父，簽訂和平協定，拜占庭卻提出讓他無法接受的條件，卡法德一世被迫向羅馬人宣戰，占領阿米迪亞 (Amidia)。卡法德一世之子忽士羅一世（Khosrow I，531～579 在位）時期，薩珊文明達到巔峰，舉凡行政體制、經濟制度、城市、道路、灌溉系統無一不上軌道。忽士羅一世改革稅制，建立波斯第一所學府公迪夏布爾 (Gondishapour) 大學，學術著作及翻譯作品非常豐富。忽士羅一世過世之後波斯陷入一連串的內亂、兩河氾濫、瘟疫及拜占庭的威脅等。632 年薩珊帝國最後一位國王亞

圖 11：波斯薩珊帝國位於泰西封的宮殿遺跡

日德葛三世（Yazdgerd III，632～651 在位）曾一度中興，卻遭逢強勢阿拉伯穆斯林的興起，651 年政權落入穆斯林之手。

薩珊帝國與羅馬戰爭不斷，曾數度戰勝羅馬人，收復帕提亞帝國的許多失土，其軍隊更直抵東羅馬拜占庭帝國首都君士坦丁堡 (Constantinople) 城門，可惜在君士坦丁堡戰敗被迫撤軍。頻繁的戰事削弱帝國國力，美索不達米亞北部被一連串的戰火嚴重破壞，待伊斯蘭教迅速傳遍整個區域時，美索不達米亞已經殘破不堪。薩珊波斯人對疏通運河、灌溉水渠、發展農業毫無概念，使得河水經常氾濫，農地貧瘠。在薩珊人的統治之下，美索不達米亞看不到昔日蘇美、阿卡德文明的榮景。然而人文與科學的發展，尤其是天文學的理論在此時傳入西方，西方的國王加冕典禮、馬爾他式十字架 (maltesecros) 及後來伊斯蘭教的新月形等，都是從美索不達米亞傳入。

・波斯帝國體制

波斯阿契米尼恩帝國行政上區分成許多省分，各省總督權力彷如小國王，負責省內的軍隊指揮、治安維護、收取賦稅及貢品等。帝王擁有兵權，另設有祕密情報單位，向帝王報告各省狀況。帕提亞帝國地方政府權力擴大，形同自治。薩珊帝國時期波斯人保存各省總督的職位，除了邊陲危險地帶任用封臣之外，都任命王室親王為總督，較帕提亞帝國時期的權力更集中，行政區域並分級管理，一切都制度化。帝王是世襲制，既是政治領袖也是精神領袖，權力無限，周圍布滿侍衛與隨從，平常百姓不得直接與他見面，官員或訪客見他時需行跪拜之禮。國王以下之中央政府設有許多官員，職位最高者是「最高助理」，亦即伊斯蘭教出現後的大臣 (wazīr)，其權力高下視國王的賦予而不同。官員及書記負有保密的責任，都必須具有廣博專精的知識，尤其是歷史與文學方面的知識。中央政府控制各省的軍隊，最重要的行政制度首推郵政制度。郵局的任務僅限於服務政府，不提供平常百姓服務，每一省都設郵政長，其任務在蒐集各省的祕密情報及省長私人品行的報告，隨時提供國王各地的訊息，類似今日的情報局，後來為伊斯蘭政權所沿用。稅務員往往是政府的親信，負責收取人頭稅及土地稅，貴族、軍人及政府官員可免繳人頭稅。司法權則落在祆教神職人員身上，全國各地制定各自的地方法。薩珊帝國時期政教分離，有隸屬於帝國的宗教機構，神職人員占有重要的文職，有階級之分，都與國王合作，地位崇高。人們信仰祆教，祆教拜火，有火廟，然而美索不達米亞的猶太教徒和基督教徒人數眾多，也曾經發生敵對基督教徒的宗教迫害。此期美索不達米亞的居民由各民族組成，種族問題並不明顯，阿拉伯人數逐漸增加，帝國甚至必須建立公國，採取阿拉伯人統治阿拉伯人的政策。

六、阿拉伯拉可姆公國 (The Lakhmid Kingdom, 268～633)

葉門一些阿拉伯部落很早就落腳在阿拉伯半島東部的幼發拉底河河谷，並逐漸移居到幼發拉底河中、下游地區庫法城南邊的息剌 (al-Ḥīrah) 城。薩珊帝國時期美索不達米亞北部地區便有「阿拉伯人土地」(Arabistan) 之稱。波斯薩珊帝國與拜占庭爭戰之際，雙方都苦於阿拉伯半島北部貝都因人經常攔路搶劫騷擾。這些遊牧部落動作敏捷，在擄獲戰利品之後往往消失在沙漠中無法追蹤。波斯與羅馬軍隊在不熟悉沙漠的狀況下，不敢輕言追逐，以防全軍覆沒。雙方都期待中間設有屏障，以緩和這些遊牧部落的侵襲，故安排一些阿拉伯部落居住在半島北部，提供他們財物及兵器，藉助其熟悉沙漠道路之力來抵抗強盜的侵襲，這便是建都在息剌的波斯附庸國「拉可姆公國」的由來，此公國又因其許多任國王名字都叫做「門居爾」(al-Mundhir)，而又稱「馬納居剌公國」(al-Manādhirah)，取「門居爾」的阿拉伯語複數型態。同樣的，羅馬也因相同原因在敘利亞建附庸國「佳薩西納國」(al-Ghasāsinah,

220～638)。

歷史對息剌城的溯源眾說紛紜，有說可以推溯到西元前六、七世紀巴比倫時期；也有學者認為建此城者是納巴特王國(Nabataean Kingdom, 169 B.C.～106) 國王；又說是波斯帝國的城市。其名稱由來有源自阿拉伯、亞拉姆或波斯語等不同的說法。阿拉伯語與亞拉姆語皆是閃語，al-Ḥīrah（息剌）在此二語言中的意義相近，意即「帳棚」、「軍營」或是羚羊、野驢、鴕鳥的棲息處。阿拉伯古籍中記載息剌城的空氣清新，水質甜美，因而有句俗語說：「在息剌一天一夜勝過吃藥一年。」息剌城的阿拉伯人說阿拉伯語，但書寫使用古敘利亞文字。六世紀息剌城受到波斯及亞拉姆潮流影響，成為阿拉伯人的思想中心。

阿拉伯古籍記載第一位在伊拉克統治阿拉伯人的國王是馬立柯．本．法合姆 (Mālik bn Fahm)，居住在安巴爾 (al-Anbār)❺，其子加居馬．本．馬立柯 (Jadhīmah bn Mālik) 由別的部族帶回一位外貌姣好的拉可姆族男僕艾迪．本．納舍爾 (‘Adīy bn Naṣr)，加居馬的妹妹愛上艾迪，鼓勵他趁加居馬喝醉時提親，當天便完婚。加居馬清醒後大怒，艾迪畏懼逃跑。日後加居馬的妹妹生下艾姆爾．本．艾迪（‘Amr bn ‘Adīy，268～288 在位），繼承加居馬的王位，成為薩珊帝國統治息剌城的拉可姆家族開國國王，被公認是第一位受人尊崇而記載在書籍中的阿拉伯國王，定都在息剌城。艾姆爾．本．艾迪之子伊姆魯俄．蓋斯（Imru’ al-Qays，

---

❺ 或說在息剌城與安巴爾之間。

288～328 在位）治理的阿拉伯部落範圍非常龐大，包含刺比艾 (Rabī‘ah)、穆大爾 (Muḍar)、息加資（al-Ḥijāz，又譯：漢志）、伊拉克及半島地區的沙漠部落。後人從今日敘利亞的納馬剌 (an-Namārah) 出土的伊姆魯俄．蓋斯國王墓碑上發現今日所用的阿拉伯文字，是阿拉伯文字最早的遺跡。努庎曼一世（an-Nu‘mān I，403～431 在位）在位時，建築著名的浩瓦爾納各宮殿 (al-Khawarnaq) 作為波斯國王巴合拉姆五世的行宮。建築師是一位名叫辛尼馬爾 (Sinimmār) 的羅馬人，他花費兩年的時間建造此宮殿。完工時努庎曼一世在辛尼馬爾及大臣的陪同下參觀宮殿，對精湛的工程讚嘆不已，唯恐辛尼馬爾以後再建築比此更豪華的宮殿，命人將他從宮殿頂端推下而死。阿拉伯諺語「辛尼馬爾的報酬」(Jazā’ Sinimmār) 典故便源自於此。努庎曼一世在位時，息剌城空前繁榮，文史學家伊本．焦奇 (Ibn al-Jawzī, 1116～1201) 在他的史書中提及努庎曼一世最後放棄世俗一切，悄悄出宮不知去向，許多記載也認為他最後信奉基督宗教。但一般推斷直到六世紀中葉息剌國王仍然信仰多神教，例如史料顯示門居爾．本．伊姆魯俄．蓋斯（al-Mundhir bn Imri’ al-Qays，514～523、527～554 兩度在位）在位時尚對烏撒神 (al-‘Uzzā) 獻祭牲品。

門居爾．本．伊姆魯俄．蓋斯別號「天水之子」(Ibn Mā’ as-Samā’)，得自其綽號「天水」的美貌母親。506 年波斯和羅馬和談，條件是羅馬皇帝要繳稅給波斯王，但由於羅馬拖延繳稅時間，519 年驍勇善戰的門居爾出兵攻打羅馬邊境，俘虜兩位羅馬將領。羅馬皇帝派遣使節團到息剌城，要求釋放俘虜，並與門居爾簽訂和平協定，當時正值阿拉伯半島南部息姆亞爾王國(Ḥimyar Kingdom, 115 B.C.～525 A.D.) 也派遣使節團抵達息剌城，請求拉可姆公國整治其國境內納几嵐（Najrān，位於今日沙烏地阿拉伯南部）的基督教徒。528 年波斯再與羅馬交惡而爆發戰爭，門居爾與波斯站在同一陣線攻打羅馬人，在佳薩西納公國焚燒許多敘利亞城市，帶回許多戰利品，獻四百位婦女祭拜烏撒神。這一連串的波斯、羅馬戰爭中，伊拉克及敘利亞兩公國的阿拉伯人各侍其主，彼此自相殘殺以取悅當時的兩大帝國。562 年，波斯、羅馬兩國簽訂和平協定，雙方同意伊朗與拜占庭間自由貿易，給予基督教徒信仰的自由，雙方的宗教人士皆不得到對方的領土傳教。

門居爾之後其子艾姆爾．本．恆德（‘Amr bn Hind，554～569 在位）繼位，此人行事強悍，曾經屠殺一百五十位阿拉伯塔米姆 (Tamīm) 族人並焚燒死者，而被冠以「焚燒者」(al-Muḥarriq) 的綽號，阿拉伯人無人不畏懼他。他在位時為了攏絡阿拉伯人心，也深知詩人在部落社會中的重要性，經常延攬詩人到宮中，賞賜有加，宮廷文學蔚為風氣，譬如「懸詩」(al-Mu’allaqah)❻詩人拓剌法．本．艾卜德 (Ṭarafah bn al-‘Abd)、

---

❻ 「懸詩」乃阿拉伯蒙昧時期出現的一些長詩，共有十首，或說八首、七首。每首由接近百節所組成，有些學者認為當時「懸詩」用金水書寫，懸掛在天房上，因而得名。有些則認為「懸詩」指的是懸念在心中而得名。許多權威學者如加息若 (al-Jāḥiẓ) 否認這種說法，認為「懸詩」之意便是「長詩」。

哈里史．本．息立撒 (al-Ḥārith bn Ḥillizah) 及艾姆爾．本．庫勒束姆 (‘Amr bn Kulthūm) 等人便經常出入其宮廷。艾姆爾．本．恆德為人善妒，喜歡他人奉承，當時塔葛立卜族 (Taghlib) 及巴克爾族 (Bakr) 因為彼此戰爭不斷，艾姆爾居中調停，巴克爾族詩人哈里史．本．息立撒對艾姆爾百般讚頌，塔葛立卜族長艾姆爾．本．庫勒束姆的自負則讓艾姆爾王頗為不悅，艾姆爾原本傾向塔葛立卜族的立場漸漸動搖，轉而支持巴克爾族。一日，艾姆爾王邀請詩人艾姆爾．本．庫勒束姆及其母到宮裡作客，事先設計讓自己母親吆喝艾姆爾．本．庫勒束姆之母萊拉．賓特．穆哈勒哈勒 (Laylā bint al-Muhalhal) 伺候。萊拉是詩人穆哈勒哈勒之女，穆哈勒哈勒是名詩人伊姆魯俄．蓋斯的舅舅。萊拉憤怒得大叫：「這真是塔葛立卜族人之恥！」艾姆爾．本．庫勒束姆聞聲即刻拔劍殺死艾姆爾王，艾姆爾．本．庫勒束姆並將這起事件記載在他的懸詩中。

艾姆爾．本．恆德王之母恆德是名詩人伊姆魯俄．蓋斯的表姊妹，是一位基督教徒，曾建「恆德大修道院」，此修道院可能直到伊斯蘭曆二世紀仍然存在。部分學者認為艾姆爾受母親影響皈依基督教，也有學者認為努厄曼．本．門居爾（an-Nu‘mān bn al-Mundhir，582～608 在位）是拉可姆公國歷代國王中唯一信仰基督教的景教 (Nestorianism) 徒。

格布斯．本．恆德（Qābūs bn Hind，569～577 在位）繼艾姆爾．本．恆德為王，其兄艾姆爾．本．恆德在位時任命他為抵禦羅馬的統帥。格布斯之後或因拉可姆家族在王位繼承人選上與波斯王意見不一，或因波斯王急欲消弭阿拉伯人勢力而改立波斯人為拉可姆公國國王。無論如何，此後拉可姆公國國王的人選由波斯王決定，拉可姆家族不再具有決定權。努厄曼．本．門居爾早期原本信仰多神教，膜拜烏撒神，並經常供奉牲品，但因為當時神父治癒他的病痛，593 年改信景教。對於波斯人而言，景教是基督教中較能令他們接受的教派。自從努厄曼信奉景教之後，景教在拉可姆公國傳教便較順利，許多部落首長都改信景教，甚至傳至當時葉門納几嵐。努厄曼個性多疑、易怒，聽信謠言，甚至於殺死扶植他登上王位的艾迪．本．翟德 ('Adī bn Zayd)，艾迪之子因之為父報仇，終於讓努厄曼失去王位，也失去性命。努厄曼在位期間沉湎於玩樂，國勢逐漸衰微，甚至於為阿拉伯諸部落所擊敗。努厄曼之後波斯國王將息剌城交給阿拉伯大部落太俄族 (Ṭayy') 的伊亞斯．本．古拜沙（Iyās bn Qubayṣah，613～618 在位）❼統治，伊亞斯在位期間，發生阿拉伯人第一場戰勝波斯人的儒格爾 (Dhū Qār) 戰役。伊亞斯之後有兩位波斯人擔任拉可姆公國國王，至阿拉伯正統哈里發阿布．巴克爾．席迪各（Abū Bakr aṣ-Ṣiddīq，632～634 在位）時期拉可姆公國被阿拉伯名將卡立德．本．瓦立德 (Khālid bn al-Walīd) 所征服，納入伊斯蘭版圖。

---

❼ 古籍對伊亞斯統治時間的記載各家不一，從八個月到十四年不等，歷史學家拓巴里 (aṭ-Ṭabarī, d. 923) 認為是九年。

第二章 *Chapter 2*

阿拉伯文明的繁榮與衰微 (635～1258)

第一節　伊斯蘭的興起

葉門曾經是波斯帝國的一省，波斯人透過與葉門的貿易，早期就和阿拉伯人有深入的接觸，他們將阿拉伯人視為一支以部落為單位，從未有單一領導階層的民族。570 年，伊斯蘭教創始人穆罕默德出生於阿拉伯半島麥加古雷須族 (Quraysh)，他的誕生影響了整部阿拉伯歷史。610 年的陰曆 9 月 27 日，穆罕默德在麥加開始展開他的宣教活動，持續十三年之久，信徒不過七十人。這些信徒傳教活動無法順利推行，長期生活在被多神教徒壓迫的困境中，穆罕默德乃於 622 年帶著信徒從麥加遷徙到麥地那，史稱該年為伊斯蘭曆的元年。穆罕默德順利在麥地那建立伊斯蘭國家，麥加的多神教居民則與猶太人結盟，敵對穆斯林，雙方展開一連串的戰役。630 年 1 月，穆罕默德率軍輕易地征服麥加。

伊斯蘭是宗教，同時也是思想運動，引導穆斯林從事改革、重新組織家庭與社會，取消奴役制度，消除社會階層，拉近貧富距離，伊斯蘭思想代替了部落主義。穆罕默德建立伊斯蘭社會，也建立軍事武力捍衛麥地那伊斯蘭中心，宣揚伊斯蘭教義，最後終於統一阿拉伯半島成為伊斯蘭國家，而後在四位「正統哈里發」(al-Khulafā’ ar-Rāshidūn, 632～661) 時期，積極擴張伊斯蘭疆域，成為中古世紀強大的宗教族群。

632 年穆罕默德病逝並安葬於麥地那，此時伊斯蘭宗教思想已經深入民心，社會上產生了新的價值觀，影響阿拉伯人各層面的生活，也影響阿拉伯歷史甚鉅。穆罕默德病逝後，麥地那的穆斯林贊助者和麥加的追隨者，彼此為了繼承人問題僵持不下。經過辯論，穆罕默德的岳父阿布．巴克爾．席迪各被選為哈里發。「哈里發」意為繼承人，是對繼承穆罕默德遺志的伊斯蘭國家最高統治者、軍事指揮官及宗教領袖的稱呼，在伊斯蘭世界沿用至 1924 年土耳其共和國時才正式廢除。在哈里發的選舉大會中，聲望頗高的阿里．本．阿比．拓立卜（‘Alī bn Abī Ṭālib，656～661 在位)，即穆罕默德的堂弟暨女婿，因忙於喪事未能參加大會。阿里的支持者得知選舉結果，十分不悅，他們認為穆罕默德的家人才是合法的繼承人，這種不滿的情緒導致日後伊斯蘭國家的政治、宗教派別之爭，支持阿里的「什葉派」(ash-Shī‘ah) 與「遜尼派」(as-Sunnah) 之歧見也延續千餘年至今。

伊斯蘭出現時，拜占庭勢力抵達大敘利亞、埃及、摩洛哥等地；波斯人的勢力則到達伊拉克、葉門。阿布．巴克爾哈里發指派有「伊斯蘭之劍」之稱的將領卡立德．本．瓦立德率一萬八千名穆斯林軍，進攻至幼發拉底河三角洲附近。當時波斯人因與拜占庭的戰役不斷而精疲力竭，儘管軍備、人數都較穆斯林優越，也難免敗北的命運。633 年波斯人在息剌的波阿戰役中失敗，立約投降，這是穆斯林擴張疆域的開始。卡立德要求伊拉克居民信仰伊斯蘭教，否則須繳貢品。當時多數的伊拉克居民信仰基督教，大多決定不皈依伊斯蘭教，願意繳付異教徒人頭稅 (jizyah)。634 年波斯人在橫跨幼發拉底河的「橋頭戰役」(Mawqi‘ah al-Jasr) 中重挫阿拉伯軍隊。635 年穆斯林軍隊在幼發拉底河布威卜 (Ma‘rakah al-Buwayb) 戰役中戰勝波斯軍隊。哈里發烏馬爾．本．卡拓卜（‘Umar bn al-Khaṭṭāb，634～644 在位）❶時期派遣薩厄德．本．阿比．瓦格舍 (Sa‘d bn Abī Waqqāṣ) 率領六千軍隊，於巴格達南方幼發拉底河畔格迪西亞 (al-Qādisīyah) 與波斯首相所率領的軍隊對決，波斯首相被殺。波斯軍隊人數雖是穆斯林六倍之眾，終難逃失敗的命運，結束了波斯在伊拉克的統治權。

「格迪西亞戰役」是伊拉克史上前所未有的大戰役，穆斯林擄獲不計其數之錢財與武器，波斯軍隊死亡數萬人，穆斯林軍隊僅死亡二千五百人。早期穆斯林軍隊常能戰勝敵軍，因為他們在戰爭時嚴守「伊斯蘭法」，嚴禁姦殺婦女、幼童、宗教人士及未涉

---

❶ 烏馬爾四十三歲繼任哈里發，是一位穆斯林們所敬重的穆罕默德追隨者，也是麥加人。他頒布許多宗教法令，鞏固伊斯蘭國家基礎，是伊斯蘭史上第一位被稱為「眾穆民之王」(Amīr al-mu’minīn) 的哈里發，在他之後，穆斯林稱呼哈里發都沿襲這個呼號。後世所稱的「伊斯蘭國」(ad-Dawlah al-Islamīyah) 指的便是開始於烏馬爾統治下的國家。

入戰爭的人，故很快便為被征服民族所接納。伊拉克的居民大多數是閃族，尤其有許多早期便移民而來信奉基督教的阿拉伯人，原本在波斯統治下與信仰祆教的波斯人就格格不入，而穆斯林在統治征服地採用比波斯人更寬容的政策，異教徒倘若不願意皈依伊斯蘭教，只需繳稅仍可保留自己原來的信仰，容易為伊拉克人民所接受。

烏馬爾哈里發在伊拉克建立兩座城市：伊拉克省省都庫法 (al-Kūfah) 及海港巴舍剌 (al-Baṣrah)，作為日後朝向波斯、巴基斯坦及中亞擴張的基地。他沿用波斯薩珊帝國的行政體制，保留「迪萬」(dīwān)❷的設置，透過迪萬和行政集中來掌握國家的收入與支出。阿拉伯執政者並保留波斯文的使用，鼓勵阿拉伯人和波斯人通婚，以致波斯人紛紛信仰伊斯蘭教。薩厄德．本．阿比．瓦格舍也在庫法城建築伊拉克第一座清真寺。格迪西亞戰役之後，穆斯林軍隊趁勝追擊，641 年攻下摩蘇里 (al-Mawṣil)。敘利亞、伊拉克的兩支穆斯林部隊在美索不達米亞會合，肥沃月彎至此全部併入穆斯林版圖。

644 年，烏馬爾哈里發在麥地那清真寺做禮拜時，被一位抱怨賦稅過重的波斯基督教徒阿布．魯俄魯俄 (Abū Lu'lu') 暗殺。烏馬爾臨終前囑咐由六位長者共同選拔他的繼承人，最後選出麥加最有勢力的奧米雅 (Umayyah) 家族成員烏史曼．本．艾凡（'Uthmān bn 'Affān，644～656 在位）以近七旬之齡繼任哈里發。

---

❷ 「迪萬」指政府各部門及行政機構。

烏史曼任內奧米雅家族成員占據國家大部分重要的職位，他的堂弟穆艾維亞．本．阿比．蘇弗顏(Mu‘āwiyah bn Abī Sufyān，661～680 在位)能成為後來奧米雅家族政權第一任哈里發也基因於此。

伊斯蘭疆域在正統哈里發時期迅速擴張，不到一世紀間，穆斯林疆域從庇里牛斯山延伸到帕米爾高原。650 年，伊斯蘭軍隊抵達阿姆河 (Amu Darya River)，征服所有薩珊帝國的領土。國家版圖大幅擴張後，經濟問題成為烏史曼哈里發的煩惱。許多曾經在伊拉克、埃及等戰役為伊斯蘭而奉獻自己的貝都因人戰後陷入生活的愁雲中，他們的窘境和享受戰果的息加資地區居民生活形成強烈的對比。這些不滿的情緒導致集結的群眾從伊拉克、埃及前赴麥地那包圍烏史曼哈里發的家，殺死烏史曼。兇手疑是哈里發阿布．巴克爾．席迪各的兒子穆罕默德．本．阿比．巴克爾 (Muḥammad bn Abī Bakr)❸，整個伊斯蘭國家為之震撼，在混亂中阿里被選為繼任的第四位正統哈里發。

‧阿里派與穆艾維亞之爭

阿里因被指控參與策劃謀殺前任哈里發烏史曼，導致執政期間伊斯蘭國家政治分裂。656 年 12 月阿里即位五個月後，將首都從麥地那遷移到伊拉克庫法城，伊拉克事務直接受哈里發管理，此後庫法成為什葉派的大本營。穆罕默德先知的遺孀艾伊夏 (‘Ā’ishah) 的支持者開始與阿里對抗，656 年 12 月，雙方於伊拉

---

❸ 此乃拓巴里在其書《民族與諸王史》(*Tārīkh al-Umam wa-l-Mulūk*) 之說，另有其他說法。

克巴舍剌城外發生「駱駝戰役」(Mawqi‘ah al-Jamal)，阿里獲勝。阿里並未對艾伊夏施以報復，反之，仍以「信士之母」(Umm al-Mu’minīn) 善待她。此後艾伊夏退居麥地那，過了二十二年優裕的生活。然而，奧米雅家族的敘利亞總督穆艾維亞藉口為其族人烏史曼哈里發報仇，不承認阿里的繼承權，要求阿里懲辦兇手，雙方政爭激烈。657 年 5 月阿里率軍五萬人，在幼發拉底河畔席分 (Ṣiffīn) 平原展開穆斯林最重要的決定性內戰，阿里軍隊取得優勢。穆艾維亞眼見自己即將落敗，命令士兵高舉《古蘭經》，提議宗教裁決，雙方同意各派一位代表協商，阿里陷入敵方的詭計與己方代表的背叛。歷史學者咸認為，此時阿里以哈里發中央統治者身分，和地方首長敘利亞總督談判，是影響全局的一項錯誤決定，徒增對方的氣勢，滅自己的尊嚴，讓穆艾維亞能藉談判拖延局勢，養精蓄銳。追隨阿里的群眾也因不滿這次的妥協而背離阿里，撤退到庫法北部組成「卡瓦里几」(al-Khawārij) 團體，意為：「出走者」。這些從阿里派出走的群眾不停地進行對抗阿里的暴動，無論阿里如何鎮壓，他們都能迅速重新武裝，有些卡瓦里几散布到伊拉克、伊朗各地傳播他們的理念，影響深遠。阿里和穆艾維亞的談判拖延至 659 年，雙方未能達成一致的決定，再回到原來的僵局。此時，穆艾維亞的支持者在埃及宣布穆艾維亞為哈里發。

661 年阿里在庫法清真寺做禮拜時，被一位卡瓦里几派人士用毒劍刺死，死後埋葬在巴格達南方一百三十公里處的納加弗 (an-Najaf)，日後該地成為什葉派的聖地。阿里長子哈珊 (Ḥasan)

在庫法被支持者擁立為哈里發，穆艾維亞隨即勸哈珊放棄哈里發之位，哈珊同意後，穆艾維亞給予哈珊優厚的年金。據史書上記載，哈珊娶妻九十，嬪妃數百，其父阿里為此還勸人莫將女兒嫁給哈珊，哈珊帶給阿里的負擔由此可見一斑，而哈珊也深知自身並未具備其父的才幹與學識，自動退位堪稱順勢而為。無論如何，穆艾維亞奉白紙一張給哈珊，任由他開具讓位條件，然而事後穆艾維亞並未實踐這些條件。穆斯林對於哈珊讓位的理由多持哈珊是顧全大局，不願穆斯林再互相殘殺而為。穆艾維亞在 661 年進入庫法與哈珊會面，接收哈里發位，由於眾人群集擁戴一位哈里發，此年便稱之為「群聚年」(‘Ām al-Jamā‘ah)。哈珊於 669 年去世，年四十五歲，臨死前囑咐遺體要與先知穆罕默德葬在一起，但穆艾維亞並未使之如願。什葉派認為哈珊是被下毒而死，故封他為「殉道者之主」，什葉十二伊瑪目派尊他為阿里之後的第二任伊瑪目。哈珊之死使得什葉派更堅信他們的理念和信仰，認為阿拉是獨一無二的，穆罕默德是阿拉的先知，阿里是阿拉的聖者，他們獨尊《古蘭經》，主張哈里發應由穆罕默德的家族繼承。

第二節　奧米雅政權 (661～750)

奧米雅家族起源於阿拉伯蒙昧時期一位古雷須族族長奧米雅·本·艾卜杜·夏姆斯·本·艾卜杜·馬納弗 (Umayyah bn ‘Abd Shams bn ‘Abd Manāf)。此人兼具良好的家世、財富及十個聰慧的兒子，在蒙昧時期若同時擁有這些條件，便可能擁有領袖的地位。奧米雅曾和其叔叔哈希米．本．艾卜杜．馬納弗 (Hāshim bn 'Abd Manāf, d. 524)❹互爭族長位。伊斯蘭興起之後，奧米雅家族及其叔叔家族之間的關係更趨惡化，從暗鬥轉變為明爭，原因在奧米雅家族對穆罕默德先知採取敵對的立場，反之，哈希米家族人員無論是否皈依伊斯蘭，都對穆罕默德加以支持與護衛。在伊斯蘭之前的戰役中，奧米雅家族始終是伊斯蘭的敵人，也在麥加征服戰之後才皈依伊斯蘭。他們皈依之後彷彿在彌補過去的缺失，顯得非常熱誠，譬如奧米雅族長阿布．蘇弗顏 (Abū Sufyān) 和穆罕默德一同參與戰爭時失去一隻眼睛，在亞爾穆克 (al-Yarmūk) 戰役中再失去另外一隻眼睛。阿布．巴克爾．席迪各及烏馬爾兩位正統哈里發時期，奧米雅家族沉潛蓄勢待發，烏馬爾被殺後，終於公然擁護其族人烏史曼．本．艾凡為哈里發，儲備日後奧米雅家族政權的基礎。

奧米雅家族政權第一任哈里發穆艾維亞．本．阿比．蘇弗顏時期，敘利亞的大馬士革成為伊斯蘭國家首都，伊拉克成為國家的一個省分。西方學者對穆艾維亞頗有好評，認為他深謀遠慮，講求效率，許多阿拉伯史學者站在伊斯蘭道德角度對他持負面的批評，認為他過度權謀，趕盡殺絕先知穆罕默德的家族，任意破壞伊斯蘭哈里發推舉制度，使之成為世襲制，為求中央政權的穩固，更不惜再度挑起穆罕默德所禁止的部落鬥爭。穆艾維亞去世

---

❹ 他同時是穆罕默德的曾祖父。「哈希米人」便溯源於他，今日約旦國王家族也溯源於此。

之前囑咐由他兒子亞奇德一世（Yazīd I，680～683 在位）繼任，哈里發從此成為世襲制，奧米雅家族成為穆斯林的第一個家族政權。奧米雅政權九十年間共傳了十四位哈里發，採父子相傳或兄終弟及制，其中穆艾維亞．本．阿比．蘇弗顏、亞奇德一世、馬爾萬一世（Marwān I，684～685 在位）、艾卜杜．馬立柯（‘Abd al-Malik，685～705 在位）等四位哈里發將繼承權傳給兒子，伊斯蘭國的政治體制從此無異於其他帝國的世襲制度。

奧米雅時期伊拉克因為是什葉派的聖地所在，經常動盪不安，哈里發為了控制什葉派的大本營，在指派伊拉克的總督時，總是格外小心，往往慎選精明幹練的總督治理該區事務。亞奇德一世繼位後，駐庫法總督烏拜德拉 (‘Ubayd Allāh) 對待伊拉克人民非常殘暴，激怒了伊拉克人，導致民眾擁戴阿里次子胡賽因 (al-Ḥusayn)。胡賽因拒絕承認亞奇德一世為哈里發，而被迫逃往麥加，支持的民眾要求他領導什葉派對抗亞奇德一世。他們組織一支二百人的隊伍，680 年 10 月 10 日（伊斯蘭曆 61 年 1 月 10 日）在庫法西北部，巴格達西南八十公里的克爾巴拉俄 (Karbalā’) 被奧米雅軍隊包圍，因為拒絕投降而被殲滅。胡賽因遍體鱗傷，頭顱被割下來送往大馬士革，屍體被送回伊拉克，葬在克爾巴拉俄。阿拉伯文史學家馬斯烏迪 (al-Mas‘ūdī, d. 957) 在他的《黃金草原》(*Murūj adh-Dhahab*) 一書中描述當時被殺的共有八十七人，多數是阿里家族，包括胡賽因的兒子阿里及哈珊的幾個兒子：艾卜杜拉 (‘Abdullāh)、格西姆 (al-Qāsim)、阿布．巴克爾．本．哈珊 (Abū Bakr bn al-Ḥasan) 等都殉難。從此，什葉派從政治派別轉向宗教派別發展。日後克爾巴拉俄如同阿里埋葬處的納加弗一樣，成為什葉派朝覲聖地，在什葉派的地位超過麥加和麥地那。為紀念胡賽因，定伊斯蘭曆 1 月 10 日為哀悼日，稱為「艾書剌俄日」（Yawm ‘Āshūrā’，意為「第十日」），是阿拉毀滅法老、拯救摩西的日子。直至今日每逢「艾書剌俄日」，虔誠的什葉派教徒會在哀悼隊伍進行中用刀割打自己的身體，以表「血勝過劍」的哀戚。什葉派雖和遜尼派的基本宗教信仰是一樣的，但是在重要教義上仍然有差異。他們認為自從阿里去世，奧米雅家族篡奪哈里發之位後，伊斯蘭國家的路線就是錯誤的。胡賽因的死成了什葉派的最高榜樣，所有什葉派人士都應效法他，要為爭取社會、經濟平等而奮鬥。奧米雅家族非常重視伊拉克，卻得不到人民太大的迴響，因為絕大多數的伊拉克人民是什葉派，他們始終無法忘懷奧米雅家族對待阿里後裔的惡行，而將伊拉克當作反政權的大本營，也埋下 750 年奧米雅家族被顛覆的種子。

艾卜杜．馬立柯任哈里發時任用一位奇才哈加几．本．尤蘇弗．山格菲 (al-Ḥajjāj bn Yūsuf ath-Thaqafī, 660～714) 統治伊拉克，撫平了奧米雅家族內鬥中所受的傷害，並重新樹立國家威信。哈加几原本是息加資地區拓伊弗 (aṭ-Ṭā’if) 的教師，投筆從戎成為一位傑出的軍事指揮，最終成為伊拉克總督。據說他曾在星期五眾人聚禮時進入清真寺，跳上講臺發表一席令人不寒而慄的演說，恐嚇民眾不得過分，否則腦袋落地。他強勢統治人民，殺人如麻，伊拉克民眾聞之喪膽，不敢違抗命令，他卻因此能以暴力維持伊拉克社會秩序。艾卜杜．馬立柯及其子瓦立德（al-Walīd，705～

715 在位）在他的協助下，國家的勢力達到巔峰。國家強盛後王公貴族養成奢侈風氣，外族的娛樂活動引進宮廷，後宮嬪妃無數。瓦立德弟弟亞奇德二世（Yazīd II，720～724 在位）在位時沉湎於玩樂，疏忽國政，國勢日衰。瓦立德兒子亞奇德三世（Yazīd III，744 在位）便是第一位女奴所生的哈里發，奧米雅家族最後一位哈里發馬爾萬二世（Marwān II，744～750 在位）亦是出自女奴。到了阿拔斯時期這種現象越趨普遍，許多哈里發都是外族女奴或女婢所生。

一、軍　事

奧米雅家族積極於擴張疆域，穆斯林軍隊早自穆罕默德時期便分為前鋒 (al-muqaddimah)、後衛 (as-sāqah)、左翼 (al-maysarah)、右翼 (al-maymanah)、中堅 (al-qalb) 等，稱之為「五肢軍」(al-khamīs)。軍隊分步兵及騎兵，以後逐漸以騎兵為主。軍隊有補給和醫護制度，戰爭中軍人也做禮拜，禮拜採用集體輪班制，《古蘭經》中稱之為「恐懼禮」(ṣalāh al-khawf)❺。哈里發會在戰爭前發表演說，訓誡將領光榮作戰的方針，教導他們對待士兵、俘虜及被征服國度居民的方法。參加聖戰的穆斯林遠征他

❺ 《古蘭經》對於行「恐懼禮」的方式有如下經文：「你在他們之中帶領禮拜時，要讓他們其中一隊跟著你站立，教他們攜帶武器。當他們禮拜時，教另一隊防守在你們後面；然後教尚未禮拜的那一隊來跟你做禮拜，教他們要戒慎並攜帶武器，不信道的人希望你們忽略武器及裝備，而能趁機襲擊你們。」(4:102)

鄉，多數定居在美索不達米亞，不再過遊牧生活；少數穆斯林則前往西方，遠到西班牙、埃及等伊斯蘭征服地定居。穆艾維亞在位時，派他的兒子亞奇德一世率海軍進攻君士坦丁堡，爆發七年戰爭 (674～680)，阿拉伯人奪得羅德島、克里特島。其後在哈里發蘇萊曼（Sulaymān，715～717 在位）時期派遣艦隊再次攻打君士坦丁堡，不幸潰敗而返。穆艾維亞以巴舍剌為軍事基地向東方擴張，663 至 671 年間首先征服呼羅珊 (Khorasan)。艾卜杜．馬立柯執政期間呼羅珊的軍隊約有四萬人來自巴舍剌，七千人來自庫法。帝國疆域擴張持續到奧米雅家族統治結束，凡薩馬爾干、花剌子模 (Khwarizm)、阿富汗、印度、高加索等地都成為伊斯蘭疆域。聖戰最顯著的成果是同化異族，許多當地的佛教徒皈依伊斯蘭教，有些是為了免繳稅款，有些則純為宗教感召。穆斯林也藉著聖戰吸收異族的文明和思想。

二、行　政

伊斯蘭國家的行政分區制度取自拜占庭及波斯的省制，分成五個轄區，伊拉克、波斯及東阿拉伯組成一個轄區，以庫法為首都。伊拉克行政上區分為二：庫法與巴舍剌，各設置總督，管理該區行政事務，負責稅收，自然也負責該轄區的安全與穩定，這方面通常總督會依賴附屬於總督管轄的衛隊和警察。

伊拉克自阿拉伯蒙昧時期起便是各民族的故鄉，其中有來自約旦東部的納巴特人、波斯人、息剌人、希臘人、印度人及非洲奴隸。奧米雅時期阿拉伯半島北部最早的穆斯林多數居住在伊拉克及波斯，以蓋斯 (Qays) 部族為首，與南阿拉伯半島的葉門，彼此之間因文化和部落血統上的差異，形成兩個不同的政治區塊，一直持續到十八世紀。伊拉克的庫法與巴舍剌二城在此期漸漸發展成為語言學中心，制定語言規則以協助阿拉伯穆斯林了解《古蘭經》，匡正穆斯林不正確的《古蘭經》誦讀法，也幫助外族學習阿拉伯語。社會上有階層之分：哈里發家族所領導的阿拉伯穆斯林統治階層屬於最高層，包含戰士、退役將士、政府官員，他們都持守著傳統習俗與文化，通常堅持伊斯蘭化及阿拉伯化。其次是新皈依的穆斯林，第三階層則是受保護的「居米」(dhimmī)，他們是境內其他的一神教徒，即猶太教徒和基督教徒，後來保護範圍擴大到其他宗教信徒，他們除了繳土地稅之外還要繳人頭稅。最低階層是奴隸，儘管伊斯蘭教禁止奴隸制度，在此期奴隸卻到處可見，有些來自戰俘，有些來自販賣市場。黑奴通常來自非洲；黃奴來自中亞；白奴則來自近東及西南歐。

第三節　阿拔斯家族政權 (750～1258)

阿拔斯 (Abbasid) 家族政權始於 750 年，終於 1258 年蒙古占領首都巴格達，共持續五百零九年，是伊斯蘭史上的黃金時期。實際上阿拔斯家族的強盛並未維持很久，從穆塔瓦基爾（al-Mutawakkil，847～861 在位）哈里發時期政權就落入外族手裡，其後小王國林立，有些小王國並不隸屬於阿拉伯人，非阿拉伯勢力也深入巴格達。因此，有些阿拉伯古代文史學家，如加息

若 (al-Jāḥiẓ, d. 869) 甚至認為阿拔斯政權是波斯政權。阿拔斯家族政權有起有落，強盛時期無論是什葉派的暴動或是波斯的叛亂都在政府掌握之中，唯獨對北非及西班牙的政治影響力有限。歷史學者習慣將阿拔斯時期的政治劃分為，1.哈里發時期 (750～935)：這個時期整個伊斯蘭世界，除了西班牙安達魯斯 (al-Andalus) 政權之外，都在哈里發的統治之下。這些哈里發不僅帶兵深入戰場，且多數本身也是學者、詩人，他們重視並接近文人，鼓勵學術發展，創下阿拉伯學術巔峰時期。哈里發阿布．加厄法爾．曼舒爾（Abū Ja'far al-Manṣūr，754～775 在位）定都巴格達，巴格達在 775 至 935 年之間成為世界最大的都市，人口超過百萬人，也是世界學術、文化中心。2.外族執政時期 (935～1258)：此時期政權由哈里發手裡淪落至土耳其人、波斯布威希人 (the Buwayhids)、塞爾柱人 (the Seljuks) 等外族勢力中。塞爾柱人式微之後，國家開始分裂成各自為政的小國。1194 年，哈里發納席爾．立丁拉（an-Nāṣir lid-Dīn Allāh，1180～1225 在位）宣布巴格達及附近地區獨立。在這地區內，哈里發及他的子嗣還享受著獨立政權，直到 1258 年蒙古人攻入巴格達殺死哈里發，大肆破壞，毀去大多數的阿拉伯古籍和古老建築，才結束阿拔斯家族政權。

一、阿拔斯哈里發時期

阿拔斯家族溯源於穆罕默德的叔叔阿拔斯，他們打著穆罕默德家族的旗幟，名正言順的結合哈希米家族，以及波斯人等非阿拉伯人來反對奧米雅政權，對外宣稱奧米雅家族忽視伊斯蘭，呼籲將政權歸還穆罕默德子孫，建立一個屬於全穆斯林的國家。因此，早期阿里支持者和阿拔斯支持者是站在同一陣線上一致對抗奧米雅政權。在 750 年之前伊斯蘭史上並無所謂「阿拔斯家族」或「阿里派」這兩個名稱，而是被通稱為「哈希米家族」或「哈希米人」(the Hashimites)，因為在奧米雅時期兩者互相合作，一致對抗執政者，企圖取得哈里發權力。對於阿里派而言，他們純粹認為阿里家族最有權利繼承哈里發位。不幸的是阿里家族曾在統治者位置，遭致奧米雅家族將他們視為首要鬥爭目標，以至於阿里家人數代相繼遇害，如阿里次子胡賽因、其孫翟德 (Zayd)、翟德之子亞賀亞 (Yaḥyā) 皆遭受政治迫害。尤其後二者被殘酷地用火燒成炭灰，隨風飄散，手段萬不能為什葉派所接受。

胡賽因犧牲之後，阿里派對於繼承權便開始分歧，阿里陣營漸漸分裂為二：主張繼承權歸胡賽因同父異母弟弟穆罕默德．本．哈納菲亞 (Muḥammad bn al-Ḥanafīyah)，和主張繼承權應該歸屬於阿里．翟恩．艾比丁．本．胡賽因 (‘Alī Zayn al-‘Ābidīn bn al-Ḥusayn)，後者傾向與奧米雅家族求和。阿里．翟恩．艾比丁死後，此派因其二子再分裂為二：穆罕默德及翟德。阿里哈里發之子哈珊與胡賽因的兒子們也互相鬥爭，阿里派變成多頭狀況，理念各自不同，最有力量的要算是穆罕默德．本．哈納菲亞及其子阿布．哈希米 (Abū Hāshim)。

阿拔斯家族在取得政權之前和阿里派一樣反奧米雅家族，採用的手段卻截然不同，始終以先知的曾祖父哈希米家族自稱，並宣稱在繼承權上，叔叔的繼承權利先於堂兄弟，穆罕默德先知與元配卡迪加．賓特．乎威立德 (Khadījah bint Khuwaylid, 556～619) 之女法提馬（Fāṭimah，阿里哈里發之妻）的兒子在繼承權上也較父系親戚為後。他們利用阿里派的犧牲，來顛覆奧米雅家族勢力，以智慧及政治手段取得政權。阿拔斯家族的興起源自於奧米雅哈里發瓦立德．本．艾卜杜．馬立柯 （al-Walīd bn ‘Abd al-Malik，705～715 在位）將大敘利亞地區的胡麥馬（al-Ḥumaymah，位於今日約旦南部）鄉村交付給阿拔斯家族阿里．本．艾卜杜拉 (‘Alī bn ‘Abdullāh) 管理。胡麥馬是個小鄉村，位於死海南方，與其他城市甚少接觸，卻因為它靠近駱駝商隊及位於朝聖路線上，便於從事宣傳活動，具戰略地位。阿里．本．艾卜杜拉從息加資地區遷徙到胡麥馬，行事低調，對奧米雅家族百依百順，甚至於傾向避世、苦行，奧米雅家族因此對他毫無戒心。阿里．本．艾卜杜拉之子穆罕默德．本．阿里．本．艾卜杜拉 (Muḥammad bn ‘Alī bn ‘Abdullāh) 企圖心甚強，思慮縝密，他理出自己一套策略，將隱蔽性甚高的胡麥馬當作規劃中心，庫法當作聯絡據點，因為自從阿里遷都庫法後，反對大馬士革政權的各族都聚集於庫法。最早執行反奧米雅家族任務的是阿拔斯家族的穆亞薩剌 (Muyassarah)，他最大的支持者是當地貴紳巴基爾．本．馬含 (Bakīr bn Māhān)。穆亞薩剌在穆罕默德．本．阿里．本．艾卜杜拉時期去世，穆罕默德．本．阿里．本．艾卜杜拉讓巴基爾．本．馬含代替穆亞薩剌在庫法的地位，負起聯繫胡麥馬與呼羅珊活動的責任。巴基爾．本．馬含過世前推薦其女婿阿布．薩拉馬．卡拉勒 (Abū Salamah al-Khallāl) 繼承他在庫法的職位。待哈希米家族在呼羅珊反政府時，阿布．薩拉馬．卡拉勒被冠上「穆罕默德家族之大臣」的尊稱。

穆罕默德．本．阿里．本．艾卜杜拉的工作地點設在東北的呼羅珊，距離大馬士革甚遠，此地的波斯人原本文化地位遠高過阿拉伯人，淪為被統治者後，即使是其中的穆斯林地位也不及阿拉伯穆斯林，有些還得繳交人頭稅，故醞釀著許多反阿拉伯思想。穆罕默德．本．阿里．本．艾卜杜拉順勢強調奧米雅家族忽視伊斯蘭教精神與教義，標榜著阿拉伯人與非阿拉伯人之間的平等、穆聖家族的領袖優先權等，招募許多支持者，派遣波斯人阿布．穆斯立姆．乎剌薩尼 (Abū Muslim al-Khurāsānī) 到呼羅珊領導當地反對奧米雅政權的人民，同時在庫法進行反政府行動。不久哈里發所布署的人在路上攔截到胡麥馬傳遞訊息者，重金收買並查出書面證據，據此逮捕穆罕默德．本．阿里．本．艾卜杜拉的兒子亞伯拉罕 (Ibrāhīm)。亞伯拉罕自知難逃一劫，吩咐家人潛逃到庫法，他則被囚禁在獄中至死。此後阿拔斯家族對抗奧米雅的戰場轉移至庫法，胡麥馬的歷史任務也告終止。

747 年 6 月 9 日，阿布．穆斯立姆．乎剌薩尼的軍隊舉起先知穆罕默德的黑旗，長驅直入敘利亞，屢戰屢勝，同時阿布．阿拔斯 (Abū al-‘Abbās) 在伊拉克起義。749 年 10 月 30 日，阿布．阿拔斯在庫法清真寺就任阿拔斯家族政權第一任哈里發，由於他執政時仰賴武力，故綽號「薩法賀」(as-Saffāḥ)，意為「劊子手」。750 年大馬士革被攻下，8 月 5 日在埃及阿布席爾 (Abūṣīr) 緝殺在逃的奧米雅哈里發馬爾萬二世，結束了奧米雅在阿拉伯東方的政權。阿布．阿拔斯對待失勢的奧米雅家族手段非常殘酷，他邀請八十位奧米雅王室家族參加宴會，在宴中將他們趕盡殺絕，並用皮墊覆蓋死者身上，在尚未氣絕者的呻吟聲中繼續用餐。同時派遣各路人馬打聽是否仍有前朝餘孽，縱使是死者也逃不掉他的鞭屍與凌辱。唯一倖免的奧米雅家族成員是當時年僅十九歲的艾卜杜．剌賀曼 (‘Abd ar-Raḥmān)，他輾轉逃亡到西班牙，在哥多華 (Córdoba) 繼續奧米雅家族在阿拉伯西方政權的統治，亦即安達魯斯的「後奧米雅時期」。

阿布．阿拔斯結合波斯人及哈希米人，以釋奴作為中堅分子，建都於幼發拉底河畔的安巴爾，宮殿建得像波斯王宮一般豪華，在波斯大臣的輔佐下，奠定阿拔斯家族在伊斯蘭史上長達五百年的光輝。阿布．阿拔斯選擇首都時，刻意避開阿里派的城市庫法，也避開過於偏南邊的巴舍剌城。阿里派對阿拔斯家族而言畢竟仍具有威脅性，奧米雅家族一滅亡，阿拔斯家族與阿里派共同的利益就消失了，定都於庫法自然不明智。阿布．阿拔斯三十多歲便死於天花，僅僅在位四年。其同父異母哥哥阿布．加厄法爾．曼舒爾繼承哈里發位後❻，在面對波斯的地理位置上建巴格達城。巴格達一詞有人認為是源自波斯文，意思是「天賜」，或說是源自亞拉姆語 Baghdād，由 Bagh 及 dād 組成，意為「和平之屋」。巴格達在薩珊帝國時是一座小鄉村，曼舒爾在這鄉村附近建圓形城

❻ 阿布．加厄法爾．曼舒爾母為柏柏女奴，因此較其弟阿布．阿拔斯在家族中的地位低。

牆，外城牆有壕溝圍繞。762 年曼舒爾移都巴格達，將它稱作「和平之屋」 (Dār as-Salām)， 因為當時底格里斯河又稱為 「和平之河」 (Nahr as-Salām)，而巴格達城便在底河畔。五十年內巴格達人口激增，成為連接亞洲和地中海的商業中心，並發展成波斯、迦勒底 、 亞拉姆文明的匯集處，阿拔斯時期的錢幣上便印鑄著「和平之屋」字樣。曼舒爾在巴格達市郊底格里斯河畔建造「永恆宮」(Qaṣr al-Khuld)，以媲美《古蘭經》中的天堂樂園，他也在北邊為其子馬合迪（al-Mahdī，775～785 在位）建「魯薩法宮」(Qaṣr ar-Ruṣāfah)。曼舒爾是位著名的演說家，也是一位傑出的行政官，執政期間穆斯林疆域從中國西邊延伸至北非。然而，阿拔斯家族初執政時出現許多宮廷鬥爭與殘殺功臣的歷史事件，開國元老阿布．穆斯立姆．乎剌薩尼在晉見哈里發時被突襲而死，導致呼羅珊袄教徒的叛亂。曼舒爾在位約二十年，政績輝煌，但手段殘忍，譬如謀殺開國功臣的叔叔艾卜杜拉；758 年曾經因異教徒的活動非常猖獗， 而殘殺波斯拉旺達教派 (ar-Rāwandīyah)；762 年平定什葉派暴動，處死哈珊的重孫穆罕默德，並將他屍體懸掛在麥地那城， 另一哈珊重孫亞伯拉罕被斬首， 首級送給哈里發。

775 年 10 月 7 日曼舒爾前往麥加朝聖時死於途中，屍體被祕密的埋葬，墓穴不下百塚，以亂仇敵耳目。曼舒爾之子馬合迪蕭規曹隨，開啟阿拔斯家族執政的全盛時期。馬合迪過世後，赫迪（al-Hādī，785～786 在位）僅在位一年就過世，其弟赫崙．剌序德（Hārūn ar-Rashīd，786～809 在位）繼位。赫崙．剌序德及其子馬門（al-Ma'mūn，813～833 在位）時期，政治、經濟、文化成就達到巔峰，也是伊斯蘭史上最輝煌的時期。赫崙．剌序德除了對內深具威嚴，具有明快近乎殘忍的手段外，在對外關係上，他與拜占庭相互抗衡，屢屢占上風。782 年，赫崙．剌序德尚未繼承哈里發位時，率軍直逼君士坦丁堡，迫使拜占庭皇室簽下和約，每年向巴格達繳交貢稅，也贏得「剌序德」（引導者）的尊稱。他繼位後更展開一連串對羅馬人的戰役，806 年奪得赫拉克里亞 (Heraclea) 及泰安納 (Tyana)， 並對羅馬皇室成員徵收人頭稅，阿拔斯家族聲望達到巔峰。

赫崙的三個兒子阿民（al-Amīn，809～813 在位）、馬門及穆厄塔席姆（al-Mu'taṣim，833～842 在位）相繼任哈里發，分別是阿拉伯、波斯、土耳其母親所生。赫崙．剌序德曾囑咐阿民和馬門分治國家，阿民之母是阿拉伯人，立為巴格達及西方國王，馬門之母是波斯人，故立為東方國王，惜未久兄弟鬩牆，導致各地烕融肆虐。813 年阿民被殺，馬門統治全國，自此波斯對國家的影響力大增。馬門在位時，曾親率西征羅馬領土，但自穆厄塔席姆之後，阿拔斯家族戰果便乏善可陳。國家強盛之時，由於幅員廣大，哈里發往往任命總督或阿米爾 (Amīr)❼統治偏遠地區。這些地方統治者漸漸擴大自己的勢力，有些也自己擴張領土，幾乎形同獨立的王國。穆厄塔席姆時期為了制衡日益擴張的波斯勢力，大量徵用土耳其奴隸為王室禁衛，人數迅速增加到四千人，

❼ 阿米爾在阿拉伯文中意即親王、王子等王室成員。

圖 12：阿拔斯家族在薩馬剌的城堡遺跡

土耳其人與阿拉伯人相處格格不入，遭致阿拉伯人的排擠。836 年穆厄塔席姆哈里發被迫帶著這些土耳其兵將首都遷移到薩馬剌 (Sāmarrā’)，這些土耳其奴隸勢力高漲，逐漸掌控中央政權。穆厄塔席姆是阿拉伯歷史上第一位將「阿拉」名諱加入自己名字中的哈里發，而稱為「穆厄塔席姆．比拉」(al-Mu‘taṣim bi-Allāh)，其後許多哈里發都效法之。穆厄塔席姆重用土耳其奴隸軍的結果導致其後繼位的哈里發成為受土耳其人牽制的君王，哈里發穆塔瓦齊勒．比拉（al-Mutawakkil bi-Allāh，847～861 在位）甚至於被其子夥同土耳其奴隸軍所殺。穆厄塔弟德．比拉（al-Mu‘taḍid bi-Allāh，892～903 在位）時期巴格達再度成為國家首都，但是實際政權已經掌控在土耳其軍人手中。土耳其奴隸實際掌權達二世紀之久，其首領稱之為「眾王之王」(Amīr al-Umarā’)。阿拉伯歷史學者認為最後一位實際管理國事的哈里發是穆厄塔席姆。

二、外族執政時期

外族控制下的阿拔斯領土孕育出什葉伊斯馬邑勒派

(al-Ismā‘īlīyah)，伊斯馬邑勒是正統哈里發阿里的第七代子嗣，其父是什葉派第六任伊瑪目，曾指定他為繼承人，但他在父親過世之前就病死。此派人士不承認伊斯馬邑勒的死亡，認為他是最後一代伊瑪目，故此派又稱「七伊瑪目派」(as-Sab‘īyah)，是什葉派的主要支派之一。他們的理論是將靈魂視為存在的始因，「七」具有神聖的意義，他們用「七」來劃分歷史和宇宙現象，其思想迅速漫布全國。908 年他們在突尼西亞擁立烏拜德拉．馬合迪 (‘Ubayd Allāh al-Mahdī) 為哈里發，是法提馬王國的創始者，969 年法提馬王國掌控埃及，建開羅城，設立阿資赫爾 (al-Azhar) 大學，並曾短暫統治巴格達。阿拔斯家族的沒落使得周邊地區統治者皆蠢蠢欲動，以至於十世紀初伊斯蘭世界同時出現三個哈里發，除了阿拔斯家族的哈里發及突尼西亞之外，尚有 929 年西班牙哥多華的遜尼派艾卜杜．剌賀曼三世 (‘Abd ar-Raḥmān III) 哈里發。945 年波斯布威希人阿賀馬德．本．布威希 (Aḥmad bn Buwayhī) 帶軍從波斯攻進巴格達，946 年 1 月 29 日將阿拔斯哈里發穆斯塔柯菲．比拉（al-Mustakfī bi-Allāh，944～946 在位）從王座上拉下來，將他拖在地上遊街，任由其士兵嘲弄，最後將他監禁，五年之後死亡。布威希另立一位傀儡哈里發，支給他微薄的零用錢。哈里發尊稱布威希王為「賜國家力量者」(Mu‘izz ad-Dawlah)，成為阿拔斯家族政權實際的統治者，僅保留星期五禮拜儀式及錢幣尚用哈里發的名字。❽

---

❽ 自從布威希家族掌權之後，星期五的禮拜儀式須在提及哈里發之名後，

布威希家族掌權時，對國家也有貢獻，譬如修築運河、建築清真寺、設立醫院、美化巴格達城等。他們不斷向西擴張領土，直到 1055 年 12 月塞爾柱 (Saljuq) 之孫土葛利勒 (Tughril，1037～1063 在位) 受阿拔斯哈里發之邀帶領土庫曼人 (the Turkomans) 攻打巴格達什葉派，趁機入主巴格達為止。阿拔斯哈里發並未抵抗，反而承認他為攝政王，賜他「蘇丹」(Sulṭān) 頭銜，尊他為「東西方之王」。此後「蘇丹」頭銜一直沿用於稱呼土耳其統治者，直到鄂圖曼土耳其帝國 (Ottoman Empire) 結束為止。土葛利勒去世後無子嗣，其姪兒厄勒普．阿爾斯蘭（Alp Arslan，1063～1072 在位）繼位。1071 年厄勒普．阿爾斯蘭打敗羅馬人，俘虜拜占庭皇帝，勢力深入羅馬領土，從此許多塞爾柱人定居在小亞細亞高原區。土葛利勒將政治中心設在雷伊 (ar-Rayy)，厄勒普．阿爾斯蘭遷移至波斯的伊斯法罕 (Iṣfahān)，厄勒普．阿爾斯蘭之子馬立柯沙（Malik Shāh，1072～1092 在位）在 1091 年遷都到巴格達，阿拔斯哈里發成為名符其實的傀儡。上述三人統治時期是塞爾柱王國國勢的巔峰時期，當時版圖從喀什葛爾到耶路撒冷，從君士坦丁堡到裏海。

這些外族在入主伊斯蘭國家之後，也信奉伊斯蘭教，扛起擴張伊斯蘭版圖的使命。塞爾柱蘇丹仰賴波斯大臣管理國家，其政治體制設立者是波斯大臣尼查姆．穆勒柯 (Niẓām al-Mulk)。1065 至 1066 年，尼查姆．穆勒柯在巴格達設立尼查米亞

立即提布威希王公之名。

(an-Niẓāmīyah) 學院培養國家人才，修改曆法，實施軍閥封地制❾，建築清真寺、城牆、運河、馬路，國境內交通四通八達，旅行者甚至可以安全的單獨旅行。巴格達城的公共建設非常上軌道，譬如公共澡堂的污水流入污水坑，不會污染河水。凡此都顯現尼查姆．穆勒柯的才幹過人，據史學家記載，當時蘇丹甚至於可以穩坐皇宮無需管理國事。1092 年尼查姆．穆勒柯被伊斯馬邑勒派的極端暗殺集團「哈夏匈派」(al-Ḥashshāshūn) 暗殺，塞爾柱王國開始沒落以致瓦解。尼查姆．穆勒柯所創立的軍閥封地制度轉變成世襲制，軍閥紛紛建立獨立的小王國。塞爾柱家族在巴格達的統治維持到 1194 年納席爾哈里發時代。納席爾在位期間始終想挽回頹廢的國勢，他慫恿塞爾柱王國所冊封的波斯小國花剌子模攻打塞爾柱王國。1194 年塞爾柱王國戰敗，花剌子模掌控巴格達，企劃結束阿拔斯政權。此時成吉思汗 (Genghis Khan, 1162～1227) 在邊境崛起，屢戰屢勝，勢如破竹。1227 年阿拔斯家族哈里發穆斯坦席爾．比拉 (al-Mustanṣīr bi-Allāh，1226～1242 在位) 在巴格達建立著名的穆斯坦席里亞學院，並在同一地點蓋了與學院相同建築模式的新宮，此宮可眺望底格里斯河。1253 年成吉思汗孫子旭烈兀向西挺進，1258 年 2 月巴格達淪陷，阿拔斯家族政權結束。

十一世紀末十字軍東征占領大敘利亞地區，1169 年庫德族穆

---

❾ 這是尼查姆．穆勒柯的經濟改革政策。亦即將土地賜封予軍閥，然後繳稅給國庫。軍閥因此積極從事農業生產，以求增加產品利益。

斯林英雄沙拉賀丁・阿尤比 (Ṣalāḥ ad-Dīn al-Ayyūbī) 率軍奮抵十字軍，1171 年罷黜法提馬的哈里發，在埃及創立阿尤比王國 (al-Ayyūbīyah, 1171～1250)。至 1192 年沙拉賀丁所統治的疆域包含敘利亞、庫爾迪斯坦、埃及、其他北非地區及大部分的伊拉克。他雖企圖繼續擴展疆域，將全部伊拉克及波斯納入版圖，卻不幸於 1193 年 3 月 3 日去世於大馬士革。阿尤比王國為抵抗十字軍，曾大批召募土耳其及其他民族奴隸，加以軍事訓練，終致這些軍人取而代之，成立馬木路克王國 (al-Mamlūkīyah, 1250～1517)⑩抵抗外侮，並宣揚伊斯蘭，維持伊斯蘭文明的光輝，開羅也取代巴格達成為伊斯蘭文明中心。

三、阿拔斯行政體制

1. 大臣制

大臣 (wazīr) 一詞在《古蘭經》中的意義為「助理」，大臣制度引自波斯薩珊帝國，在阿拔斯時期之前該職務由書記擔任，阿拔斯時期建立大臣制度，其職務是哈里發的最高顧問，也是哈里發和百姓之間的橋梁。曼舒爾在位時任用波斯人卡立德・本・巴爾馬柯 (Khālid bn Barmak) 為大臣，卡立德・本・巴爾馬柯早在阿布・阿拔斯時期便掌管稅務部 (Dīwān al-Kharaj)，也平定叛亂，立過功勞。他與阿布・阿拔斯關係匪淺，其妻是阿布・阿拔斯哈

⑩ 「馬木路克」在阿拉伯語中意即「被占有的」或「奴隸」，故又稱為「埃及奴隸王朝」。

里發女兒的奶媽，阿布．阿拔斯哈里發妻也是他女兒的奶媽。馬合迪哈里發聘請卡立德．本．巴爾馬柯之子亞賀亞 (Yaḥyā) 教導其子赫崙．剌序德，亞賀亞妻子也是赫崙．剌序德的奶媽。

赫崙．剌序德繼位後，任命亞賀亞為大臣，並尊稱他為父。亞賀亞之後由其二子法底勒 (al-Faḍl) 及加厄法爾 (Ja'far) 相繼為大臣。從 786 至 803 年巴爾馬柯家族子孫相傳為相，他們雖致力於公共建設，鼓勵學術，發展科學、文學、藝術，引進波斯宮廷制度，貢獻良多，但同時也掌控政權，操縱整個國家，並大肆斂財，富可敵國。據古書上記載這家族家財萬貫，極盡奢侈之能事，所住宮殿金碧輝煌，雕梁畫棟無與倫比，但也慷慨大方，任何人若得其賞賜，幾可一生不愁吃喝，因此有一句比喻為人海派的阿拉伯諺語：「如同加厄法爾般的慷慨」，典故便源自於這位大臣。赫崙．剌序德日後徹底消弭巴爾馬柯家族勢力，據傳原因之一是赫崙．剌序德非常疼愛他一個妹妹，甚至因此而不讓她結婚，基於他和加厄法爾的親密關係，要求加厄法爾娶其妹，但僅能維持名義上的關係。有一次赫崙．剌序德到麥加朝覲，偶然發現其妹與加厄法爾已經生一男孩，瞞著他偷偷送到麥加扶養。赫崙．剌序德憤而處死加厄法爾，將他首級懸掛在巴格達一座橋上，屍體則一分為二，懸掛在不同的橋上。巴爾馬柯家族成員被捕入獄，財產充公，勢力從此消失，史稱「巴爾馬柯之災」(Nabkah al-Barāmikah)。

在消弭巴爾馬柯家族勢力期間，種族問題曾一度被挑起，文人寫作亦常表明立場，外族人深切感受到自身在阿拔斯家族政權的社會中所處的劣勢，也紛紛隨波逐流傾向阿拉伯化。然而，波斯母親所生的馬門哈里發時期再度重用波斯薩合勒 (Sahl) 家族為大臣，其中最著名的是法底勒．本．薩合勒 (al-Faḍl bn Sahl)，綽號「雙首領」(Dhū ar-Ri'āsatayn)，意為「劍與筆的領袖」，比喻其文武雙全。法底勒父親薩合勒 (Sahl) 原本是祆教徒，改信伊斯蘭教而成為穆斯林家族，此家族和巴爾馬柯家族一樣獎勵文人，積極鼓勵翻譯波斯作品成阿拉伯文，對此期阿拉伯文學發展具有正面的影響。

2.政府各部會

正統哈里發烏馬爾時期模仿薩珊帝國成立軍餉部 (Dīwān al-Jund)，並雇用波斯稅務員在呼羅珊及伊拉克地區收取稅金，曼舒爾哈里發時由波斯大臣卡立德．本．巴爾馬柯負責掌管軍人薪餉。哈里發的開支有專門的部門負責，哈里發擁有禁衛軍 (al-ḥaras)，其他軍隊則是領政府月俸的募兵及各地的志願軍。阿拔斯時期國家各省設有稅務局，將稅收用在各省的開支上，餘額繳還巴格達國庫 (Bayt al-Māl)，由大臣負責管理。

自奧米雅時期哈里發穆艾維亞開始便模仿波斯制度成立文書部 (Dīwān al-Adab)，阿拔斯時期所有國家事務幾乎都仿效薩珊帝國，文書部規模擴大，負責處理哈里發的文書，也帶動文學的興盛。國境內若能在寫作、修辭上有傑出表現者，便有機會進入此部門服務。書記官對於散文創作理論、修辭根源研究、書寫技巧等都須具備相當的能力。伊斯蘭國家自奧米雅哈里發穆艾維亞時期便設有玉璽部 (Dīwān al-Khātam)，負責校對哈里發文書，再加以封印，以防造假或舞弊情事。簽署部 (Dīwān at-Tawqī‘) 則負責審理上訴及申訴文件。

奧米雅時期引進波斯制度，在全國各地設置郵政局 (al-barīd)，掌管郵件傳遞事務。阿拔斯時期郵政部的任務不僅在傳遞官方文件，也提供私人服務，傳遞的工具有馬匹、駱駝、騾、信鴿等。郵務路線上設有驛站，商業也隨著商隊飲食、居住的需求而興盛。巴格達的郵政總局蒐集、製作全國郵政路線指南，促成地理學研究風氣的興盛。郵政總局同時也是情報總局，透過各地方郵局傳遞地方政府首長、軍事領袖、法官、稅務員、警察等訊息提供給哈里發，中央政府因此得以掌控各地人事情報，加強對地方政權的控制。有關國家政情與地理路線的著作也相繼出現，如九、十世紀的伊本．乎爾達茲巴 (Ibn Khurdādhbah) 等人便著作許多有關國家東、西方各地地理、經濟情況的書籍。

司法制度是伊斯蘭文明的榮耀，伊斯蘭教講求公正，伊斯蘭史上最早的司法官是穆罕默德先知本人，他身兼麥地那穆斯林居民的紛爭仲裁者，並將部分仲裁事務交給其門徒處理，譬如後來的正統哈里發烏馬爾、阿里及穆罕默德妻艾伊夏等。烏馬爾哈里發執政之後便設置「法官」的職位，法官依據《古蘭經》、聖訓、伊几提赫德 (al-Ijtihād)⓫裁判，並指派伊斯蘭國度各區域的地方法官。然而正統哈里發時期並未有法律書籍出現。奧米雅家族時期司法受羅馬法律的影響，判決常牽涉到利益與個人好惡。阿拔

⓫ 「伊几提赫德」可譯為「創制」，即依據伊斯蘭立法原則提出意見。

斯時期巴格達設置大法官 (qāḍī al-quḍāh) 掌管司法，由哈里發或大臣任命一位道德、學問兼優的穆斯林宗教學者擔任，並設置「司法院」(Dār al-Qaḍā')，各省總督也任命一位法官處理地方法律事務。自伊斯蘭曆四世紀之後，各省法官由大法官指派。

四、阿拔斯時期文化與社會生活

1.學術發展

阿拔斯家族政權是伊斯蘭文明燦爛時期，穆斯林的智慧發揮得淋漓盡致，並影響全世界學術的發展。赫崙．剌序德統治時期，因為執政者深知治理底格里斯河、幼發拉底河河水及疏渠灌溉的重要性，極力發展巴格達。巴格達不僅在經濟上能自給自足，輸出大量的穀類農作，在精神上更成為阿拉伯、波斯文化中心。在多元文化的融合下，巴格達成為當時國際政治中心，人文與科學極為興盛，為伊斯蘭史開創一個新紀元，並將東方文明透過安達魯斯傳播至西方，奠定了歐洲文明的基礎。凡此時期的巴格達王室、大臣、官吏的奢華生活，宮殿的雕梁畫棟、庭院設計、絲綢帳幔、寶石飾皿、稀世珍物、婦女時尚等皆為史學家們所樂道。《一千零一夜》(*Alf Laylah wa Laylah*) 許多故事中都對幾位盛世時期的哈里發，如赫崙．剌序德、馬門的宮廷生活與當時社會民俗風情做細膩的描述。

阿拔斯時期的政治、社會、文化現象與阿拉伯蒙昧時期及前伊斯蘭時期差異極大，文學特性也大異其趣。文學重心由從前的寧靜沙漠轉向喧嘩的城市，阿拉伯式的持重轉變成活潑輕快，主題、內容、意義、文筆上都有大幅的變化。馬門注重文學的發展，在巴格達建「智慧宮」(Bayt al-Ḥikmah) 翻譯外文著作，並發展成為學術中心，各民族著名學者都被延攬至此中心貢獻其專長。第一位掌管智慧宮的學者是胡乃恩．本．伊斯哈各 （Ḥunayn bn Isḥāq, d. 873），他翻譯了蓋倫 (Galen) 的醫學及哲學作品、亞里斯多德 (Aristotle) 的物理學。他的學生繼續翻譯柏拉圖 (Plato)、希波克拉底 (Hippocrates)、托勒密 (Ptolemy)、歐幾里德 (Euclid)、畢達哥拉斯 (Pythagoras) 等人的作品成為阿拉伯文，範圍涵蓋醫學、數學、幾何、物理、天文學、哲學等。翻譯活動盛行時引進許多外族文化，如波斯、希臘、印度、古敘利亞等。外族文化思想也透過伊斯蘭的傳播深入阿拉伯人的思想中，譬如著名的翻譯家伊本．穆蓋法厄（Ibn al-Muqaffa‘, d. 760）所著的《大禮》(*Al-Adab al-Kabīr*) 與《小禮》(*Al-Adab aṣ-Ṣaghīr*) 呈現的便是典型的波斯禮俗與道德觀。

哈里發和王公貴族，如巴爾馬柯大臣家族用大筆的金錢財富賞賜文人，使得學術蒸蒸日上。當哈里發權力衰微，諸小國趁勢興起時，各小國王紛紛仿效哈里發，網羅詩人和文學家加入王宮的文學座談，讓文人在社會中繼續享有崇高的地位，甚至聘請文學家擔任他們的大臣，譬如伊本．艾米德 (Ibn al-‘Amīd)、伊本．撒亞特 (Ibn az-Zayyāt) 便是學者大臣。宮廷瀰布著各種不同的文化，希臘哲學理論融入阿拉伯思想中，發展出伊斯蘭神學 (‘Ilm al-Kalām)，並盛行穆厄塔奇拉派 (al-Mu‘tazilah) 思想，以理性思維分析教義，重視學術原理 (al-Usūl)，由此學術原理發展出學術各領域的理論。在執政者的鼓勵下產生許多各領域不朽之作，如語言學中西巴威 (Sībawayh, d. 796) 的《西巴威之書》(*Kitāb Sbībawayh*)、穆巴里德 (al-Mubarrid, d. 898) 的《要略》(*Al-Muqtaḍab*)；文學中加息若的《說明與闡釋》(*Al-Bayān wa at-Tabyīn*)、阿斯法罕尼 (al-Aṣfahānī, d. 967) 的《詩歌集》(*Al-Aghānī*)。值得一提的是至今還影響世界兒童文學與藝術的阿拉伯民間故事《一千零一夜》，其初稿便完成於伊拉克，是加合序亞里 (al-Jahshiyārī, d. 942) 根據波斯故事《一千則故事》(*Hazar Afsaneh*) 做基礎，添加其他民間故事而成。此書經過幾世紀不斷增加篇幅，既跨越時間也跨越空間，蒐集了阿拉伯、猶太、希臘、印度、中國等各民族的民間故事，直至埃及馬木路克王國時期才定型。

此外，注經學首推拓巴里的《古蘭經注釋》(*Tafsīr al-Qu'ān*)；歷史學首推拓巴里的編年史《各民族與諸王史》(*Tārīkh al-Umam wa-l-Mulūk*)。醫學在此期蓬勃發展，巴格達城蓋了許多醫院，甚至成立教學醫院。最著名的數學家阿布．加厄法爾．卡瓦里資米 (Abū Ja'far al-Khawārizmī, d. 750) 發明了數學平均值 (algebraic equations)，有學者認為「零」的概念也是他發明的。他的著作《印度數字》(*Kitāb Ḥiṣāb al-'Adad al-Hindī*)，將印度數字介紹到阿拉伯世界，其最重要的著作要歸《代數學》(*Kitāb al-Jabr wa al-Muqābalah*)，此書的書名中 "al-Jabr" 便是 Algebra（代數）一詞的來源。造紙術從中國傳到薩馬爾干，巴格達約在八世紀末成立第一座造紙廠，以後在伊斯蘭世界各地相繼建造紙廠，品質越來越精美，十二、十三世紀經由西班牙的穆斯林再傳入歐洲。第一部流傳至今寫在紙上的阿拉伯著作是九世紀聖訓學者阿布．烏拜德．格西姆．本．薩拉姆 (Abū ‘Ubayd al-Qāsim bn Salām, d. 837) 的作品《特殊聖訓》(*Gharīb al-Ḥadīth*)⑫。

2.宗　教

阿拔斯家族哈里發對於鞏固威信多半具有技巧，他們重視宗教事務，重視伊斯蘭教義與精神，聘用許多宗教學者為顧問，積極擴充清真寺，鼓勵星期五禮拜的講道活動，在重要節慶時會穿上穆罕默德先知的斗篷 (al-Burdah)⑬，政、教威信集中在哈里發身上。由於伊斯蘭教派在此期漸漸複雜化，出現許多各教派的宗教書籍，使得伊斯蘭宗教學的研究達到巔峰，譬如四大遜尼教法學派的核心著作：⑴「馬立柯學派」：馬立柯．本．阿納斯 (Mālik bn Anas, 715～795) 的《聖訓坦途》(*Al-Muwaṭṭa’*)、⑵「哈那斐學派」：阿布．哈尼法 (Abū Ḥanīfah, 699～767) 的《大法》(*Al-Fiqh al-Akbar*)、⑶「罕巴勒學派」：伊本．罕巴勒 (Ibn Ḥanbal, 780～855) 的《穆斯納德》(*Al-Musnad*)、⑷「夏菲邑學派」：夏菲邑 (al-Shāfi‘ī, 767～820) 的《母律》(*Al-Umm*)。聖訓的研究也非常興

---

⑫ 此為聖訓學的專有名詞，意指一些字面意義模糊，其真實意義需要詮釋的聖訓。

⑬ al-Burdah 是穆罕默德贈送給詩人卡厄伯．本．儒海爾 (Ka‘b bn Zuhayr)，以獎勵他所吟的一首題為〈蘇娥蒂離去了〉(*banat Su‘ād*) 讚揚穆聖的詩。

圖 13：阿拔斯時期薩馬剌清真寺

盛，有所謂「六書」，即布卡里 (al-Bukhārī, d. 870) 和穆斯立姆 (Muslim, d. 875) 各自的《聖訓實錄》、伊本．馬加 (Ibn Mājah, d. 886)、阿布．達伍德 (Abū Dāwūd, d. 888)、納薩伊 (an-Nassā'ī, d. 915) 及提爾米居 (at-Tirmidhī, d. 892) 各自的《聖訓集》。

除了伊斯蘭教外，其他宗教研究亦蓬勃發展，如基督教、祆教、猶太教等。伊拉克的基督教徒有許多派別，最重要者是景教派、雅各教派與沙比教派，都被民眾視為異端，卻受到政府保護，也出現不少學者，譬如沙比教徒中便出現如阿布．伊斯哈各．沙比 (Abū Isḥāq aṣ-Ṣābī) 的文人科學家。在阿拔斯家族的統治之下，巴格達四處可見修道院。當時的基督教徒被稱之為「羅馬人」，他們通常聚居在同一社區，稱之為「羅馬人之家」(Dār ar-Rūm)。景教派與雅各教派設有長老掌管所有教徒事務，基督教長老由哈里發授職。

阿拉伯人征服波斯後，波斯人多數皈依伊斯蘭教，但仍有許多波斯人信仰他們傳統的祆教。二元論的祆教教徒也受到政府保護，在法律上享有其他一神教徒的待遇，伊拉克也有許多祆教廟宇。一神教徒的猶太教徒也受保護，人數較少，大多從商，尤其是從事銀行業，也有任政府機構要職者，他們在巴格達廣建猶太教會堂和學校，自成社區。猶太教徒領袖權高勢大，擁有大片土地與農場，晉見哈里發時總是注重排場，聲勢浩大。

3.社會生活

此期各民族混居並相互影響，幾乎脫離傳統部落社會型態，由於哈里發本身往往是阿拉伯與其他民族的混血，狹隘的部落主義漸漸消失，社會也趨向多元文化，民眾的食、衣、住、行、育、樂趨向國際化。政治的穩定帶動工商活躍，早在曼舒爾哈里發時期阿拉伯商人便從巴舍剌經由絲路與中國通商。人民擁有工作及遷徙自由，大城市發展迅速，社會安定，生活水平也相對提升。譬如巴格達的醫師數目高達八百餘位，多數是基督教徒，通常精通其他科學與哲學。藥學也相當興盛，無論醫師或藥劑師都須經過考試才能營業，政府甚至於顧及弱勢者的醫療，建立義診制度。九世紀初巴格達仿效波斯成立阿拉伯世界第一所醫院，此後陸續開設醫院，醫院設備齊全，有藥房、女性病房、圖書室等。

自古兩河流域的農業發展蓬勃，熟諳灌溉的伊拉克統治者往往有能力建設發達的農業社會。阿拔斯家族致力於在兩河流域下游建立河道網，使荒蕪的田園逐漸綠化。國家歲收多半依賴農業，農民是社會結構的中堅，多半是當地土著。農作物有大麥、小麥、稻米、棉花、芝麻、亞麻、棗椰等，水果種類類似今日伊拉克現有的果樹，如水蜜桃、橄欖、李子、哈密瓜、葡萄、柳丁、無花果、杏、檸檬、蘋果、石榴等。許多水果、蔬菜經由穆斯林輸入歐洲，或由東方，如印度輸入西亞。園藝備受鼓勵，諸如玫瑰、素馨、康乃馨、紫羅蘭、水仙、百合、薄荷香精等各式各樣的花露盛行於市，有些來自波斯，有些則是土生土長，也輸往東、西方。

阿拔斯時期人們對食物及盛裝食物的器皿非常講究，許多有關阿拔斯盛世時酒會的歷史記載顯示當時喝酒是宮廷的時尚，飲酒習俗來自波斯，詩人、王公貴族甚至於與歌妓共飲，雖有違伊斯蘭教義，行為卻往往被合理化。用椰棗或葡萄完全發酵釀成的酒稱之為「卡姆爾」(khamr)，是酒中上品。赫崙．剌序德與馬門哈里發飲用葡萄、葡萄乾、椰棗浸在水中未完全發酵的「納比茲」(nabīdh)，這種飲料不會令飲者酒醉，所以有些宗教學者認為就如同飲果汁一般，允許飲用。但若發酵已久，就成為會醉的「卡姆爾」，在宗教上自然是被禁止的。酒瓶、酒杯、酒香、酒色都有優劣之分，酒品是飲酒人引以為傲的德行，斟酒人、酒友也需要慎選以相映成趣。

阿拔斯時期人民的服飾深受波斯影響，男人穿著燈籠褲，上身穿著短衫，外面套長袖斗篷，頭戴黑氈帽。史書上記載著此時婦女酷愛首飾，如手鐲、腳鍊等，凡紅寶石、祖母綠、藍寶石、珍珠等都成為高尚的裝飾。王公貴族婦女的帽子、鞋子、衣服上往往鑲著寶石，有些哈里發的盔甲、座鞍也鍍金、銀及寶石，寶石工業因此盛行。重要礦產有來自呼羅珊的金、銀，來自巴林的珍珠，以及來自黎巴嫩的鐵等。

此時期人們的居住品質改善許多，起居室往往擺設矮沙發，地上鋪著手織地毯，茶几猶如今日敘利亞矮桌，鑲著玳瑁或寶石。社會盛行源自各民族的娛樂活動，如西洋棋、狩獵、射箭、曲棍球、鬥狗、飼養獵鷹等。當時巴格達有數萬家澡堂，澡堂內的設備齊全，原本純粹是清潔場所，此時的澡堂已經發展成為娛樂場所，也開放予婦女享受。

阿拔斯早期 (750～846) 由於社會蓬勃發展，婦女享有相當程度的自由，動可參與政治、上戰場，靜可吟詩、彈琴作樂。許多具有智慧的女人，有些貴為后妃，有些僅是買來的女奴，她們飽讀經書，不讓鬚眉。女奴可能從事歌妓、舞娘，或嫁為權貴人士的妾室，譬如赫崙．剌序德曾迷戀一位歌妓，其妻為了斬斷他的情絲，買了十個妾送給他，因此後來的馬門與穆厄塔席姆兩位哈里發都是赫崙．剌序德和這些外族妾室所生。實際上，阿拔斯執政時期三十七位哈里發中僅有三位：阿布．阿拔斯、馬合迪及阿民的母親是阿拉伯人，其餘皆出自外族女奴或女婢，顯然不同於奧米雅時期不傳位給女奴所生之子的傳統。

在阿拔斯國勢極盛時期婦女參政非常活躍，譬如曼舒爾哈里發任用婦女幫忙蒐集敵人情資，又如馬合迪哈里發聽取婦女的意見，廢其阿拉伯哈希米家族妻子所生之長子艾卜杜拉的繼承權，而讓赫迪、赫崙．剌序德相繼繼位。赫崙．剌序德也因其阿拉伯妻子茹拜達 (Zubaydah) 之助，得以將國家聲勢提升至巔峰。馬門和阿民兩兄弟爭奪哈里發位期間，馬門便是利用喬裝成醫生及商人的老婦人傳送信件，傳遞敵人情報而獲得最後勝利。九世紀中葉至十世紀初期，由於哈里發的無能，女人時常參與處理政治罪犯事務。十世紀之後，隨著政治的衰微，哈里發有名無實，女人幾無參政空間，地位銳降。波斯布威希家族統治時期實施深閨制度，女人須深居簡出，深鎖家中，開始了空間隔離的觀念，女人逐漸被限定在家中相夫教子、處理家務。

第三章 | *Chapter 3*

蒙古占領與鄂圖曼土耳其帝國統治 (1258～1918)

第一節　蒙古占領

一、伊兒汗國統治時期 (The Il-Khan Empire Period, 1258～1335)

十三世紀，成吉思汗率領蒙古遊牧部落橫掃中國，1219 年他帶領七十萬大軍席捲中亞直抵伊朗。1227 年成吉思汗去世，中亞地區暫時有喘息的餘地。1258 年 2 月成吉思汗的孫子旭烈兀（Hulagu，1253～1265 在位）再度率二十萬塔塔兒軍西向，搗毀巴格達城牆，在巴格達屠殺出來投降的最後一位阿拔斯哈里發穆斯塔厄席姆．比拉（al-Musta'ṣim bi-Allāh，1242～1258 在位）、其家屬及三百位朝臣，在城內大肆殺戮七天以上。巴格達烽火連天，所到之處滿目瘡痍，遍地橫屍，死亡人數約八十萬人，昔日的財富、榮耀與學術著作毀於一旦，經典書籍被丟入底格里斯河，阿拉伯人精心經營的運河系統被蓄意的破壞。蒙古人將首都遷移到亞塞拜然，巴格達幾乎變成了廢墟。

旭烈兀西征後建立「伊兒汗國」，其領土東自阿姆河，西至地中海，南到波斯灣，北抵裏海、高加索，包含今日的伊朗、伊拉克、亞美尼亞、中亞等地。旭烈兀長子阿不哥（Abaqa，1265～1284 在位）與羅馬關係密切，曾出兵攻打敘利亞，反被馬木路克王國所擊敗 。 1295 年伊兒汗國旭烈兀的曾孫馬賀穆德．合贊汗（Maḥmūd Ghazan，1295～1304 在位）為尋求百姓安定與心靈寄託，率領將士改信伊斯蘭教，竭力恢復伊斯蘭文化，統治政策曾作修正， 在其首都大不里茲 (Tabriz)， 即今日伊朗西北部近郊大規模興建醫院、圖書館、哲學專校、宗教學校、天文臺等。他任用波斯大臣剌序德丁．赫馬扎尼 (Rashīd ad-Dīn al-Hamadhānī, d. 1318) 推動軍閥封建的 「采邑制度」， 並改革稅制以增加國庫收入。伊兒汗國時期巴格達降為伊拉克省都，政府各部門被廢除，僅留大臣部、稅務部，且兩部合而為一，首長是伊拉克的最高統治者，可任命高級官員。另設有文書總管，負責伊拉克境內所有文書事務，大法官負責司法，軍事總指揮負責保護境內安全、鎮壓暴動及革命事件。大體上，在伊兒汗國的統治之下，伊拉克經濟蕭條，歲收銳減約十倍之多，伊拉克人民飽受高稅之苦，民不聊生。

二、哲拉伊爾王國統治時期 (The Jalayirid Sultanate Period, 1336～1432)

1330 年代伊兒汗國分裂，伊拉克歸蒙古系弱小的哲拉伊爾王國統治，首都巴格達。開國者哈珊．布儒格 (Ḥasan Buzurg) 原是伊兒汗國安納托利亞省的總督，伊兒汗國衰微時與可汗競爭，終於在巴格達建立政權。1360 年其子軒合．烏萬斯 （Sheikh Uways，1356～1374 在位）征服亞塞拜然，統治伊拉克及亞塞拜然，積極擴張領土，發展貿易、文學、藝術、建築等，然而因為內鬥、外患不斷而折損了王國壽命。

此期來自中亞自稱是成吉思汗後裔的帖木兒 （Tamerlane，1370～1405 在位）統一土耳其和波斯，建立帖木兒帝國，首都薩馬爾干，領土與伊兒汗國相當，從俄國南部至蒙古，南抵印度北部、波斯和美索不達米亞。帖木兒帝國行政方針是利用戰爭掠奪的財富與人才來繁榮首都薩馬爾干，並蹂躪其他被占領區。1393 至 1394 年間帖木兒占領巴格達及基爾庫克，逼使哲拉伊爾蘇丹阿賀馬德．哲拉伊爾（Aḥmad Jalayir，1382～1410 在位）離開巴格達尋求埃及馬木路克王國保護。1401 年帖木兒再度洗劫巴格達，殺害數千伊拉克人，蹂躪數百座伊拉克城鎮，摧毀許多阿拉伯人的智慧遺產。帖木兒死後，阿賀馬德．哲拉伊爾再度收復巴格達。不久，阿賀馬德．哲拉伊爾入侵亞塞拜然，短暫統治大不里茲。1410 年被黑羊王朝打敗，阿賀馬德．哲拉伊爾被殺，哲拉伊爾王國隨即被其附庸部落土庫曼人趕至伊拉克南部巴舍剌一帶，退據一隅。1432 年哲拉伊爾王國被土庫曼人所滅。

蒙古人在中、西亞的勢力穩定之後，基於政治、經濟的需求建立驛站制度，使得東西商業、文化交流順暢，譬如中亞和西方的醫藥、紡織品、曆法輸入中土，中國的火藥、紙和印刷術傳入西方。當蒙古人與被征服地的穆斯林溝通困難時，穆斯林部落經常出現反抗的暴動，社會動盪不安。帖木兒帝國時穆斯林居統治地位，帝國最高元首稱「蘇丹」，同時也是軍事領袖。大臣為行政總管，由蘇丹任命，下轄行政、司法、財政及宮廷事務。各地方設軍事、行政和財政官；遍布各地的郵政驛站是蘇丹的情報單位，隨時提供蘇丹各地官員的狀況，因此行政制度上幾乎無創新，更由於內鬥激烈導致波斯薩法維人 (the Safavids) 攻打伊拉克。巴舍剌城原本是中古世紀商業轉口港，因為葡萄牙人發現新航運路線而漸漸失去其重要性，阿拉伯人精心經營的灌溉系統，因為年久失修使得兩河流域的農業因此蕭條，伊拉克從城市文化轉變成部落文化，兩河流域的光輝史畫上句點。

第二節　土庫曼人統治時期 (1375～1508)

一、黑羊王朝 (Kara Koyunlu Dynasty, 1375～1468)

十四世紀中葉土庫曼人占據安納托利亞東部、東南部及摩蘇里附近地區。1375 年土庫曼人「黑羊」(Kara Koyunlu) 部落是哲拉伊爾王國在伊拉克摩蘇里的封臣，土耳其語 Kara Koyunlu 意為

「黑羊」，以黑羊為標誌而得名。該部落在卡拉穆罕默德（Kara Muḥammad，約 1375～1390 在位）時期逐漸強大。其子卡拉尤蘇弗（Kara Yūsuf，1390～1400；1406～1420 在位）在位時起而反哲拉伊爾王國中央政府，獲得獨立，定都大不里茲。1400 年卡拉尤蘇弗被帖木兒帝國擊敗，逃亡埃及投靠馬木路克王國，與同樣在馬木路克王國流亡的阿賀馬德．哲拉伊爾達成兩人分治的協議：阿賀馬德．哲拉伊爾統治以巴格達為都的伊拉克，而卡拉尤蘇弗統治以大不里茲為都的亞塞拜然。但日後阿賀馬德．哲拉伊爾未遵守約定，導致死亡。1406 年卡拉尤蘇弗返回大不里茲，將帖木兒人趕出亞塞拜然，1410 年奪得伊拉克。哲拉伊爾王國退守南部，僅能苟延殘喘。卡拉尤蘇弗外貌壯碩，英明、公正、慷慨、果斷，致力於建立國家的秩序，積極發展農業。伊斯堪達（Iskender，1420～1438 在位）繼位後曾打敗白羊 (Ak Koyunlu) 部落軍隊。1421 年帖木兒帝國夏荷魯 (Shah Rokh) 出動大軍迎戰伊斯堪達軍隊，黑羊軍隊寡不敵眾，然而帖木兒軍卻返回呼羅珊，伊斯堪達統轄亞塞拜然。1436 年夏荷魯任命卡拉尤蘇弗之子吉罕夏荷（Jihan Shah，1438～1467 在位）為亞塞拜然王。1438 年伊斯堪達被圍攻，遭其子所殺，伊斯堪達在位期間遇上強敵夏荷魯，奮鬥一生換來國勢的衰微。吉罕夏荷即位之後積極擴充軍隊，還都大不里茲，1446 年占領巴格達。1447 年吉罕夏荷的帖木兒盟友夏荷魯過世後，吉罕夏荷立即占領原來帖木兒帝國的領土，擴張成為中東大帝國，並使用「蘇丹」的封號，卻從此陷入與白羊部落的激烈戰爭。1468 年底被「白羊」部落烏孫哈珊（Uzun

Ḥasan，1452～1478 在位）所敗，在逃亡途中被殺，結束黑羊王朝。吉罕夏荷開創黑羊王朝最大的版圖，今日在大不里茲許多建築和藝術作品都推溯到此期。

二、白羊王朝 (Ak Koyunlu Dynasty, 1468～1508)

土庫曼「白羊」部落以其白羊旗幟而得名，建立帝國後統治亞塞拜然、亞美尼亞及伊拉克。開國君主卡拉烏史曼（Kara Osman，1378～1435 在位）信奉伊斯蘭遜尼教派，娶拜占庭公主為妻。1402 年，卡拉烏史曼參與帖木兒戰爭，帖木兒賜給他伊拉克北部為封地。1468 年烏孫哈珊打敗帖木兒帝國，占領巴格達、波斯灣及伊朗等地，是白羊王朝的盛世。此時鄂圖曼土耳其人向東挺進，1473 年烏孫哈珊被土耳其人打敗。亞厄古卜（Yaʻqūb，1478～1490 在位）在位時對外關係良好，曾與西方羅馬帝國聯盟，共同應付強勢的鄂圖曼土耳其帝國；對內積極從事公共建設，鼓勵文人，自身也愛好文學，並曾用土耳其文及波斯文作詩。亞厄古卜過世之後，其子甚幼，宮廷陷入複雜激烈的內鬥，消耗了白羊王朝的實力。1502 年薩法維帝國為擴張什葉派疆域大敗白羊王朝，最後一位白羊王朝國王穆剌德（Murād，1501～1508 在位）退據巴格達，1508 年薩法維帝國伊斯馬邑勒占領巴格達，穆剌德逃往伊拉克北部，王朝滅亡。

第三節　薩法維帝國統治時期 (1508～1747)

從十六世紀初起，整個中東劃分為三個勢力範圍：其一為在埃及、大敘利亞、息加資以及葉門的地方政權；其二為位於安納托利亞高原的鄂圖曼土耳其；其三是波斯薩法維帝國 (Safavid Empire)。十六世紀到十八世紀的伊拉克幾乎是一部波斯薩法維帝國及鄂圖曼土耳其帝國的鬥爭史。波、土相爭的主因在於兩者歸屬不同的宗教派別，土耳其屬於遜尼派，薩法維人是什葉派。薩法維人原本信仰遜尼派的蘇菲主義，王朝建國者伊斯馬邑勒（Ismā‘īl Shah，1502～1524 在位）在 1492 年 7 月公開自稱為伊朗的「夏荷」(Shah，伊朗革命之前伊朗統治者的稱號)。1502 年伊斯馬邑勒將薩法維政權由原來的遜尼派改為什葉派，宣布伊斯蘭什葉派為伊朗國教，是第一個以什葉派為國教的國家，並在當時鄂圖曼土耳其帝國的領土安納托利亞宣揚什葉派理念。為了奪取什葉派的聖地納加弗、克爾巴拉俄及對穆斯林具有特殊意義的巴格達，積極企圖征服伊拉克。鄂圖曼土耳其人則深怕什葉派勢力威脅安納托利亞，所以企圖讓伊拉克維持為遜尼派的地盤，此二帝國之戰也代表著遜尼派與什葉派之爭。

1508 年 10 月，伊斯馬邑勒占領巴格達，採行分裂民族的手段迫害當地居民，搗毀農莊。1514 年 8 月，伊斯馬邑勒與當時執政的鄂圖曼土耳其薩立姆一世（Salīm I，1512～1520 在位）在伊朗西北邊查爾迪蘭 (Çaldıran) 展開波土第一次戰役，鄂圖曼土耳其帝國在蘇丹薩立姆一世領導之下獲得勝利，直搗伊斯馬邑勒大本營，進入伊拉克北部，占領摩蘇里及庫德區等，嚴重動搖波斯人在該區的影響力。薩法維帝國轉向阿拉伯東方地區發展，但伊拉克阿拉伯地區仍在其勢力範圍內。1516 至 1517 年薩立姆一世征服埃及馬木路克王國軍隊，將埃及、大敘利亞及息加資併入土耳其版圖中。1534 年底鄂圖曼土耳其帝國在蘇萊曼蘇丹（Sultan Sulaymān，1520～1566 在位）領導下，打敗伊斯馬邑勒的繼承人塔馬斯一世（Tahmasp I，1524～1576 在位）的軍隊，占領巴格達，將伊拉克併入鄂圖曼土耳其帝國版圖，控制了遠東連結歐洲的主要商業道路，負起在阿拉伯灣抵禦葡萄牙人的重責，波斯失去許多領土。1590 年薩法維帝國阿拔斯（‘Abbās，1587～1629 在位）夏荷和鄂圖曼土耳其帝國訂定不平等條約，將重心放在烏茲別克，並求助英國人代為訓練軍隊。1602 年在英國人的協助之下，將葡萄牙人趕出霍姆茲 (Hurmuz)，打破葡萄牙對亞洲貿易的壟斷，成為中東地區的強國，並與英國及荷蘭簽訂貿易協定，大幅提升薩法維的經濟實力與文化發展。

1623 年在阿拔斯夏荷英明的領導下，薩法維人再度奪回巴格達，收復許多波斯的失土，包含亞塞拜然及伊拉克，並統治至 1638 年為止。阿拔斯夏荷創造薩法維帝國的巔峰盛世，建築許多伊斯蘭史上偉大的清真寺，王朝藝術可媲美義大利文藝復興時期的作品。1639 年波土再戰，薩法維人被鄂圖曼土耳其帝國蘇丹穆剌德四世（Murād IV，1623～1640 在位）逐出伊拉克。有「波斯拿破崙」之稱的軍事奇才納迪爾夏荷（Nādir Shah，1736～1747

在位）統治期間曾率軍抵巴格達城外，受挫而返，再增軍攻打伊拉克，迫使鄂圖曼土耳其簽訂和平條約，伊拉克巴舍剌和克爾巴拉俄割讓給波斯。1746 年納迪爾夏荷再攻打鄂圖曼土耳其，鄂圖曼土耳其同意割讓納加弗，納迪爾夏荷在位期間波斯創下薩珊帝國以來最大的版圖，納迪爾夏荷之後波斯便逐漸衰微，代之以贊德王朝 (Zand Dynasty, 1750～1794)。在這一連串的波土戰役中，雙方都充分利用教派資源，兩教派人民也不斷因為政權的改變而被重用或被排擠。

第四節　鄂圖曼土耳其帝國統治時期 (1534～1918)

鄂圖曼土耳其帝國起源於十一世紀末葉在安納托利亞高原西北部塞爾柱王國統轄下的鄂圖曼 (Ottoman) 部落，其名稱得自其族人烏史曼 (Osman, d. 1326)，此人在安納托利亞及東南歐建立勢力。1453 年，小亞細亞西北部的鄂圖曼土耳其在穆罕默德二世（Muḥammad II，1451～1481 在位）的領導之下征服強大的拜占庭帝國，建都君士坦丁堡，即今日的伊斯坦堡。誠如前述，十六世紀初鄂圖曼土耳其帝國在波土第一次查爾迪蘭戰役之後便陸續併吞埃及、敘利亞、伊拉克等地區，統治絕大多數使用阿拉伯語的世界，君士坦丁堡的土耳其蘇丹兼任伊斯蘭世界的哈里發，伊斯蘭勢力西移，阿拉伯哈里發時代從此結束。鄂圖曼土耳其帝國武力強勢仰仗的是先進的火藥、大砲以及實施征募兒童制，讓兒童接受良好的軍事及行政訓練，然後強迫一些受過訓練的青年去

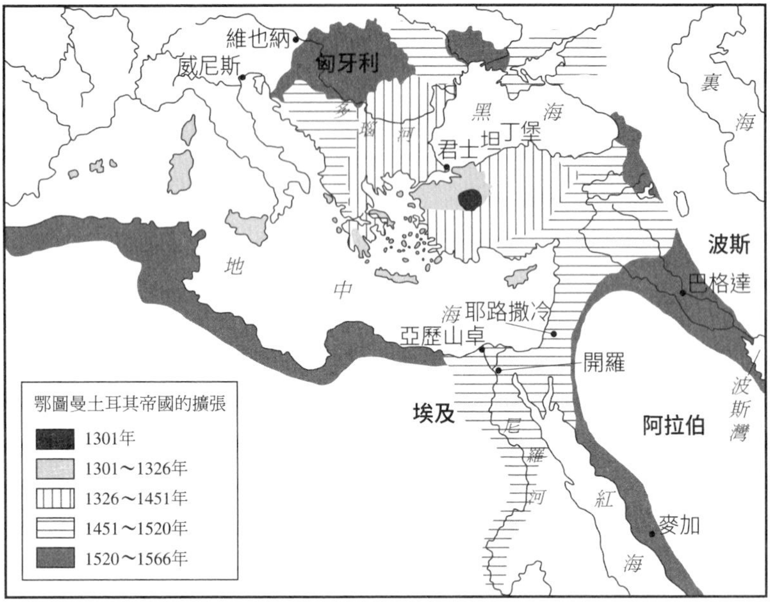

圖 14：鄂圖曼土耳其帝國版圖

服兵役或參與行政工作，並同化非穆斯林家庭的優秀青年，使他們成為帝國的基礎，發展軍事與政治。直至十七世紀初，鄂圖曼土耳其帝國的軍事與財富堪稱是世界之冠。鄂圖曼土耳其帝國版圖橫跨歐、亞、非三洲，結合了東、西方的思想與武力，成為拜占庭帝國及阿拉伯伊斯蘭國家雙方的繼承者，政權延續至二十世紀上半葉最後一位蘇丹穆罕默德六世瓦息德丁．穆罕默德（Waḥīd ad-Dīn Muḥammad VI，1918～1922 在位）。

蘇萊曼蘇丹在位期間從事許多人文建設計畫，帝國實力達到巔峰。他任用一位來自小亞細亞的基督教徒天才建築師希南 (Sinan) 建築宮殿、清真寺及其他公共建築，譬如莊嚴富麗的「蘇萊曼清真寺」便是他的傑作。蘇萊曼的兒子薩立姆二世（Salīm II，1566～1574 在位）在位時貪戀酒色，被稱為「酒鬼薩立姆」，荒廢國政，國內軍人、文人的鬥爭導致民心背離，國力逐漸衰微。薩立姆二世之子穆剌德三世（Murād III，1574～1595 在位）育子女百餘人，和歐洲人的戰爭不斷。十六世紀末期鄂圖曼土耳其帝國國勢衰微之後，由於帝國幅員廣大，所統治的民族複雜，制度、組織皆不完整，社會存在嚴重的裂痕，土耳其人統治伊拉克顯得力不從心，伊拉克陷入前所未有的蕭條狀態，和肥沃月彎以西的鄂圖曼土耳其領地狀況截然不同，終致讓歐洲勢力所取代。

鄂圖曼土耳其人在伊拉克的統治讓伊拉克人飽受貪贓枉法、治安敗壞之苦。1623 年，薩法維帝國借助於駐防在巴格達的鄂圖曼土耳其叛軍的密報，占領巴格達等中心地區，鄂圖曼土耳其人則占據北部摩蘇里及夏合照爾（Sharihzor，即庫爾迪斯坦地區）。往後十五年間，伊拉克成為薩法維帝國的一省，薩法維人對於奪取什葉派聖地伊拉克顯得勢在必得，伊拉克人口中什葉派也占優勢，因此和波斯的關係較為靠近，對什葉派而言，遜尼派的哈里發及鄂圖曼土耳其蘇丹都是伊斯蘭政權篡位者。1623 年至 1638 年間許多遜尼派的清真寺被毀壞，數千名遜尼派穆斯林或喪生，或淪為奴隸。1639 年，鄂圖曼土耳其政府經過極大的努力收復巴格達，然而以什葉派朝聖地為經濟重要來源的伊拉克，長期的戰爭與不安影響了朝聖人潮，毀壞了經濟。鄂圖曼土耳其人收復巴格達之後，殺死許多什葉派穆斯林。1639 年波土雙方簽訂《儒哈柏協定》(*Treaty of Zuhab*)，暫時結束鄂圖曼土耳其政府與薩法維帝國一百多年長期的鬥爭，雙方的邊界大致底定，東起札格魯斯山脈，西至底格里斯河及阿拉伯河 (Shaṭṭ al-‘Arab)，約一百英里。此時鄂圖曼土耳其帝國幾乎控制了整個阿拉伯世界，僅有摩洛哥、葉門、茅利塔尼亞及阿拉伯半島部分地區除外。然而，鄂圖曼土耳其政府已經精力耗盡，境內出現許多分離主義運動，伊拉克社會動盪不安。十七世紀中葉企圖改革振興的穆剌德四世蘇丹過世後，其子亞伯拉罕一世（Ibrāhīm I，1640～1648 在位）因為無能而被罷黜，鄂圖曼土耳其政權一蹶不振。十七世紀末英國人控制了波斯灣的貿易，更加重鄂圖曼土耳其繼續在伊拉克維持政權的困難度。隨著伊斯坦堡中央政權的衰微，加上伊斯坦堡與伊拉克之間的交通困難，鄂圖曼土耳其政府不得不接受地方自治政權，譬如在阿拉伯半島東部阿賀薩俄 (al-Aḥsā’) 的卡立德族 (Banū Khālid) 自治政權、巴舍剌地區的半獨立政權。1704 年胡賽因擔任巴格達總督，開啟地方首長世襲制，地方自治政府逐漸蔚為風氣，許多部落首領也各自為政。

此時期伊拉克的居民包含許多民族，絕大多數是阿拉伯人，其次是庫德族，還有一些其他民族。阿拉伯人大多數居住在巴格達、巴舍剌及阿賀薩俄省，少數居住在摩蘇里省。庫德族則多居住在北部與東北部夏合照爾及摩蘇里省，少數土耳其人居住在巴格達城外、基爾庫克和其他鄉鎮。在宗教信仰上，以巴格達為地理中心，南部是什葉派，北部是遜尼派，非穆斯林的人數非常稀少，猶太人在巴格達自成有力的商業勢力團體。鄂圖曼土耳其帝國征服整個伊拉克之後，將之規劃為三省：摩蘇里、巴格達、巴舍剌，巴格達是其中最重要的省分。巴格達政府首長通常擁有較其他區域更多的權益，握有行政、軍事權。社會地位僅次於首長的是大法官，負責執行司法，另設警察長、檢察官，幫助大法官執行命令，監督市場。此外尚設有守衛長、書記、印信官、禮賓長、記事官等。鄂圖曼土耳其政府在伊拉克面臨的最大問題是夏合照爾、巴舍剌兩區外敵的威脅不斷。夏合照爾位於薩法維帝國邊境山區，地方政府經常遭受威脅。巴舍剌是個活躍的商業與文化區域，鄂圖曼土耳其政府為了確保商業道路的控制權，尤其是想對抗阿拉伯灣的葡萄牙勢力，始終與巴舍剌望族保持良好關係，以維護巴舍剌地區的政權與影響力。

一、伊拉克的帕夏地方政府 (1749～1831)

伊拉克自十七世紀後半葉以來內部問題叢生，急需一位有能力的強勢領導者，當時鄂圖曼土耳其蘇丹派遣喬治亞裔的哈珊帕夏❶（Ḥasan Pasha，任期 1704～1723）為伊拉克總督，以保障鄂圖曼土耳其與波斯邊境的安全。哈珊在位期間竭盡整頓之能事，趁阿富汗攻打波斯之際，將赫馬丹 (Hamadān) 併入，並將多數的伊拉克地區併入巴格達的管轄範圍。對哈珊而言，建立一支善戰的軍隊是奠定伊拉克實力的根本之道，其最佳方式是埃及、敘利亞、伊朗所施行過的奴隸軍團制。哈珊因此購買高加索少年，讓他們接受一些特殊訓練，成為戰士與行政人才，以思想教育培養

---

❶ 「帕夏」是鄂圖曼土耳其帝國授予文臣武將的官銜。

他們的優越感之後，分派到各軍事或行政單位服務，使這些軍人得以在十八世紀中葉時統治伊拉克。此時波斯已經擊退阿富汗，全力對抗鄂圖曼土耳其，將鄂圖曼土耳其勢力逐出伊朗，在納迪爾夏荷的領導之下一度包圍巴格達和摩蘇里，遭到哈珊軍隊誓死抵抗而作罷。哈珊過世之後，其子阿賀馬德帕夏（Aḥmad Pasha，任期 1724～1747）繼位，建立喬治亞帕夏地方政府。此後波、土進入談判期， 最後制定 1747 年的協定 ， 其內容無非是 1639 年《儒哈柏協定》的再肯定。哈珊帕夏和阿賀馬德帕夏對維持權力有一套方法：他們抵禦波斯的侵入，攏絡難以駕馭的部落，定時進貢中央政府，與權貴及兩大教派領袖保持良好關係，並全力擴張轄區至北部夏合照爾庫德區，控制商業道路。

阿賀馬德帕夏去世之後， 其女婿蘇萊曼．阿布．萊拉 (Sulaymān Abū Laylā) 組成一個為數二千的精兵團由巴舍剌進入巴格達，成為第一個伊拉克的帕夏地方政權，開始脫離鄂圖曼土耳其政權，將巴舍剌併入巴格達的附屬地，終致統治幼發拉底、底格里斯河河谷，從波斯灣到庫爾迪斯坦山麓皆落入其勢力範圍。帕夏地方政府是自治領地，對內有效的鎮壓部落叛變，政治穩定，經濟復甦。1776 年波斯沙迪各汗 (Ṣādiq Khan) 攻下帕夏地方政府統轄下的巴舍剌，英國東印度公司將其在巴舍剌的機構遷往科威特， 科威特因而繁榮 。帕夏地方政府在蘇萊曼二世 （Sulaymān II，1780～1802 在位）領導下達到巔峰，他消弭鬥爭，發展農、商業，卻也面臨部落勢力不斷的反叛。當時的鄂圖曼土耳其政府正忙於與歐洲的複雜關係上，無暇顧及伊拉克的帕夏地方自治政府。1798 年蘇萊曼二世允許英國於巴格達設立永久代理公司後，英國勢力深入伊拉克，歐洲勢力日益擴大。1802 年英國、法國相繼在巴格達設立領事館，彼此在建立殖民勢力上角逐。西方國家紛紛在伊拉克扶植對他們自己有利的地方勢力，譬如巴舍剌、伊斯坦堡的英國人扶植大蘇萊曼 (Sulaymān al-Kabīr)，1808 年法國人在巴格達扶植小蘇萊曼 (Sulaymān aṣ-Ṣaghīr) 等。

鄂圖曼土耳其中央政府也不乏新的改革者，如薩立姆三世（Salīm III，1789～1807 在位）、馬賀穆德二世（Maḥmūd II，1808～1839 在位）等進行一連串的改革。馬賀穆德二世施行中央集權，設立學校、清真寺，活絡商業活動，健全城市制度。他深知守舊派勢力龐大，識時務按兵不動，伺機再做革新。1826 年 5 月 28 日，馬賀穆德二世宣布新制軍隊的組成，但不強調這是遵循舊王的改革方案，以免遭反對勢力的打壓。他在訓練軍隊時不僅聘用外籍教練，也同時雇用穆斯林軍官。然而，終究讓禁衛隊識破，所幸馬賀穆德二世已經預做準備，於 1826 年以迅雷不及掩耳的速度徹底消弭反抗者，解散所有自治軍隊，頒布各省「軍隊組織法」。新制軍人共達一萬二千名，服役年限十二年，以至於十九世紀人們喜歡選擇軍人作為職業。土耳其軍隊中也招募許多阿拉伯軍官，他們多數出生於什葉派家庭，受教於巴格達或其他城市的軍事學校，有些繼續於伊斯坦堡念軍事學院，譬如第一次世界大戰後伊拉克著名的軍官努里．薩邑德 (Nūrī as-Sa‘īd, 1888～1958) 及亞新．哈希米 (Yāsīn al-Hāshimī, 1882～1937) 兩人都曾受教於此學院，後來都在伊拉克政府組閣。馬賀穆德二世的改革在當時環境下遭受非常大的壓力，為了消弭舊勢力，鞏固中央政權，他甚至於任用埃及的總督穆罕默德・阿里 (Muḥammad ‘Alī) 來對抗阿拉伯半島納几德興起的瓦哈比運動 (al-Ḥarakah al-Wāhhabīyah)，並拯救伊拉克免於波斯的滲入。1847 年波斯與鄂圖曼土耳其雙方簽訂和平條約，波斯政府承認伊拉克隸屬於鄂圖曼土耳其政府，戰事終於結束。馬賀穆德二世以優越的軍隊及艦隊建立與歐洲國家的關係，在地中海地區建立良好的聲望。

最後一位帕夏地方政府統治者達伍德帕夏（Dāwūd Pasha，1817～1831 在位）因為庫德人的支持而取得政權。達伍德著手執行許多重要計畫，致力於疏通運河、建設工廠、設立印刷廠、訓練兩萬名士兵、創辦學校，其政績頗似同時期埃及的穆罕默德・阿里帕夏，不同的是當時埃及的外國勢力尚是法國，在伊拉克則是英國勢力。但是達伍德同樣遭遇到老問題：保守的阿拉伯部落勢力、英國日益增長的影響力以及伊朗的侵略等複雜的環境，以至於十四年執政期間幾乎年年發生部落戰爭。帕夏地方政府的軍隊無法深入沙漠打仗，只得運用部落軍對付部落，衍生出許多複雜多變的關係。達伍德所遭遇更棘手的問題是庫爾迪斯坦問題牽涉到伊朗、庫德族、鄂圖曼土耳其政府及帕夏地方政府，日後也造成伊朗與鄂圖曼土耳其的戰爭。

1831 年，巴格達發生一場嚴重的洪水和瘟疫，死傷無數，加以鄂圖曼土耳其政府自薩立姆三世及馬賀穆德二世蘇丹執政後大肆消弭自治政府的權力，達伍德帕夏被罷黜，結束了帕夏地方政權在伊拉克的統治。然而一些家族勢力仍然存留，如摩蘇里的艾卜杜．加立勒家族 (Āl ‘Abd al-Jalīl)，政權從十八世紀中葉延續至 1830 年代。蘇萊曼尼亞 (as-Sulaymānīyah) 則尚有庫德巴阪家族 (Baban) 勢力。此外其他阿拉伯地區也出現類似狀況，如突尼斯的胡賽因家族 (al-Ḥusaynīyah)、納几德地區的紹德家族 (Āl Su‘ūd)、黎巴嫩的馬案家族 (Banū Ma‘ān) 及夏赫卜家族 (Shahāb)、大馬士革的艾查姆家族 (Āl al-‘Aẓam) 等。

基本上，這些地方政權對鄂圖曼土耳其政權有正面的效應。帝國幅員廣大，在西線無戰事時可以替帝國收稅，保衛帝國安全，戰爭時期也有義務共同抵禦敵人。鄂圖曼土耳其帝國的軍隊分成禁衛隊和各地的自治軍隊。禁衛隊分成步兵和砲兵，他們並非土耳其血統，為鄂圖曼土耳其蘇丹服務之前原本是基督教徒。十七世紀之後這些禁衛隊經常發生暴動，逐漸勢弱，蘇丹們盡量招募軍人來代替，禁衛隊逐漸轉業。自治軍隊很少動用中央政府的費用，蘇丹需要他們時則隨時提供援助。十七世紀之後，帕夏地方政府逐漸不願意參與帝國對外的戰爭，以免因參戰導致經濟蕭條。另一方面中央政權因為這些自治軍隊甚少接受訓練，對他們的依賴性漸漸減低。十七世紀末，自治軍隊跋扈腐敗，成為伊拉克甚至於埃及、敘利亞社會的亂源。

此期大量的金、銀透過歐洲在美洲的殖民流入西歐國家，造成鄂圖曼土耳其貨幣下跌，物價大幅上揚。財政的窘境迫使政府不斷的增收稅款，人民苦不堪言，收稅的任務落在地方政府身上，導致各地暴動不斷。俄國和奧地利趁機對鄂圖曼土耳其政府發動一連串的戰爭，其中以 1768 至 1774 年的土、俄戰爭最為激烈。

1774 年 7 月 21 日土、俄簽訂《楚庫克凱那爾吉和約》(*Treaty of Kucuk Kaynarca*)，讓俄國打通黑海出口，之後鄂圖曼土耳其軍隊與俄國、奧地利的戰爭屢戰屢敗。十八世紀末鄂圖曼土耳其已經失去作戰能力，開始在各種和平協定中慢慢放棄它的資源及土地。1798 年拿破崙軍隊攻入埃及，對鄂圖曼土耳其政權更具威脅性，鄂圖曼土耳其版圖漸漸成為各殖民國角逐之地，內部的不安定也加速帝國的崩潰。

二、米德哈特帕夏執政期 (Midḥat Pasha, 1869～1872)

十九世紀鄂圖曼土耳其世俗化運動繼續延燒，宗教領袖失去昔日的光環與財富，鄂圖曼土耳其政府高級官員多數由中央政府指派，也有來自名門，如前述艾卜杜．加立勒家族、巴阪家族及帕夏地方政權的高加索後裔等，行政與軍事成員幾乎全來自什葉派家族。1831 至 1869 年間，巴格達出現十餘個政府，鄂圖曼土耳其政府政權非常不穩定。巴格達收歸中央政府管轄之後，艾卜杜．加立勒家族、巴阪家族也陸續交出政權，什葉派兩聖城的權力遭中央政府削弱。

十九世紀中葉伊拉克廣設中、小學，巴格達也成立許多外國教會學校。公立學校畢業生通常任職於政府機構，而高級官員基本上還是由中央政府指派或任命，尤其是指派一些望族成員擔任。克里米亞戰爭 (Crimean War, 1853～1856) 之後，鄂圖曼土耳其政府積極鞏固版圖，將一支強勁的軍隊駐防在巴格達。1858 年實施《TAPU 土地法》，使得鄂圖曼土耳其政府權力深入鄉村，新的土地政策允許土地私有，代替舊有的封建制度，並派遣清廉的政治家米德哈特帕夏擔任巴格達總督從事改革。米德哈特帕夏在擔任巴格達總督之前便是一位改革家，曾經參與鄂圖曼土耳其帝國《行政組織法》的設計工作，並成功的在其他省分實施。他在巴格達最重要的政績是施行《TAPU 土地法》，修改土地所有制以安撫部落，使得部落首領成為大地主，並鼓勵耕種，改善稅收，大幅降低了遊牧人口的比率，明顯提升部落對政府的向心力。他改革省政制度，在主要城市設立市議會，穩定地方政府行政，制定土耳其第一部《憲法》，制定《刑法》與《商業法》，改善郵政、兵役制度。1869 年他創辦伊拉克第一份報紙《兆剌俄》(*Al-Zawrā'*)❷，編印教科書，並致力於改變巴格達面貌，擴充城市，拆除部分舊城牆，建電車聯結城鄉，設醫院、學校，建兵工廠、儲蓄銀行、印刷廠、紡織廠，修築公路，在底格里斯河興修橋梁，建設供水系統及灌溉系統，開啟幼發拉底河、底格里斯河及波斯灣的船運服務以活絡經濟等。1869 年蘇伊士運河通航使得伊拉克更接近歐洲，各部落的經濟作物可經由蘇伊士運河外銷到西方國家，對伊拉克經濟有很大的助益。歐風盛行的同時，伊拉克人民生活品質獲得改善，經濟漸漸趕上世界的腳步。傳統社會，譬如以世系、血統區分階級的社會制度逐漸瓦解，代之而起的是資本主義的新社會秩序，社會階層取決於財富。米德哈特帕夏的

---

❷　「兆剌俄」意即距離遙遠。巴格達又稱「兆剌俄」，因其內、外城門距離遙遠而得名。

政權向北擴充到摩蘇里、基爾庫克，向南到巴舍剌及阿賀薩俄，短暫的執政期間創下光輝的成就。

第 II 篇

動盪與現代伊拉克

第四章 | *Chapter 4*

英國託管與伊拉克王國時期 (1918～1958)

第一節　西方勢力滲入與鄂圖曼土耳其帝國的殞落

十六世紀末英國商人及旅行者開始進入伊拉克，由於伊拉克位於英國通往印度的交通要道上，具有重要的戰略地位，後來更因為它蘊藏豐富的石油，又靠近英國在伊朗的油田，具有經濟上的重要性。十七世紀天主教團體曾抵達巴格達和巴舍剌宣教，雖影響了少數官員，但對一般穆斯林百姓似乎起不了文化作用，西方人於是運用貿易手段進行滲透，果然伊拉克人民對鉅大的商機顯現極大的興趣。1800 年英國在巴舍剌設立總督，1802 年在巴格達設立領事館。1830 年至 1860 年間，英國透過貿易、郵電、派遣考古團、測量團及擬定計畫等各種方式，增加在伊拉克的政治影響力，並排擠其他國家在伊拉克的勢力。1836 年英國在伊拉克成立航運公司，從事底格里斯河、幼發拉底河上的貿易，開始輪船服務企業。英國透過此公司的營運控制伊拉克的航權，增進它在伊拉克的影響力。當時占據伊朗北部的俄國也加入伊拉克的爭奪戰，企圖經由伊拉克通往阿拉伯灣及印度洋，使波斯、印度、中亞一連串的商業利益盡歸它所有，伊拉克頓時成為列強覬覦的土地。1861 年，伊拉克設立電信局，修築鐵路。1899 年，鄂圖曼土耳其政府允許德國建築鐵路，從土耳其西南方的孔亞 (Konya) 延伸到巴格達，1902 年從巴格達建築鐵路到巴舍剌。1914 年，從柏林到巴格達的鐵路第一階段完成，全線完工於第二次世界大戰期間。

1908 年青年土耳其黨 (Young Turks) 在伊斯坦堡取得勢力，迫使鄂圖曼土耳其帝國執政者艾卜杜·哈米德二世 (‘Abd al-Ḥamīd II，1876～1909 在位）進行西化，實施立憲政治。1909 年該黨驅逐哈米德二世，擁立其弟穆罕默德五世 (Muḥammad V，1909～1918 在位)，舉行選舉，成立國會，漸漸將政治中心回歸土耳其本土，重視土耳其文化。青年土耳其黨的革命對許多阿拉伯地區影響甚深，譬如敘利亞發起民族運動，掀起以阿拉伯語作為統一因素的阿拉伯民族主義熱潮。相較之下，在第一次世界大戰之前伊拉克因為人民大多數是文盲，伊斯蘭傳統思想根深蒂固，對西方文化的接觸並不多，反對鄂圖曼土耳其政權統治的聲浪也不如敘利亞等地高昂。

鄂圖曼土耳其政權在伊拉克的消失，與十八世紀之後英國在波斯灣及兩河流域經濟與軍事利益的日增息息相關。第一次大戰之前英國在伊拉克發展最大的阻礙是鄂圖曼土耳其及德國，德國急欲發展在此區域的經濟利益，尤其是美國與伊朗的石油公司在波斯灣成立之後，意味著該區石油經濟利益光明的遠景。1912 年土耳其石油公司 (Turkish Petroleum Company, TPC) 成立，成員包含德國、英國及荷蘭，準備探勘巴格達和摩蘇里的石油。鄂圖曼土耳其參與第一次大戰前夕，英國深怕德國在肥沃月彎的勢力威脅到印度、伊朗、阿富汗等地區，為了確保它在波斯灣的石油利益免於被德國剝奪，積極將勢力範圍延伸到科威特，企圖控制整個伊拉克及阿拉伯灣地區。此時伊拉克民族主義者正積極推動政治活動，將巴舍剌當作活動的大本營，中、上階層的知識分子群起為民族奉獻。統治阿拉伯國家約四百年的鄂圖曼土耳其政府日益衰微，不僅在伊拉克鄉村、沙漠中失去主導能力，即使在都市中的權力也日益薄弱。伊拉克社會陷入一連串的鬥爭，城市、鄉村部落為了爭奪兩河流域的農耕地，以掌控經濟作物生產權利而陷入激烈的鬥爭。城市內亦因宗教、社會地位而分裂爭鬥。部落之間也不能倖免，以至於有強勢的「駱駝族」與弱勢的「船族」等部落階級的存在。伊拉克自由主義者組成各種祕密組織，其中最重要者是艾合德 (al-‘Ahd) 黨，成員多數是鄂圖曼軍隊的軍官，迅速散布在巴格達、摩蘇里等地，到第一次世界大戰該黨成員超過四千人。第一次世界大戰爆發後，鄂圖曼土耳其政府於 1914 年 11 月 3 日加入德國陣營，成為同盟國的成員，兩天後對屬於協約國的英、法宣戰。英國在伊拉克的勢力大肆擴張，並趁勢鼓舞阿拉伯民族革命對抗鄂圖曼土耳其政權，透過其同情阿拉伯立場的代理人勞倫斯（T. E. Lawrence，即好萊塢電影中的「阿拉伯的勞倫斯」)，向阿拉伯各地領袖承諾英國在戰爭結束後會為阿拉伯民族建立獨立自治政府。

一、英土戰爭

1914 年英國從印度派遣遠征軍抵達巴舍剌東南邊、阿拉伯河岸的法烏 (al-Fāw) 城，11 月 5 日占領巴舍剌，對鄂圖曼土耳其展開攻擊行動，將巴舍剌建設成適合英軍使用的港口。1915 年 7 月 25 日經過流血戰爭後英國占領納席里亞 (al-Nāṣirīyah)。1915 年秋天，英軍駐紮在伊拉克南部鄉鎮，查理士．湯旬德 (Charles Townshened) 將軍企圖征服巴格達失敗，抵達底格里斯河岸的庫特 (Kūt) 後便撤軍返回。1916 年 4 月土軍在庫特圍攻英軍五個月，迫使英軍投降。英國失敗後立即再重新整軍，1916 年 12 月在史丹尼．摩德 (Stanley Maude) 將軍的統帥下再度進攻。摩德將軍宣布將會把一些伊拉克事務歸還給伊拉克人，並且示意為伊拉克自治鋪路，讓伊拉克人民擺脫外國人的統治。這種宣言正好迎合伊拉克民族主義激進分子，如加厄法爾．艾斯克里 (Ja'far al-'Askarī)、努里．薩邑德、加米勒．米德法邑 (Jamīl Midfa'ī) 等人的意願。為此，這些鬥士支持協約國，以求鄂圖曼土耳其陣營的同盟國落敗。1916 年幼發拉底河中游地區實際上已經脫離鄂圖曼土耳其的統治，公共建設到處被破壞，各部落為了爭奪財產而互相殘殺，伊拉克陷入無政府的混亂狀態達二年之久。

1916 年英國一面承諾阿拉伯人給予獨立的機會，一面卻與法國、俄國外長簽訂了《賽克斯皮科特雙邊協定》(*Sykes-Picot Agreement*)，重新瓜分中東。根據此協定，伊拉克、外約旦

(Transjordan) 歸英國託管，敘利亞、伊拉克北部及亞美尼亞等地區歸法國託管，由英、法兩國負責監督這些國家朝向自治政權邁進。1917 年 3 月 11 日英軍打敗鄂圖曼土耳其占領巴格達，鄂圖曼土耳其軍隊從巴格達撤退，巴格達到處可見搶劫擄掠。英國趁勢再攻擊，由馬歇爾領軍攻下薩馬剌。1918 年英軍占領基爾庫克、摩蘇里，勢力遍及伊拉克各省，開始在伊拉克發展石油工業，建立行政制度，一方面控制石油利益，另一方面控制整個阿拉伯灣，除了鄂圖曼土耳其和伊朗邊境地區的庫德高地、從巴格達到納席里亞幼發拉底河沿岸地區及什葉派聖城克爾巴拉俄、納加弗之外，全部落入英國勢力範圍。英國占領伊拉克過程中，伊拉克人原本期望建立一個獨立的阿拉伯國家，所以並未與鄂圖曼土耳其站在同一陣線。西方列強瓜分伊拉克的行為徹底重挫伊拉克人的民族主義，植下他們對英國人的仇視種子，爆發許多大規模的群眾運動，英國人則採取鎮暴方式，譬如 1925 年英國曾在蘇萊曼尼亞 (as-Sulaymaniyah) 的庫德區使用毒氣鎮暴。

1920 年 4 月 25 日，列強在義大利召開的聖雷莫會議 (San Remo Conference) 中瓜分伊拉克經濟利益。將原來鄂圖曼土耳其帝國統治的阿拉伯地區分隔為二：英國統治巴勒斯坦、約旦及伊拉克的巴格達和巴舍剌兩個省分；法國統治敘利亞和黎巴嫩。英、法兩國對於當時已經探知具有油源的摩蘇里託管權歸屬僵持不下，美國自從 1917 年 4 月加入協約國行列，也開始企圖分得石油利益。

二、1920 年革命（又稱「二〇革命」）

1918 年 10 月伊拉克人民得知美國總統威爾遜 （Woodrow Wilson，任期 1913～1921）發表「十四項原則」，其中包含各民族有自決權，又受敘利亞革命軍在大馬士革宣布成立阿拉伯政府的刺激，於是開始組織各種協會，要求獨立。1918 至 1919 年間隨著民族主義的高漲，伊拉克出現三個重要的反殖民主義祕密組織： 1. 在納加弗成立的 「伊斯蘭復興會」 (Jamʻīyah an-Nahḍah al-Islamīyah)； 2. 「伊斯蘭國家同盟會」 (Jamʻīyah al-Waṭanīyah al-Islamīyah) 目標在動員反抗群眾； 3. 1919 年 2 月由巴格達什葉派商人、遜尼派教師、兩派宗教學者、公務員、地主、部落首領、記者等組成的「獨立衛隊」(Ḥurrās al-Istiqlāl) 祕密組織，在納加弗、庫特、克爾巴拉俄、息拉 (al-Ḥillah) 等地都有其成員。

依據 1920 年「聖雷莫會議」決議，伊拉克交付英國託管。英國政府管理伊拉克政策有二種不同的聲音：其一是直接統治，以保障英國在波斯灣及印度的利益；其二是經由伊拉克境內的部落間接統治，以安撫伊拉克境內的民族主義分子，直至 1920 年英國並未決定遵循哪一種管理政策。英國託管伊拉克後，最高委員裴西．寇斯 (Percy Cox) 及其副官阿諾德．塔伯．威爾遜 (Arnold Talbot Wilson) 上校負責處理占領後的行政事務。由於經驗老練的寇斯於 1918 年 4 月至 1920 年 10 月間任職於伊朗 ， 伊拉克事務乃由主張直接統治伊拉克的年輕副官威爾遜管理。威爾遜強烈反對阿拉伯獨立，他藉由給予各部落首領土地，賜予他們特權來攏絡地方勢力。他對待伊拉克人非常嚴苛，準備日後將伊拉克南部併入印度，將印度的法令制度沿用於伊拉克。他控制公務職位的聘用權，任用有經驗的印度人控制伊拉克，伊拉克人被排除在行政體系之外。他並強徵稅收來養伊拉克的英國駐軍，徵召農人服勞役，耕種所得須作為軍隊糧食，若有剩餘才准許買賣，英國商品壟斷伊拉克市場，並以英國資本控制伊拉克石油。伊拉克人對於這種突來的印度式英國殖民感到震驚，民族意識散布伊拉克各角落。英國人見狀乃承諾給予伊拉克人有限度的經濟福利與商業活動自由，而英國殖民者的利益仍列為優先考量，甚至將參與暴動的軍官、部落首領等異議分子趕至印度、錫蘭、埃及。

1920 年 5 月初，伊拉克一位什葉派宗教學者被殺，什葉、遜尼兩派宗教學者暫時拋棄彼此的歧見，在追悼會上討論政治，並透過民族主義的詩作與演說，鼓勵人們擺脫殖民主義的束縛。1920 年 5 月 25 日，伊拉克選出十五位代表與威爾遜談判，他們提出召開全國代表會議，要求伊拉克獨立，建立伊拉克政府，威爾遜視他們為「一群令人討厭的政客」，輕率的拒絕他們，因此激發了伊拉克民族主義政治活動。革命導火線起於 1920 年 6 月 2 日幼發拉底河中游一位部落首領因為拒絕償還農業借款而被英國人逮捕，關在伊拉克南部魯麥山 (ar-Rumaythah) 市。該部落族人衝進政府大廈殺死守衛，強行放出他們的首領，並破壞魯麥山以南的鐵路，當天巴格達市民舉行示威遊行，暴動迅速延燒，範圍遍及巴格達、克爾巴拉俄、巴比倫、納加弗等省區，伊拉克陷入混亂。6 月 21 日，什葉派聖地克爾巴拉俄教長序剌奇

(ash-Shīrāzī) 積極凝聚群眾力量，督促各部落準備革命。序剌奇之子擔任納加弗、克爾巴拉俄兩聖城的革命人士及部落聯盟之間的聯絡人。序剌奇更發布宗教命令 (fatwā) 明白指示：穆斯林若讓非穆斯林統治便是違反伊斯蘭法律。他呼籲全體伊拉克穆斯林，不分什葉派或遜尼派，一致對英國人發動聖戰。7 月摩蘇里發動反英行動並向南部延伸，南部許多部落因為長久以來享有自治政權，對於響應反英行動缺乏積極的誘因，也導致革命無法成功。英軍除了使用皇家轟炸機鎮壓之外，還從印度、伊朗調動軍隊討伐，逮捕許多事件領導者，10 月底英軍便平定各地的暴動。

英國人為了掌控伊拉克油源、航道，更為了平息 1920 年之後高漲的伊拉克民族意識及社會不安的情勢，再度派遣裴西．寇斯為最高委員進駐伊拉克，迅速地組織伊拉克臨時政府，任命遜尼派人士擔任首相，以平衡傳統勢力的原則分配各部會首長，在每位部長級高級官員身邊安排一位英籍顧問，英籍最高委員則掌管軍事與外交事務，成立法院及慈善機構以減少宗教學者對司法與慈善事業的控制，增加各級學校的非宗教課程，強迫什葉派穆斯林服兵役，以弱化他們的激進宗教思想，並增加課稅等。

此次革命是伊拉克現代史上最具影響力的國家運動，英國並未因伊拉克人民大規模的抗爭而撤退，因為一旦撤退，鄂圖曼土耳其將重新占領伊拉克，英國勢必失去對整個地區的控制力，其他阿拉伯地區，如英國託管的埃及和蘇丹地區、法國託管的敘利亞勢必將仿效伊拉克脫離西方的託管。如此一來，蘇聯會趁虛在伊朗建立社會主義國家，甚至控制整個地區。英軍在此暴動中死傷、失蹤約二千五百人，根據腓力普・希提 (Philip K. Hitti) 的史書記載：英、印軍死亡四百餘人，花費二千英鎊，伊拉克方面死傷八千四百五十人，損失四十萬英鎊。英國民意也因此傾向撤離伊拉克避免更多的犧牲。雖然英國最終結束了這場革命，革命精神卻深植伊拉克民心，伊拉克人的政治思想日趨成熟。另一方面，宗教團體的力量在遭遇民族劫難時，拋棄長久以來遜尼與什葉派之爭，點燃人民的愛國心，群起捍衛自己的民族，使得英國政府決定在伊拉克組織當地政權。

第二節　英國控制下的伊拉克王國運作 (1921～1958)

一、費瑟一世時期

第一次世界大戰期間，在阿拉伯半島息加資地區穆罕默德先知所屬的哈希米家族非常活躍，他們期望建立一個阿拉伯王國，由阿拉伯人自己統治自己。整個伊拉克受哈希米家族影響頗深，英國人也為了獲得伊拉克的支持以對抗鄂圖曼土耳其政府，曾經承諾哈希米家族的胡賽因・本・阿里 (Ḥusayn bn ʻAlī) 戰後將協助他建立一個統治肥沃月彎及阿拉伯半島的獨立國家，胡賽因因此和鄂圖曼土耳其政府反目，和英國採取一致立場。1916 年 6 月，胡賽因率領兒子們發動「阿拉伯大革命」，向北與英國人會合，攻進約旦、巴勒斯坦、敘利亞等地。1919 年，胡賽因的兒子費瑟一世 (Faysal I, 1883～1933) 代表阿拉伯人抵達法國，然而協約國對阿拉伯人的獨立意願漠不關心。1920 年 3 月，費瑟一世在大馬士革被敘利亞國會推選為敘利亞國王。同年 7 月因為法國要求費瑟一世接受其管轄，費瑟一世基於敘利亞境內民意而拒絕法國要求，被法國人逐出敘利亞。

1921 年邱吉爾 (Winston Churchill) 主持的開羅會議中提名費瑟一世為伊拉克國王。1921 年 6 月 12 日費瑟一世帶著一批在革命時期逃往敘利亞的伊拉克人回到伊拉克，在費瑟一世本人的要求之下，經由公民投票獲得 96% 支持率，1921 年 8 月 23 日，費瑟一世在巴格達登基。費瑟一世的哈希米家族血統在阿拉伯人的心目中是德高望重的貴族，他曾在 1916 年領導解放運動對抗鄂圖曼土耳其政府，深具領袖魅力與能力，本身更具有突出的人格特質：穩健成熟、精明幹練、敏銳而不失寬厚。

費瑟一世是位老練的政治家，小心翼翼地爭取伊拉克人民的支持與信心，在他的領導下伊拉克政治、社會都有長足的進步。他首先面對國內複雜的種族、內政問題，積極平衡各界勢力，改善和伊拉克境內各種勢力的關係，包含反對勢力，並致力於提升社會、經濟、教育文化水準，建立制度，伊拉克人得以有限度的參政。儘管費瑟一世極力改革，擺脫舊時代的腐敗與英國人的控制，英國在革命之後安置的艾卜杜·剌賀曼·納紀卜 (‘Abd ar-Raḥmān an-Naqīb) 內閣仍然依據寇斯的指示在運作。艾卜杜·剌賀曼·納紀卜採取與英國合作的政策以對抗複雜的種族、黨派衝突和外交問題，尤其是與鄂圖曼土耳其在摩蘇里的版圖之爭，藉由與英國簽訂和約來處理問題並鞏固自己的地位。1922 年，費瑟一世允許人民按照歐洲模式組織政黨，伊拉克共組成三個政黨，其中兩個反對黨：「伊拉克國家黨」和「伊拉克復興黨」，其宗旨在訴求獨立並制定憲法；另一黨則是艾卜杜．剌賀曼．納紀卜之子穆罕默德組成的「伊拉克自由黨」，支持與英國訂定聯盟協定。這些政黨在伊拉克的政壇上都有很大的影響力。

1922 年 10 月 19 日，伊拉克頒布王令成立建國委員會，委員會的任務在制定《王國憲法》、《國會選舉法》、《英伊條約》等。1922 年 11 月 20 日，伊拉克首相艾卜杜．剌賀曼．開拉尼（‘Abd ar-Raḥmān al-Kaylānī，任期 1920～1922）下臺，前內政部長艾卜杜．穆賀辛．薩厄敦 （‘Abd al-Muḥsin as-Sa‘dūn ， 任期 1922～1923）繼任首相。內閣並未有太大的變革，但路線較為明顯，訴求百姓平等、依據人民的期望制定憲法、建立警力、軍隊現代化、實施國家經濟計畫、要求新聞與政黨自由等。1924 年 3 月，建國委員會正式成立，艾卜杜．穆賀辛．薩厄敦當選委員會主席，規定建國委員會的任務在保證伊拉克獨立、加入國際聯盟、裁決摩蘇里問題。費瑟一世並任用年僅三十七歲，留學巴黎大學的法學博士陶菲各．蘇威迪 (Tawfīq as-Suwaydī, 1891～1968) 制定 《伊拉克憲法》。1916 年制定《部落犯罪及民事訴訟法規》，1925 年將之併入《伊拉克憲法》中。1925 年 3 月 21 日國王批准憲法，明訂伊拉克為君主立憲國家，兩院國會取代建國委員會，國王擁有很大的權力，包括確認法律、舉行選舉、解散國會、無須國會的許可頒布法令以履行條約義務等。

1925 年， 費瑟一世設立軍事學院， 建立現代化的伊拉克軍隊，興建各領域專科學院，派遣留學團出國留學，從埃及延攬教師、工程師、技術人員。他並致力於現代化的灌溉計畫，推展農業，建立機械化的紡織工業，妥善利用油井。但伊拉克各部會的顧問諮詢等要職仍然由英國人擔任，這些顧問享有伊拉克部長所未具有的特權。各省的地方行政首長雖然已經換成伊拉克人，但凡是政治及徵稅權都以對英國的忠誠度來衡量任用人選。過去的英國地方首長此時轉任伊拉克首長顧問，權力未減。這些英籍人士在維護英國利益上有很大的貢獻，他們承認部落首長的權力，提供他們財物資助，維護他們的家族利益，譬如允許部落擁有獨立的部落法庭，透過各部落首長達成對部落成員的影響力。1933年給予部落首長龐大的土地，各部落因此都與英國有良好的關係，必要時英國能依賴部落發動國家運動。二十世紀英國這種控制部落以達其目的的模式也運用在對付其他阿拉伯海灣國家而能屢試不爽。當政權完全轉移到伊拉克人手裡時，占全國總人口六分之一的部落經常與政府立場相違或發動革命，成為伊拉克政府潛在的問題。

「二〇革命」以來英國人開始小心翼翼地處理伊拉克問題，他們傾向運用懷柔、談判政策。費瑟一世為保障伊拉克安全，對外與所有友好國家保持密切關係，並致力於與英國周旋，訂定一連串的條約，阿拉伯人因此稱伊拉克此時期為「條約時期」。1922年寇斯首度劃定約旦、科威特、伊拉克、沙烏地阿拉伯的邊界，然而科威特長期以來都屬於伊拉克巴舍剌省分，伊拉克人自然難以承認寇斯的邊界說。1922年5月，寇斯辭去最高委員職位，由亨利．道伯斯爵士 (Sir Henry Dobbs) 接任。1922 年 8 月伊拉克國家黨、伊拉克復興黨在費瑟一世登基一週年時發動民眾示威，呼籲結束英國託管，所使用的言辭慷慨激昂，造成英國最高代表藉口維護治安解散這兩個反對黨，黨魁被放逐異鄉，並迅速關閉反政府的報紙，伊拉克民憤越演越烈，有些地區更出現武裝暴動，英國人以暴制暴，造成緊張情勢。1922 年 10 月 10 日，在費瑟一世與英方認知有差異的情況下簽訂《英伊條約》，條約內容賦予英方下列權利： 1.英方有權任命伊拉克政府的顧問。 2.英方有權武裝伊拉克軍隊。 3.英方有權干涉伊拉克境內的外國人。 4.英方在經濟、外交事務上，提供伊拉克方針與意見。

此條約明載國王在有關英國的利益及財務政策上需採納英國的意見；英國人在十八個伊拉克政府部門裡占顧問、巡官的重要位置；伊拉克需負擔居於伊拉克境內英國人的一半開支費用；即將頒布的法令不得有違反該條約的內容；保障少數民族的語言、教育及利益；伊拉克境內外國人享有與伊拉克人同等的工作機會等。英國在條約中則提供伊拉克對內及對外各方面的援助，特別是軍隊的支援；英國須在短期內協助伊拉克進入國際聯盟。換言之，該條約使得伊拉克政治、經濟上都得依賴英國。由於伊拉克戰略、經濟的重要性，使得英國遲遲不願放棄在伊拉克的主控權。該條約期限長達二十年，英國以託管者的角色，可以繼續控制伊拉克，引發伊拉克人極度的憤怒，透過報章雜誌、集會等反抗，要求除去英國軍事政權，免除英國顧問職位，召回被放逐境外的伊拉克人，允許人民組織政黨，開放印刷自由。英國被迫於 1923

年將條約期限縮短為四年。費瑟一世因為此條約的訂定，承受著民族主義者、反英國的宗教人士及英國方面的多重壓力。他深知王國需要依賴英國，但又得避免重蹈他過去在敘利亞的覆轍，故運用策略，將國家一步步地導向獨立。但費瑟一世對伊拉克人而言卻是外國人，伊拉克人將他視為英國扶植的國王，對於這種雙政府制度非常不滿。該條約在英國一再催促警告之後才於 1924 年 6 月 11 日由國會批准。1925 年國際聯盟推薦伊拉克為會員國，伊拉克國會將摩蘇里問題提交國際聯盟討論，國際聯盟建議摩蘇里併入伊拉克王國領土，由英國託管二十五年，居住在摩蘇里的庫德族繼續受保護。

由於伊拉克政府受英國顧問所牽制，導致內閣因無法滿足人們對自由、獨立的期望而辭職，民怨高漲，敵對英國最高代表的示威運動因而興起，民族主義者要求英國無條件答應伊拉克獨立，解散託管政府。英、伊兩國的關係日趨緊張，英國政府積極尋求再訂定新條約以資補救。1929 年新任英國最高委員吉伯特．克雷登爵士 (Sir Gilbert Clayton) 答應讓伊拉克獨立，卻由於他的猝死，以及首相艾卜杜．穆賀辛．薩厄敦的自殺而生變。費瑟一世的密友努里．薩邑德組成伊拉克新內閣。1929 年英國勞工黨執政，宣布支持伊拉克於 1932 年進入國際聯盟，並願意與伊拉克討論獨立問題。努里．薩邑德與英方在巴格達會談，1930 年 6 月 30 日簽署新的《英伊條約》。為了護衛條約，努里．薩邑德組成「英國同盟黨」，亞新．哈希米同時組成反對黨即「國家兄弟黨」。該條約調整伊拉克與英國的關係，經過參、眾議院通過，有效期限二十五年，重點歸納如下：1.英、伊雙方建立達二十五年的同盟關係。2.英方支持伊拉克在 1932 年進入國際聯盟，伊拉克進入國際聯盟之同時宣布獨立，英國即結束在伊拉克的任務。3.雙方彼此協商伊拉克的對外政策。4.伊拉克與第三國有戰爭危機時須與英國協商，依照國際聯盟的盟約共同解決問題，兩國在戰爭時採取一致立場，屆時伊拉克方面須提供英軍所需的協助，如鐵路、河川、港口、機場及交通工具的使用權。5.在巴舍剌與巴格達附近建空軍基地，允許英軍經過伊拉克領空。6.伊拉克將巴舍剌附近及幼發拉底河西岸地區的空軍基地租予英國。在英國遷移期間，保留摩蘇里、巴格達等地的英軍。7.英軍在伊拉克享受免稅待遇，並不受伊拉克地方法律管轄。8.伊拉克軍隊的訓練官由英國人擔任，使用英製武器及裝備。9.伊拉克的英國大使享有最惠待遇，地位高過其他外國代表。10.劃定伊拉克與沙烏地阿拉伯的邊界，成立中立區以便貝都因人活動。

此條約明文記載英、伊在外交、軍事上將密切合作，英國保證護衛伊拉克。相對的，伊拉克將提供英國所有的便利。條約並記載在巴舍剌建立數個空軍基地，在巴格達西部建哈巴尼亞 (al-Ḥabbānīyah) 基地，英軍有權路過伊拉克領土；英國也保證幫助伊拉克訓練軍隊，提供武器。該條約在爭取伊拉克獨立及提供英國利益上非常成功，日後成為英國與其他阿拉伯國家訂定條約的模式，也是外國人與阿拉伯國家訂定條約的樣本，譬如 1936 年的《英埃同盟條約》，同年敘利亞、黎巴嫩與法國的條約，幾乎就是它的翻版。然而伊拉克民族主義者及少數民族，如庫德族和雅述人都反對該條約，前者認為條約效期太長，也不應將空軍基地借給英國人拓展它在兩河流域的勢力；後者則認為條約對少數民族毫無保障。

除了與形同殖民者的英國之間的關係難以平衡外，費瑟一世在處理其他對外關係上游刃有餘；1929 年，伊拉克與伊朗簽訂友好協定，在德黑蘭 (Tehran) 設立伊拉克領事館，費瑟一世親自前往訪問，解決當時兩國的邊境與居留糾紛，在日內瓦設立伊拉克駐國際聯盟永久代表處。1931 年與沙烏地阿拉伯、約旦、土耳其等鄰國簽訂友好條約，1932 年與伊朗簽訂友好條約，解決邊境問題，結束昔日不友善的關係。

二、伊拉克獨立 (1932) 後的佳奇政權

第一次大戰結束後的 1920 年代，阿拉伯世界分成十五個歐洲保護區，由歐洲國家託管，阿拉伯民族主義熱潮也冷卻許多，人民開始企圖在自己居住的領土上建立獨立的國家。阿拉伯人在尋求國家獨立的漫長過程中，有些阿拉伯國家如科威特，能很幸運的實現和平獨立；有些國家如阿爾及利亞，則經過流血戰爭才得實現；有些國家如埃及，經過人民的爭取與暴動才得實現。1932 年 10 月 3 日伊拉克正式成為國際聯盟的第五十七個會員國，保證保護境內外國人及少數民族，尊重人權，承認其所簽訂的條約及債務，成為主權獨立的國家。英國自此結束它在伊拉克的託管權，取消最高代表的職位，代之以英國駐伊拉克大使。伊拉克的獨立對其他阿拉伯國家而言是莫大的鼓舞，伊拉克也成為其他躲

避託管政權與壓力的阿拉伯人的避難所。有些阿拉伯人建議費瑟一世建立統一敘利亞、伊拉克的「費瑟王國」；有些人甚至於認為伊拉克可以統一阿拉伯國家，因此，伊拉克在第一、二次世界大戰期間成為阿拉伯民族運動中心。然而伊拉克獨立後立即面臨各種錯綜複雜的經濟、社會、宗教及意識型態的問題。

1933 年 9 月費瑟一世去世於瑞士，遺體運回巴格達安葬，其子佳奇 (Ghāzī, 1912～1939) 繼位。費瑟國王之死，對伊拉克人民而言是個沉重的打擊，抵抗英國的意志無形中減弱，英國人原來建立的體制也因傳統問題的爆發而粉碎。1933 年參謀總長巴克爾．席德紀 (Bakr Ṣidqī, 1890～1937) 將軍平定雅述暴動之後，1934 年採用徵兵制度，將政府的預算用在強化軍隊上，引起南部部落的不滿，因為南部急需經費建築水壩以改善農業，以至於發生部落暴動。費瑟國王去世後，王國處理部落動盪的能力顯得脆弱，加以佳奇受西方教育，年輕無經驗，將國事交付內閣及政爭人士手中。這些人一味的取悅英國大使館，對複雜的伊拉克部落生態環境無處理能力，無法平衡國家利益與英國大使館的壓力。伊拉克民族主義者則始終將王國視為英國傀儡政權，伊拉克政治陷入部落首長與城市顯貴之爭，種族衝突不斷，外交及國際地位不斷滑落，政黨為爭取統治權需先擁有軍隊或支持者，紛紛與非政治團體，如部落、軍隊結盟，以至於發生許多部落暴動及軍隊叛變，佳奇政權僅維持到 1939 年 4 月 3 日。1934 年一些政治勢力如亞新．哈希米（首相任期 1924～1925；1935～1936）、剌序德．艾立．開拉尼（Rashīd ‘Ālī al-Kaylānī，首相任期 1933）、息柯馬特．蘇萊曼（Ḥikmat Sulaymān，首相任期 1936～1937）與納加弗南部幼發拉底河中游部落結合，1935 年發動大規模敵對政府的「伊拉克中心暴動」，成功推翻內閣，在軍隊的擁護下，由亞新．哈希米組閣。1935 年 3 月亞新．哈希米內閣代表的是民族主義與泛阿拉伯主義者的政權，維持了十八個月之久，算是佳奇執政期間維持最久的內閣。

1936 年，土庫曼人息柯馬特．蘇萊曼慫恿巴克爾．席德紀將軍聯合什葉派部落人及其他與左傾《阿赫立報》(*al-Ahālī*) 有聯繫的社會改革者，在巴格達發動伊拉克現代史上第一樁軍事政變，要求國王解散亞新．哈希米的遜尼派內閣，另由息柯馬特．蘇萊曼組閣，國王被迫服從。此次政變結果免除許多開國菁英的職位，亞新．哈希米和剌序德．艾立．開拉尼被放逐，努里．薩邑德逃往埃及，軍隊干政傷害了伊拉克的政治體制，種下伊拉克往後政治混亂的禍源。新政府成員鮮有遜尼派人士，對於社會改革貢獻有限，立場傾向土耳其、伊朗，而非其他阿拉伯國家。息柯馬特．蘇萊曼執政之初加強與英國大使聯繫，強調新政府與英國保持良好關係的意願，並與伊朗簽訂邊界協定，將兩伊邊界設定在阿拉伯河靠近伊朗的低水位線，而非國際慣例所設的河水中心點。

新內閣成員中有三位部長屬於政治改革主義聯盟阿赫立黨(Jamā'ah al-Ahālī)，阿赫立黨創始於 1920 年代末期，是代表伊拉克的社會改革主義與伊拉克國家主義的團體，其創始者是一群貝魯特美國大學的學生，包含貝魯特的穆罕默德．哈迪德(Muḥammad Ḥadīd)、艾卜杜．法塔賀．亞伯拉罕 ('Abd al-Fattāḥ

Ibrāhīm)、阿里．蘇萊曼 (‘Alī Sulaymān) 及巴格達的艾卜杜．格迪爾．伊斯馬邑勒 (‘Abd al-Qādir Ismā‘īl)、胡賽因．加米勒 (Ḥusayn Jamīl)。艾卜杜．格迪爾．伊斯馬邑勒和胡賽因．加米勒兩人自高中時期便是摯友，該黨的成立也建立在他倆的友情上。他們反對英國託管、反對君主政體，1932 年 1 月創辦《阿赫立報》，發表激進的言論，強調結合政治、經濟的獨立和民主社會改革的必要性，符合中產階級對國家獨立的期望，對伊拉克現代政治有實質及深遠的影響。由於艾卜杜．格迪爾．伊斯馬邑勒本人是馬克思主義者，其兄弟尤蘇弗．伊斯馬邑勒 (Yūsuf Ismā‘īl) 是伊拉克共產黨創始人之一，因此伊拉克政府將阿赫立黨視為左派政黨。此外，伊拉克在第二次大戰之前，泛阿拉伯主義政治思想也具有相當的影響力，其代表是一位教育學家薩提厄．胡舍里 (Sāṭi‘ Ḥuṣrī)，此人認為阿拉伯國家脫離鄂圖曼土耳其政權的統治後立即受西方國家託管，被瓜分得四分五裂，狀況和受鄂圖曼土耳其統治並無兩樣，阿拉伯國家必須統一才能重生。

軍中的泛阿拉伯民族主義者則對巴克爾．席德紀非常不滿，因為他是庫德人，鼓勵庫德人從軍，什葉派人士更因他曾經殘忍對待部落暴動而憎恨他。1937 年 3 月，巴克爾．席德紀攻擊伊拉克共產黨，激起共產黨於 4 月 5 日策動二萬名伊拉克工人展開一連串在巴舍剌港的國家香菸公司及伊拉克石油公司的暴動，暴動被鎮壓之後，共產黨暫時匿跡。1940 年底伊拉克共產黨創辦黨報《火花》(*ash-Sharārah*)，該報直至 1942 年都使用地政局的印刷機祕密印刷報紙，擁有約二千名讀者。1941 年英伊戰爭時共產黨公開支持剌序德・艾立・開拉尼。1937 年 8 月巴克爾・席德紀在一場軍事暴動中被殺，據德國人傳述其死因是他和阿赫立黨部長們決裂，並選站庫德立場，企圖祕密籌劃成立獨立的庫德政府，引起阿拉伯族群的抗爭。巴克爾・席德紀被殺後軍隊群龍無首呈現分裂狀態，分別擁護各自的領袖。息柯馬特・蘇萊曼內閣瓦解後，繼之而起的是加米勒・米德法邑內閣，1938 年 12 月，再換努里・薩邑德內閣，至 1941 年春天，四年內更換許多內閣。英國人礙於 1930 年的條約限制，只能扮演幕後角色，並未直接干預。從 1936 至 1941 年，伊拉克為了結束外國的干預、解放阿拉伯國家，軍隊在屢次的暴動中，都扮演著幕後角色，1958 年之後，軍隊又再度控制伊拉克政治。

佳奇國王是一位阿拉伯民族主義者，主張收復原本屬於伊拉克版圖的科威特，並統一阿拉伯國家。他反對外國人介入阿拉伯事務，反對法國對敘利亞的殖民。在巴勒斯坦問題上，他的阿拉伯民族主義立場更是鮮明。他曾經在宮裡設立反英、法殖民的國家宣言廣播站，導致殖民主義國家極欲消滅他。1939 年 4 月 4 日官方報導佳奇在一次神祕車禍中死亡。歐洲的報紙則說，因為佳奇違反英國人的政策而被英國人所殺，引發伊拉克人懷疑他的死是殖民者所為，在他出殯之日，阿拉伯人在摩蘇里殺死英國領事。

綜觀佳奇在位時雖然政治動盪不安，在經濟上卻完成 1934 年著手的艾馬剌 (al-‘Amārah) 灌溉計畫案；1935 年開啟從基爾庫克到地中海的輸油管；1938 年歐洲到波斯灣的鐵路全線通車。教育、建設及對外貿易上也有顯著的發展，並解決兩伊邊境的阿拉伯河問題，劃定靠近伊朗的低水位線為兩國界線，保障巴舍剌到波斯灣的航行利益，也解決伊、敘邊境「辛加爾山」(Jabal Sinjār) 歸併伊拉克領土的問題。此外，伊拉克在 1936 年分別和沙烏地阿拉伯、葉門簽訂友好同盟條約。1937 年 7 月 8 日伊拉克和伊朗、土耳其、阿富汗在薩厄德阿巴德簽訂《薩厄德阿巴德公約》(*Sa'dabad Pact*)，保證簽約國邊境的安全。

三、攝政王執政

佳奇死後，佳奇與艾莉雅 ('Āliyah) 王后年僅四歲的獨子費瑟二世 (Faysal II, 1935～1958) 繼位，由艾卜杜．伊拉 ('Abd al-Ilah) 攝政長達十四年 (1939～1953)，首相努里．薩邑德協助治理國事。努里．薩邑德於 1885 年生於巴格達，1906 年畢業於伊斯坦堡戰爭學校，1911 年念參謀學院，後來加入祕密軍事組織，宗旨在向鄂圖曼土耳其政權爭取阿拉伯民族權利。該組織首領被捕之後，努里．薩邑德逃往埃及，輾轉到巴舍剌。1914 年被英國人逮捕遣送到印度，再到埃及，加入費瑟一世與其父領導的阿拉伯大革命軍，擔任北軍參謀長，以後便跟隨費瑟一世，數次代表阿拉伯國家和西方人談判。1930 年他第一次擔任伊拉克首相，前後任首相十四次。他個人執政的信念是伊拉克既是弱國，便不可能在國際事務上保持中立立場，沒有英國人的協助伊拉克無法自保，其掌理國事也始終以此為原則。

英國人在伊拉克攏絡傾英的部落，製造許多小團體，使之彼此相互抗衡，以維持英國在伊拉克的影響力。費瑟一世、佳奇國王都是強烈的阿拉伯民族主義者，反對英國扶植的部落首長。而今執政的艾卜杜．伊拉和努里．薩邑德卻都依賴部落的支持來對抗城市的民族主義運動，在施政上明顯的傾向和西方人合作，在第二次世界大戰中提供英國人所有的方便，激怒人民起而反抗。1930 年代末期，伊拉克與英國的關係惡化到極點，泛阿拉伯主義已經成為伊拉克軍隊的主流，尤其是來自北部的年輕軍官曾經備受鄂圖曼土耳其政府的經濟剝削，都不滿英國對巴勒斯坦的鎮暴行為，而組成「自由軍官團體」，主張廢除王國體制。1939 年 9 月 3 日英國、法國對德國宣戰，爆發第二次世界大戰。德國納粹黨企圖藉著伊拉克的反英情結，拉攏伊拉克加入軸心國行列，德國在伊拉克的影響力逐漸增加。但英國人明白要求伊拉克人站在英國陣線，伊拉克首相努里．薩邑德立即與德國斷交，將德國駐巴格達的外交人員趕出伊拉克，並將德國僑民交給英國當局處理。他更建議對德宣戰，加入英、法等同盟國，共同對付德、義軸心國。由於 1930 年《英伊條約》規定伊拉克在戰爭時須與英國立場一致，英國依據條約可以使用伊拉克的軍事基地。然而，伊拉克人對英國人的持續控制伊拉克並不以為然，加上德國人承諾協助伊拉克獨立，也迎合伊拉克人的期望。這種政治發展反映在伊拉克的政圈裡，形成兩股敵對的勢力：其一是以努里．薩邑德為首的傾英派；另一是以剌序德．艾立．開拉尼為首的傾德派，兩派的磨擦越演越烈。

1940 年 3 月傾英派努里．薩邑德提出內閣總辭，剌序德．艾立．開拉尼成為首相。剌序德．艾立．開拉尼擁有勢力龐大的納

席爾黨 「金四角」 (Golden Square) 馬賀穆德．蘇萊曼 (Maḥmūd Sulaymān)、克米爾．書靄卜 (Kāmil Shu‘ayb)、沙拉賀丁．沙巴葛 (Ṣalāḥ ad-Dīn as-Ṣabbāgh)、法合米．薩邑德 (Fahmī as-Sa‘īd) 等四位軍官的支持，要求英、法讓阿拉伯國家獨立，保障巴勒斯坦人民的權利，並趁機要求伊拉克保持中立、武裝伊拉克軍隊、發展伊拉克經濟等，這股勢力得到伊拉克人民及軍隊普遍的支持。二次世界大戰中，英國政府要求伊拉克宣布對德戰爭，剌序德．艾立．開拉尼反要求英國政府保證讓巴勒斯坦及敘利亞獨立，以此作為支持英國的條件，遭英方拒絕。剌序德．艾立．開拉尼於是採取中立立場，1940 年至 1941 年間積極與德國接觸，顯示不願意和德國完全斷絕關係，德國也發表宣言，表示未來將支持阿拉伯立場，要求伊拉克起而反英。1941 年 1 月剌序德．艾立．開拉尼因拒絕履行 1930 年的《英伊條約》給予英國部隊登陸及遷調權利，在英國的壓力下被迫辭職，英國再度取得對伊拉克內政的控制權，屬意可能平衡傾英派與反英派勢力且手腕溫和的拓哈．哈希米（Ṭāhā al-Hāshimī，任期 1941 年 2 月～1941 年 4 月）將軍組織內閣。拓哈．哈希米在 1941 年 2 月 28 日召集剌序德．艾立．開拉尼及「金四角」中的三位開會，達致兩點結論：其一是伊拉克若與義大利斷交則會衝擊到阿拉伯國家的利益；其二是拓哈．哈希米若執意實施無法令人接受的政策則他必須辭職。這些軍官對拓哈．哈希米下最後通牒，要求他必須合作，拓哈．哈希米拒絕，於是發生一場軍事暴動。

1941 年 3 月艾卜杜．伊拉得知剌序德．艾立．開拉尼的支持者密謀逮捕他，便潛逃到巴舍剌的一艘軍艦上避難，再前往安曼。1941 年 4 月 2 日，剌序德．艾立．開拉尼黨派組成「國家防衛政府」，剌序德．艾立．開拉尼在軍隊擁護下執政。英國人開始視伊拉克為敵國，不承認剌序德．艾立．開拉尼政權，雙方關係緊張。1941 年 4 月中旬英國通知巴格達政府，英軍將由印度經過伊拉克到巴勒斯坦，巴格達方面並未表示反對，於是印度第二十步兵旅在巴舍剌登陸。1941 年 4 月 27 日剌序德．艾立．開拉尼聲明英國部隊不得再增加數目，英國卻通知伊拉克將有增援的部隊抵達巴舍剌，遭到伊拉克反彈。1941 年 5 月，伊拉克軍隊包圍巴格達的英國哈巴尼亞基地，英國出動飛機攻擊巴格達，引發伊拉克學生示威遊行，伊拉克宣布與英國斷交，許多阿拉伯自願軍加入伊拉克軍隊，伊拉克民眾紛紛入伍救國。此時，德國正忙於克里特島 (Crete) 戰役，伊拉克無法獲得德國的武器援助。經過一個月的戰爭，5 月 31 日巴格達宣布休戰，前攝政王艾卜杜．伊拉再從安曼返回巴格達執政。

此次戰爭反映出伊拉克人民厭惡英國的干涉，種下日後英伊重新訂定條約及王國體制結束的種子。重要的殉難者有法合米．薩邑德、馬賀穆德．蘇萊曼、克米勒．書靄卜、沙拉賀丁．沙巴葛，剌序德．艾立．開拉尼及其支持者則逃往德國及伊朗。剌序德．艾立．開拉尼在第二次世界大戰之後逃往法國，再持偽造護照到貝魯特、大馬士革、利雅德，並在沙烏地阿拉伯得到艾卜杜．艾奇資 (‘Abd al-‘Azīz) 國王的庇護，幾乎因此釀成沙、伊戰爭。1958 年伊拉克革命後剌序德．艾立．開拉尼從德國返回伊拉克入獄三年後被釋放，返回開羅與家人團聚，最後死在貝魯特，遺體運回巴格達。

四、經濟與文化

十九世紀中葉至二十世紀中葉伊拉克政治與軍事控制在英國人手裡，英國公司幾乎操控所有伊拉克的出口與進口。由於伊拉克原料缺乏、技術人員短缺、政府不鼓勵發展新工業計畫等各種因素的影響，工業始終未能發展，經濟主要仰賴農業，在國際貿易上儼然是一個穀物輸出國。政府經由改善灌溉系統和技術，1913 年可耕地九十餘萬英畝，1943 年增加到四百二十餘萬英畝。然而土地分配不均，尤其是巴格達附近的土地往往歸屬於政府中有力人士的家族，農地的收益使得地主財富不斷增加，並帶著財富移居城市。二次大戰期間伊拉克被迫發展如肥皂、油、水泥、皮革、香菸、紡織品等消費性工業產品。1950 年伊拉克成立行政獨立的「發展委員會」(the Development Board)，該委員會直接向首相負責，不受政治壓力影響，有六個高級行政官，包含首相主席、財政部長及由內閣指派的不同領域專家。其中科技組掌管灌溉、水利、運輸、工業、農業發展等，其財源來自石油權利金、貸款及委員會本身的計畫等，譬如 1950 年國際銀行貸款給委員會發展山爾山爾河谷 (Wādī ath-Tharthār) 洪水整治計畫。1956 年計畫執行完成，成功的將幼發拉底河水轉引注入哈巴尼亞湖。此外，學校、醫院等公共建設計畫皆大舉進行。由於委員會多著重在長程計畫的執行，對一般民眾鮮有直接利益，故遭致反對黨及年輕人的詬病，認為該委員會圖利領導階層、權貴、地主與政客。

第一次世界大戰之前，歐洲各國對英、德投資的土耳其石油公司展開爭奪戰。1914 年，土耳其政府同意把摩蘇里、巴格達的石油開採權租給土耳其石油公司。根據《賽克斯皮科特雙邊協定》，摩蘇里屬於法國的「影響勢力」範圍，但英國基於經濟、政治的雙重考量，唯恐此區落入他人之手後伊拉克會成為什葉派控制的國家，故急欲將此庫德區併入伊拉克。對於庫德族而言，兩害相權取其輕，他們寧願受鄂圖曼土耳其統治。1918 年英土戰爭土耳其投降後，英國蓄意占據摩蘇里四天。英法對此地的鬥爭也引發第一次世界大戰和英法並肩作戰的美國對此地經濟利益的覬覦，而主張門戶開放政策。換言之，美國石油公司也可以和費瑟一世政府自由談判。經過多次的協商，大國利用支持摩蘇里併入伊拉克領土，而對伊拉克施加壓力，以獲取石油利益。伊拉克油田瓜分為五：英、法、荷蘭、美國各占 23.75%，剩下的 5% 則送給促成談判的石油大亨「百分之五先生」(Mr. Five-Percenter) 卡洛斯特·古爾班金 (Caloste Gulbenkian)，伊拉克本身毫無利益。1925 年 3 月 14 日，費瑟一世政府和土耳其石油公司簽訂協定。根據此協定，准許土耳其石油公司四年內在摩蘇里、巴格達省進行石油探勘及開採工作，開採的石油須繳交產地使用費。換言之，英國從伊拉克的石油中得到最大的利益。費瑟一世慎選談判委員會進行《基爾庫克石油協定》，達成雙方滿意的效果，成為其他阿拉伯國家的典範。1927 年 10 月土耳其石油公司在基爾庫克北部開鑿伊拉克第一個油田，其產能僅次於沙烏地阿拉伯東部的佳瓦

爾 (al-Ghawār) 油田。1929 年土耳其石油公司改名為「伊拉克石油公司」(Iraq Petroleum Company, IPC)，實際上是由英國伊朗（即英國石油）、殼牌喜力公司 (Shell Helix)、美孚公司 (Mobil) 和美國紐澤西標準石油 (Exxon) 等公司所組成，外國幾乎操縱伊拉克全部石油開採權。伊拉克陸續發放石油專利權，1930 年代成為石油輸出國。1934 年通往海法 (Ḥayfā) 及的黎波里 (Ṭarābulus) 的油管完工，每年輸往地中海的運載量可高達四百萬噸，該年伊拉克輸出的石油達一百萬噸。1949 年興建許多新油管通往的黎波里，1952 年建新油管通往敘利亞的巴尼亞斯 (Bāniyās)，伊拉克成為依賴石油平衡國家預算的國家。受到 1950 年沙烏地阿拉伯政府和阿美石油公司之間「五五分利」及 1951 年伊朗石油國有化的影響，伊拉克政府與伊拉克石油公司終於在 1952 年締結石油協定，政府獲得 50% 的石油利益。1950 年代，石油帶給伊拉克許多利益，經濟有顯著的發展。據統計，1951 年石油收入約三千二百萬美元；1952 年增加到一億一千二百萬美元，1953 年石油收入占國家總收入的 49.3%。1951 年農業占總收入的 29%；相形之下工業一直較為落後，只占 8%，十年之後也僅占 10%。然而石油公司所雇用的員工鮮少有伊拉克人，伊拉克老百姓並未因此增加就業機會。此外，由於伊拉克經濟型態處於典型的第三世界被殖民地模式，儘管石油的收益日漸增加，卻由英、美所控制，英國並主導 90% 以上的伊拉克農產品，財富集中在外國人、封建地主和商業資本家身上，一般伊拉克老百姓生活仍然極為貧窮。石油工業迅速發展也造成嚴重的經濟膨脹，對窮人或中產階級反而有害無益，促使伊拉克人民期望石油國有化。1972 年 6 月伊拉克政府終於將該石油公司收歸國有。

託管時期的伊拉克教育在質與量方面都有很大的進展，原因是教育部、衛生部及農業部直接由伊拉克人負責，不同於財政部、國防部、外交部、內政部受英國顧問所控制。1920 至 1921 年，伊拉克高等學院人數六十五人，1945 至 1946 年增為二千一百四十六人，其中有二百八十四人為女學生。在 1932 至 1946 年間，伊拉克各級學校、學生人數大幅度增加，但其方向仍限於培養師資及科學、技術人才，至 1945 年伊拉克境內僅有一所農業學校、二所工業學校。儘管伊拉克政府不斷的派遣留學團到國外念書，取得高等學位返國服務，學校與教師人數仍不敷需求，許多鄉村居民仍然無法受教育，1946 年，伊拉克的文盲比例高達 90%。1950 至 1990 年代，因為石油收益得以運用於發展教育，伊拉克的各級學校大幅增加，有許多的專校、學院、大學等，擁有許多的科技人才，學術轉趨活躍。

五、費瑟二世親政

1953 年 5 月 4 日，費瑟二世國王達法定年齡十八歲登基後，極力想撇開過去的陰影，重新營造新局，然而攝政長達十四年的艾卜杜．伊拉仍舊處理國事，並未打算放棄掌控王國，使得國家政局無法有任何改變，領導階層之間的權力鬥爭持續到 1958 年為止。儘管如此，費瑟二世仍對外爭取阿拉伯國家及世界各國的友誼，譬如領導代表團與土耳其訂定協定、邀請阿拉伯領袖訪問伊拉克等。第一位應邀來訪者是1957年沙烏地阿拉伯的紹德·本·艾卜杜·艾奇資 (Su‘ūd bn ‘Abd ‘Azīz) 國王，費瑟二世也帶團到利雅德訪問。對於西方國家，費瑟二世遴選政治談判專家與英國談判，態度上採行合作立場；對美國的軍備、訓練、貸款等合作關係上亦然。

圖 15：費瑟二世

第三節　動盪與革命

一、民族主義高漲

穩健的費瑟一世國王過世後，伊拉克政局便逐漸動盪不安，1941年10月，傾英的努里·薩邑德再度組織新內閣至1944年6月。英國開始積極消弭伊拉克民族主義與民眾的恐怖活動，拒絕伊拉克熱血青年從事公職，也避免任用具有民族意識的軍官。二次世界大戰期間，伊拉克政府禁止政黨活動，停止發行言論激烈的報紙，社會發生通貨膨脹及糧食短缺的現象，經濟十分蕭條，英軍卻仍然利用伊拉克資源養兵。伊拉克政府的無能，造成民眾普遍反英，以至於王國結束之前伊拉克情勢一直非常混亂。攝政王艾卜杜·伊拉將伊拉克的亂象歸因於缺乏國會組織，而於1945

年召集領導階層開會，呼籲組織政黨並給予完全的活動自由，同時呼籲經濟、社會的改革。同盟國取得勝利後，英國意識到伊拉克必須做某種程度的改變，遂開始放寬對伊拉克的限制。1946 年陶菲各．蘇威迪組織內閣，允許人民組織政黨，給予人民相當程度的自由，並逐漸朝著民主國家的方式處理國事，產生許多新政黨，最重要的政黨有獨立黨、自由黨、國家民主黨、人民黨、國家聯合黨等。報章雜誌、政黨都趁勢相繼要求政府做各方面的改革，然而也出現一些激烈批評政府的政黨，如復興黨、共產黨，迫使政府再度禁止政黨活動。政府政策的改變引起守舊派及既得利益者的反彈，新內閣僅維持數月之久便解散。陶菲各．蘇威迪曾四度組閣，分別是 1929 年 4 月至 1929 年 8 月、1929 年 11 月至 1930 年 3 月、1946 年 2 月至 1946 年 5 月、1950 年 2 月至 1950 年 9 月。陶菲各．蘇威迪之後努里．薩邑德再度成為首相，嘗試舉行大選，達成政黨之間的合作，無奈被各政黨聯合抵制，1947 年 3 月努里．薩邑德辭職。

1943 年 1 月，伊拉克受限於 1930 年的《英伊條約》，宣布與軸心國對立，努里．薩邑德和接任的閣揆哈姆迪．巴加吉（Ḥamdī al-Bajājī，任期 1944～1946）與英國密切配合，伊拉克成了英國的軍事基地。1945 年 3 月，伊拉克參與「阿拉伯國家聯盟」(Arab League, Jāmi‘ah ad-Duwal al-‘Arabīyah) 的籌備工作，成為阿拉伯國家聯盟的會員國。阿拉伯國家聯盟的籌備國有七：伊拉克、埃及、約旦、沙烏地阿拉伯、敘利亞、黎巴嫩、葉門，其宗旨在加強阿拉伯國家彼此間政治、經濟、社會的聯繫，這些阿拉伯國家同時也是 1945 年 4 月成立的「聯合國」締造國。儘管阿拉伯國家聯盟的宗旨在促進阿拉伯國家的統一，然而當時阿拉伯民族主義者視該聯盟為受英國支配的阿拉伯傾西方國家組織 。1945 年 12 月，伊拉克進入聯合國。1946 年，伊拉克和約旦簽訂合作條約，同年和土耳其簽訂友好條約。1943 至 1949 年間伊拉克與敘利亞及黎巴嫩的關係相當良好，1944 年努里．薩邑德訪問敘利亞並商討兩國合併為大敘利亞國的計畫，但並未與敘利亞政府達成任何實質上的簽約行動。1945 年敘利亞總統古瓦特立 (al-Quwatlī) 在訪問埃及之後抵達伊拉克做官方訪問，目的在向伊拉克政府傳達他與埃及方面的會談並未損及伊拉克的利益，然而努里．薩邑德本人並未出席任何歡迎他的宴會，媒體也未發表任何歡迎辭。

1947 年什葉派沙立賀．加卜爾（Ṣāliḥ Jabr，任期 1947～1948）組成新內閣，是伊拉克第一位什葉派閣揆。他網羅許多年輕人，希望藉由幫助巴勒斯坦阿拉伯人來提升自己在民族主義者心中的形象，並向英國表達伊拉克人修改《英伊條約》的意願。當他發覺英國企圖收回伊拉克空軍基地的控制權時，他堅持其主導權必須屬於伊拉克，英國只能在戰爭期間使用伊拉克基地，雙方達成共識後，沙立賀．加卜爾前往倫敦簽約。

二、1948 年暴動

1948 年 1 月 15 日，英、伊雙方簽署為期二十年的《朴資茅斯條約》(*Treaty of Portsmouth*)，內載伊拉克與英國在平等與獨立的基礎上建立防禦同盟關係，取消 1930 年的《英伊條約》，伊拉克方面同意在境內建造空軍基地，提供英軍使用境內所有的設施；伊拉克方面除非經過英方同意，否則不得與任何國家結盟；戰爭時，兩國必須協助另一方。換言之，英國人仍然保有伊拉克的空軍基地。條約內容激怒了伊拉克民族主義者，伊拉克人民認為此約實際上無異於先前所訂定的其他英伊條約，他們受 1941 年剌序德．艾立．開拉尼政變的影響，對英國干政極度反感。條約發布時引起全民暴動，大學生與警察起衝突，迫使醫學院院長及數位教授遭受牽連而離職。此次暴動主因之一是自由主義者所代表的改革新潮流與守舊派之間的政爭，沙立賀．加卜爾在新、舊派系之間未做充分的協調與溝通，導致無法收拾的結果。艾卜杜．伊拉乃召集新舊派領袖商議，決定廢除《朴資茅斯條約》，沙立賀．加卜爾被迫下臺，守舊人士再度擁護努里．薩邑德組閣。暴動之後反對黨的活動更加活躍，努里．薩邑德強勢地以暴力對抗反對勢力。1949 年 2 月共產黨第一任祕書長法合德 (Fahd) 及兩位被囚禁的共產黨中央執行委員會委員胡賽因．夏比比 (Ḥusayn ash-Shabībī)、札齊．巴西姆 (Zakī Basīm) 因為在獄中仍然從事共產黨組織活動，而被吊死在巴格達。他們的屍體持續吊著長達數小時之久，以警示巴格達街上來往的群眾，許多共產黨核心幹部也被囚禁至王國結束。此事件將法合德等人塑造成殉士與群眾英雄，使得共產黨獲得更多的支持群眾，迅速的在伊拉克散布。

王國結束之前十年，努里．薩邑德的個人事業達到巔峰；攝政王艾卜杜．伊拉則在對待伊拉克人民立場上漸趨於溫和，英國對艾卜杜．伊拉也漸漸失去信任。

三、1948 年第一次以阿戰爭

自第一次世界大戰起，巴勒斯坦問題便成為阿拉伯政治的核心問題。伊拉克曾經在 1936 至 1939 年間幫助巴勒斯坦人民對抗英國的託管，抵制猶太人遷入巴勒斯坦。第二次世界大戰後，伊拉克各政黨將巴勒斯坦問題視為民族問題，並呼籲建立獨立自主的巴勒斯坦國。1947 年 11 月 29 日聯合國大會發布決議，將巴勒斯坦分成阿拉伯區與猶太區，耶路撒冷及其附近地區由國際託管。這使得未曾受過軍事訓練的巴勒斯坦人，和極具軍事資源、軍事訓練並擁有外國人支持的猶太人之間爆發一連串的衝突。1948 年 5 月 15 日，英國人正式退出巴勒斯坦，猶太人立即宣布成立以色列政權。世界各國在以色列宣布建國之後幾分鐘紛紛承認以色列政府，全體阿拉伯國家無法接受這種安排，爆發第一次以阿戰爭。阿拉伯國家聯盟呼籲阿拉伯軍隊駐軍在巴勒斯坦，參戰的阿拉伯國家有：埃及、伊拉克、黎巴嫩、敘利亞、約旦。伊拉克方面派遣八千至一萬正規軍前往支援，依據阿拉伯聯軍指揮總部的安排，伊拉克軍隊與巴勒斯坦步兵聯合行動。戰爭開始時，伊軍順利擊敗以色列軍，卻因為巴格達領導階層拒絕授予進軍命令而突然撤軍，棄巴勒斯坦步兵於不顧，造成他們戰死沙場。伊拉克此舉讓其他阿拉伯聯軍為之錯愕。儘管 1941 年政變之後，伊拉克縮減軍隊預算與國防支出，軍備狀況非常惡劣，但伊拉克人民始終認為這是伊拉克的恥辱。此次戰爭阿拉伯軍隊因為缺乏軍事組織與計畫、欠缺團結力量及上述因素而敗北。反之，猶太人得到英國及其他認同他們政策的國家支持而勝利。

四、1952 年暴動

伊拉克政府在 1948 年以阿戰爭中的角色極受人民詬病，反對政府的聲浪越演越烈，伊拉克政府雖想盡力壓制，但因為以阿戰爭中政府挪用 40% 的可用資金在軍隊及處理巴勒斯坦難民問題上，政府能力顯得不足以應付。1948 年第一次以阿戰爭爆發時，英國人所建連結伊拉克摩蘇里和巴勒斯坦海法的輸油管就被切斷，伊拉克油礦使用費的收入頓時銳減。另外，由於一位猶太商人被吊死，1948 至 1952 年間約有十二萬的猶太人從伊拉克遷徙到以色列，導致伊拉克境內繁榮的猶太社會逐漸沒落，經濟更趨蕭條。1932 至 1946 年英國政府努力拉攏部落首長及統治階層，使他們擁有農地，削減農民的利益，塑造出傾英階層。該政策卻導致農產銳減，農業落後，農民紛紛遷移至城市。1952 年，因為農產品收成很少，國際事件不斷，譬如伊朗石油國有化、1952 年 7 月 23 日的埃及革命等，伊拉克民眾群起訴求國家獨立自主，執政者無法平息民怨，將政權交給軍事政府，終於發生暴動。此外，1950 年代初期伊拉克共產黨再度復活，由中產階級組成的共產黨「和平陣線」(the Partisans of Peace) 開始活躍。1952 年 11 月，伊拉克共產黨黨魁巴赫俄丁．努里 (Bahā’ ad-Dīn Nurī) 組織龐大的「抵抗運動」。暴動群眾要求伊拉克政府實踐自由、民主，改善人民生活狀況等。除了努里．薩邑德黨之外，所有政黨一致反對攝政王艾卜杜．伊拉，要求王室勿干涉即將舉行的國會選舉，攝政王拒絕他們的要求，首相並宣布選舉將依照往例，所有政黨立即群起反對，各機關、學校都參與示威，要求自由選舉。政府並未回應這些要求，反之命令努爾丁．馬賀穆德（Nūr ad-Dīn Maḥmūd，首相任期 1952～1953 年）將軍帶領軍隊鎮壓暴動，殺死十八名民眾，逮捕三百多名政黨人士，其中包含獨立黨的法伊各．薩馬剌伊 (Fā'iq as-Sāmarrā'ī) 等人。政府並宣布施行戒嚴法兩個月，實行宵禁，禁止政黨活動，停止許多報紙發行，民眾不滿政府的情緒籠罩全國，革命祕密進行，參與分子遍及各階層，至 1953 年 1 月才平息。

五、1958 年流血革命

1949 年敘利亞發生政變，反對敘利亞與伊拉克聯合的敘利亞軍事強人阿迪卜．西夏克立 (Adīb ash-Shīshaklī) 掌權，並於 1953 年成為敘利亞總統兼總理。主張伊、敘聯合的伊拉克攝政王艾卜杜．伊拉和反對聯合的努里．薩邑德宣告分裂。1954 年在伊拉克的協助下，阿迪卜．西夏克立被推翻，但伊、敘聯合計畫並未實現，艾卜杜．伊拉和努里．薩邑德裂痕更深，讓反伊拉克政府者有機可乘。

1953 年努里．薩邑德再次削減人民的自由，為日後 1955 年美英簽署的《巴格達條約》(*Baghdad Pact*)，又稱之為「中央條約組織」(Central Treaty Organization, CENTO) 做暖身。1955 年在努里．薩邑德的配合下，英國人將伊拉克併入《巴格達條約》組織國，讓伊拉克遠離阿拉伯解放運動的潮流。該條約名義上由伊拉克、土耳其、巴基斯坦、伊朗、英國等國共同簽署，組織中心設在伊拉克，其目的卻是在保護西方人在海灣地區的政治、軍事及經濟利益，並避免阿拉伯及其他中東地區的解放運動，努里．薩邑德則企圖藉此條約消滅國內反對勢力。英國在此條約簽署後，同意結束《英伊條約》，但英國影響力仍然控制整個伊拉克，此條約無形中取代了英國的殖民地位。阿拉伯各國對此條約持反對態度，尤其是埃及納席爾黨強力反對，伊拉克政府立場顯然與阿拉伯國家相違，政治狀況陷入前所未有的緊張氣氛。埃及納席爾黨代表一股泛阿拉伯主義的新潮流，深深影響伊拉克人民的思想，人民起而反抗政府，加速王國的結束。

《巴格達條約》威脅到埃及總統加馬勒．艾卜杜．納席爾 (Jamāl ‘Abd an-Nāṣir)，納席爾呼籲軍官團體推翻伊拉克王室，並著手反伊政府行動。當時英、法兩國正積極想奪回蘇伊士運河的控制權，重拾資本主義者在中東的經濟利益與政治勢力，並壓制頑強的納席爾民族主義。另一方面，以色列自 1948 年第一次以阿戰爭以來，因為埃及不斷力挺巴勒斯坦游擊隊而始終想尋求報復埃及的機會。1956 年 10 月英、法、以色列聯合攻打西奈半島，占領埃及布爾薩邑德 (Būr Sa‘īd) 港口，稱之為「三角侵略」或「蘇伊士戰爭」。法國加入這場戰爭另一原因是想報復埃及不斷地支持阿爾及利亞的反法民族革命運動。此次侵略行為因為美國、蘇聯的反對與施壓，三國才撤軍。伊拉克政府在此事件上表現得非常懦弱，大失民心。1956 年國家民主黨、獨立黨、共產黨及阿拉伯社會復興黨迅速聯合組成「國家聯合陣線」，反對伊拉克政府，種下革命的種子。

1958 年革命重要因素之一是伊拉克的自由軍官團體對於解放伊拉克的認知。該組織在 1955 年伊拉克加入《巴格達條約》組織國，以及 1956 年的「三角侵略」之後成員迅速增加，1956 年 12 月組成「自由軍官團體最高委員會」，委員有穆賀業丁．艾卜杜．哈米德 (Muḥyī ad-Dīn ‘Abd al-Ḥamīd)、納基．拓立卜 (Nājī Ṭālib)、艾卜杜．瓦赫卜．阿民 (‘Abd al-Wahhāb Amīn)、穆賀辛．胡賽因．哈比卜 (Muḥsin Ḥusayn al-Ḥabīb)、拓希爾．亞賀亞 (Ṭāhir Yaḥyā)、剌加卜．艾卜杜．馬基德 (Rajab ‘Abd al-Majīd)、艾卜杜．克里姆．法爾罕 (‘Abd al-Karīm Farḥān)、瓦斯斐．拓希爾 (Waṣfī Ṭāhir)、沙立賀．阿里．佳立卜 (Ṣāliḥ ‘Alī Ghālib)、穆罕默德．薩巴俄 (Muḥammad Saba’) 等，其官階都是少校以上。

1958 年 2 月埃及、敘利亞組織聯合政府，稱之為「阿拉伯聯合共和國」(al-Jumhūrīyah al-‘Arabīyah al-Muttaḥidah)。同年同月伊拉克、約旦也在英國積極促成之下簽署《阿拉伯聯合王國條約》，建立「哈希米聯合政府」(al-Ittiḥād al-‘Arabī al-Hāshimī)，呼應敘、埃之間成立的「阿拉伯聯合共和國」。在此之前英國便積極拉近伊拉克與約旦關係，譬如 1941 年促成的《伊約親近條約》、1947 年的《伊約友好條約》等。伊、約雙方協議由費瑟二世擔任國王，王位出缺時由約旦胡賽因國王遞補，許多國家為此條約紛紛祝賀。1961 年 10 月「阿拉伯聯合共和國」因為敘利亞撤出而瓦解。

1958 年 2 月的伊、約《阿拉伯聯合王國條約》未持續幾個月，約旦胡賽因國王因黎巴嫩發生反西方的革命，深怕被波及而向伊拉克求援，伊拉克派遣艾卜杜·薩拉姆·艾里弗 (‘Abd as-Salām ‘Ārif, 1921～1966) 上校率軍前往約旦援助。然而艾卜杜·薩拉姆·艾里弗並未前往約旦，而是遵照另一旅的旅長艾卜杜·克里姆·格西姆 (‘Abd al-Karīm Qāsim, 1914～1963) 准將的策劃，帶兵直攻巴格達，爆發了 1958 年 7 月 14 日伊拉克歷史上最重要的流血革命。艾卜杜·薩拉姆·艾里弗與艾卜杜·克里姆·格西姆早在 1938 年軍事學院相識之後便建立兩人的友誼，他們經常討論國家情勢，有一致的理念與構想。1956 年艾卜杜·薩拉姆·艾里弗加入「自由軍官團體」，隨即運用巧妙的手段讓同是該團成員的艾卜杜·克里姆·格西姆成為「自由軍官團體最高委員會」的首領，因此得以共同策劃 1958 年的革命，實踐他們倆長久以來的共同理想。當時伊拉克的哈希米王室已經因為媚英而失去民心，對於窮苦、高失業率的伊拉克百姓而言，任何改變都是希望，因此革命行動並未遭到太多的阻礙，並且迅速蔓延，演變為全民起義。

革命成功後，伊拉克宣布成立共和國，伊、約「阿拉伯聯合王國」自然解體。費瑟二世與攝政王艾卜杜·伊拉被處死，王室成員與政府首長也無法倖免。努里·薩邑德喬裝成女人企圖逃出巴格達時不幸被識破而遭殺害，英國大使館被憤怒的民眾包圍搗毀。《紐約時報》連續一星期大篇幅報導此次革命運動。伊拉克革命爆發後第一天，美國派遣二萬海軍陸戰隊員登陸黎巴嫩。隔天，英國六千六百名傘兵部隊也在約旦降落，以防止此次革命蔓延中東其他地區。

六、王國時期政黨

兩次世界大戰前後複雜的國際情勢使得泛阿拉伯主義及伊拉克愛國主義意識蓬勃發展，引發伊拉克人民熱衷於政治，並以建立阿拉伯國家或獨立的伊拉克國家為目標，理念相同者紛紛結合成立政黨，負責領導國家運動。這些政治組織有支持與英國合作者；有完全反對英國勢力者；有為伊拉克利益而站中間路線者，依政黨宗旨大體上分為守舊派、民族主義派、社會改革派、馬克思主義派等。

1. 伊拉克國家黨

1922 年 8 月穆罕默德．加厄法爾．阿布．塔曼 (Muḥammad Ja‘far Abū Tammām) 於摩蘇里組成該黨，主張摩蘇里隸屬於伊拉克領土，伊拉克完全的自主，無須聽從英國最高委員的指示。該黨最重要的活動是 1930 年反對努里．薩邑德內閣，但因政策搖擺不定，不久便式微。

2. 國家獨立黨

1924 年 9 月設在摩蘇里，其宗旨在捍衛國土，堅信摩蘇里隸屬於伊拉克國土。1925 年底創辦《時代報》，並成立「國家保衛協會」。

3. 伊拉克人民黨

1925 年亞新．哈希米退出內閣後，隨即於該年 11 月 20 日在巴格達組織該黨，發行黨報《人民之聲》，其宗旨在反對《英伊條約》，黨員剌序德．艾立．開拉尼贏得眾議院議長席位，該黨元老進入內閣取得政府高位後開始式微，於 1928 年解體。

4.國家兄弟黨

1930 年 11 月 25 日亞新．哈希米、剌序德．艾立．開拉尼等人組成該黨。1935 年 3 月亞新．哈希米二度組閣後將它與其他政黨一併解散。該黨的宗旨在反對當時的努里．薩邑德政權，鼓勵國家工業，發行《國家兄弟報》。

5.國家統一黨

1934 年，阿里．焦達特．阿尤比（‘Alī Jawdat al-Ayyūbī，首相任期 1934～1935；1949～1950；1957）組成該黨，其宗旨在綜合各黨理念的精華，藉之以領導國家。支持者只有眾議員及一些部落首領，阿里．焦達特．阿尤比辭職後該黨隨之解散。

6.伊拉克共產黨

1934 年 3 月伊拉克共產黨員宣布成立政治組織，以對抗殖民。隔年該組織取名為「伊拉克共產黨」，發行地下報稱之為《人民戰鬥報》(*Kifāḥ ash-Sha‘b*)。1941 年伊拉克共產黨支持剌序德．艾立．開拉尼的革命，為了保護猶太共產黨員，要求剌序德．艾立．開拉尼停止對猶太人的攻擊。1947 年 1 月伊拉克安全機構因共產黨接受蘇聯的援助而逮捕並處決大多數共產黨員。1958 年伊拉克共產黨支持艾卜杜．克里姆．格西姆領導的革命政府，艾卜杜．克里姆．格西姆極力在共產黨和阿拉伯民族主義者之間製造分歧，共產黨趁勢反對民族運動，1959 年 3 月共產黨在巴格達大肆屠殺。1972 年伊拉克共產黨承認阿拉伯社會復興黨的領導權，並答應不在軍隊中活動，否則接受唯一死刑。

7.國家聯合黨

1946 年 4 月組成的伊拉克政黨，發行《政治報》，而後是《政治之聲報》。1947 年 9 月 27 日沙立賀・加卜爾內閣辭去後，該黨也解體。

8.自由黨

自由黨是 1946 年 4 月組成的伊拉克政黨 ， 名義上的黨魁是陶菲各・蘇威迪。該黨發行《自由之聲報》，1949 年停止發行。

9.獨立黨

1946 年 4 月，穆罕默德・馬合迪 (Muḥammad Mahdī) 創「獨立黨」，其重要成員有法伊各・薩馬剌伊、卡立勒・庫納 (Khalīl Kunnah)，發行《獨立旗報》，1954 年停刊。該黨雖為反對黨，黨魁卻在 1948 年 1 月參與穆罕默德・哈珊・沙德爾 （Muḥammad Ḥasan aṣ-Ṣadr，任期 1948）所組的內閣。1956 年該黨併入「國家聯合陣線」， 1950 年代中葉熱衷於民族主義的年輕黨員出走 ，1950 年代末葉該黨便不再具有重要性。

10.阿拉伯社會復興黨

1948 年 4 月 7 日，「阿拉伯社會復興黨」 支黨部在大馬士革成立，創始人是兩位敘利亞學生米契爾・艾弗拉各 (Michel Aflāq, 1910～1989) 及沙拉賀丁・比拓爾 (Ṣalāḥ ad-Dīn al-Bīṭār, 1912～1980)。此二人曾經在巴黎攜手合作，融合民族主義和社會主義提出一套觀點，沙拉賀丁・比拓爾更曾一度在敘利亞擔任復興黨政權的總理。該黨所標榜的目標自由、獨立、社會主義，正是許多受鄂圖曼土耳其統治後，在經濟低迷、專制王國體制下生活的伊拉克人共同追求的目標。1952 年該黨在夫阿德．里克比 (Fu'ād ar-Rikābī) 的領導之下，迅速在知識分子之間發展。該黨加入「國家聯合陣線」，深入軍隊中，主導 1958 年革命，宣布成立共和國，《巴格達條約》組織國解體，英國軍隊退出伊拉克基地。格西姆時期因政策模糊使得復興黨能存活，也能吸收各類黨員。1959 年，復興黨因為行刺格西姆失敗遭遇許多挫折，卻仍然繼續對抗共產黨及格西姆政權，終於在 1963 年 2 月 8 日推翻政權。

11. 人民聯合陣線

1951 年由國會憲政各團體、國會反對陣線、國家民主黨及一些自由黨成員所組成，以拓哈．哈希米為首和「國家民主黨」合作，屬於伊拉克政府反對黨團。其宗旨在爭取伊拉克主權，實踐民主憲政，讓伊拉克充分和阿拉伯國家合作，保護巴勒斯坦的權利，遠離國際團體。此陣線發行《人民聯合陣線報》、《防禦報》，後來因為有些陣線成員進入內閣而宣告解散。

12. 民族社會黨

1951 年由沙立賀．加卜爾組黨，其成員多為資本主義者及大地主，理念卻與努里．薩邑德無異，後來因為和努里．薩邑德發生衝突而分道揚鑣。該黨發行《民族報》，1952 年努爾丁．馬賀穆德任閣揆時頒布「習慣法」，勒令此報停刊。

13. 憲政聯合黨

1951 年由努里．薩邑德組成的政黨，擁有兩家報社：巴格達的《聯憲報》、摩蘇里的《憲法報》，1952 年暴動後該黨便解體。

14.國家聯合陣線

1956 年伊拉克各政黨組成「國家聯合陣線」，包含阿拉伯社會復興黨、共產黨、國家民主獨立黨等，其組成象徵著人民敵對努里．薩邑德及《巴格達條約》，也反映阿拉伯解放潮流。此聯合陣線在艾卜杜．克里姆．格西姆攬得政權後便解散。

第四節　伊拉克境內的傳統問題

一、遜尼派與什葉派之爭

遠自奧米亞家族政權初期，伊拉克境內便存在伊斯蘭宗教派別之爭，一直阻礙著伊拉克的政治發展。雖然伊拉克曾經是全球什葉派中心，伊拉克什葉派對於阿拉伯血統的認同卻相當執著，民族情感始終影響著伊拉克什葉派社會。1722 年一群伊朗什葉派神職人員移民到伊拉克，增添了伊拉克什葉派的聲望與勢力。此舉卻導致鄂圖曼土耳其政府認為這些伊朗什葉派神職人員是到伊拉克臥底的情報人員，而開始實施聘用遜尼派擔任公職的政策，遜尼派占據政府多數的職位，直至伊拉克復興黨執政時亦然。對於長久處於弱勢地位，人口卻占伊拉克多數的什葉派而言，自然引發許多對政治的不滿。1920 年伊拉克南部什葉派宗教人士發動敵對英國的革命，其中便有許多是伊朗宗教學者。他們對於異教徒英國人的占領很不以為然，英國方面也深怕危及新形成的伊拉克局勢而加以鎮壓。

二、邊境問題

鄂圖曼土耳其帝國瓦解之前與西方國家任意劃分阿拉伯國家的邊界，造成伊拉克和其他阿拉伯國家的疆域劃分不清，引起許多經濟利益的衝突，如摩蘇里邊界問題、科威特邊界問題、伊拉克與沙烏地阿拉伯邊界問題、兩伊邊界問題等都隱藏著日後戰爭的危機。鄂圖曼土耳其帝國末期英國控制著土耳其石油公司，享有摩蘇里省特權，但在 1916 年《賽克斯皮科特雙邊協定》中，該區劃歸法國勢力範圍。1919 年，法國在《龍柏雷究協定》(*Long-Berenger Agreement*) 聲明中宣布放棄摩蘇里，以換取土耳其石油公司 25% 的股份作為補償。英國乃決定將摩蘇里庫德區納入伊拉克版圖，繼續對庫德人表現關切之意，允許庫德人在庫德區擔任公職，並保護庫德語言及文化。根據 1920 年《塞維若條約》(*Treaty of Sevres*)，摩蘇里應隸屬於日後庫德自治政府的疆域。然而自從土耳其民族主義領袖穆舍拓法．凱末爾 (Muṣṭafā Kamāl, 1881～1938) 將軍掌權之後，將土耳其東邊的庫德區納入版圖，先前鄂圖曼土耳其政府所簽訂的《塞維若條約》也隨之破裂。1925 年 7 月國際聯盟議決摩蘇里屬於伊拉克版圖，條件是英國託管政權再繼續二十五年，或直至伊拉克成為國際聯盟會員國為止。1926 年 6 月 5 日伊拉克、土耳其、英國三邊訂定友好關係條約，劃定邊界，土耳其答應讓出摩蘇里。對伊拉克而言，這種解決方式會有正、負面的影響：正面是期待摩蘇里有大量的石油收入；負面影響則是該區的武裝庫德人將長期困擾伊拉克政府。英國則是最大贏家，得以藉庫德人來牽制伊拉克和伊朗，並同時擊退如德國、俄國等外國勢力在伊拉克的影響力。

三、庫德與雅述問題

伊拉克境內始終有棘手的種族問題，最顯著的是庫德人與雅述人的問題。庫德人屬於印歐人種中波斯的一支，居住的地方從1150 年開始稱為庫爾迪斯坦 (Kurdistan)，此詞是波斯語，意為「庫德人的故鄉」，即今日西亞的土耳其東部、伊拉克東北部、伊

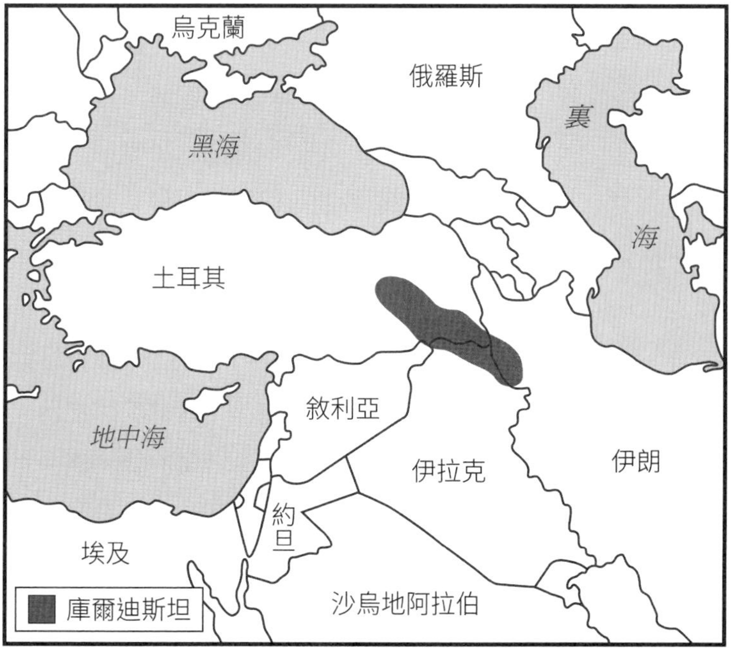

圖 16：庫爾迪斯坦

朗西北、敘利亞東北等地的高原及山區，橫跨伊朗札格魯斯山脈、土耳其塔魯斯山脈 (Taurus Mountains)，並延伸到南部美索不達米亞平原，面積約十九萬一千平方公里。庫德人口大約有二千五百萬人，其中一半居住在土耳其，他們擁有自己的語言和種族特質，散居在伊拉克、土耳其、敘利亞、伊朗邊境及當時的蘇聯等地，多數以農、牧維生，種植棉花、菸草、甘蔗等，一直無法組成獨立的國家。大多數的庫德人是遜尼派穆斯林，說庫德語，庫德語屬於印歐語系，是波斯語的西北支語，歷史上庫德族的名人如十字軍東征時的阿拉伯英雄沙拉賀丁。兩次世界大戰之間，庫德人因為積極爭取政治、文化的獨立，一直代表著憤怒的少數民族，與各國政府之間經常發生衝突。由於庫德人分散在四個以上的國家邊境，彼此互相聯繫，倘若其中任何一個國家境內發生事件，都會影響其他國家的庫德人，導致這些國家因此衝突，在伊拉克、伊朗外交史上，這種因庫德問題彼此仇恨的現象便非常明顯。

伊拉克境內的庫德人約占伊拉克總人口的五分之一，居住在達胡克 (Dahūk)、艾比爾 (Arbīl)、摩蘇里、基爾庫克、蘇萊曼尼亞附近，擅長於作戰，在 1922、1924、1930、1932 年都曾發動革命，他們的暴動經常影響伊拉克的對外關係。庫德問題當然也和世界強國的政策，尤其是英國和當時的蘇聯政策有關。第一次世界大戰後，英國人很快占領庫德摩蘇里省。庫德民族主義及分離主義者視鄂圖曼土耳其帝國殞落、摩蘇里被占領等為爭取獨立的大好時機，1918 年美國總統威爾遜發表的民族自決主張，更給予庫德人莫大的鼓舞。英國直接統治巴格達和巴舍剌省之後，深知伊拉克北部的庫德區無法按照此二省的模式統治，原本欲為庫德人建立一個受英國保護的庫德國，但唯恐會因此改變該區域的情勢，影響英國與伊拉克，甚至與整個阿拉伯地區的關係，終致打消此意。

1918 年 11 月中旬，英國任命庫德人馬賀穆德．巴爾贊基 (Maḥmūd al-Barzanjī) 統治蘇萊曼尼亞。1919 年 5 月馬賀穆德．巴爾贊基根據民意公開宣布獨立，但卻無法確實控管庫德區域，英國被迫撤去其職，不久又復職。庫德人的分離主義及獨立意願長久以來便非常強烈，1919 至 1920 年英國人為了鎮壓庫德暴動疲於奔命，1920 年 3 月英國內閣聲明美索不達米亞的託管尚包括摩蘇里，迎合了費瑟一世政府的意願，卻引發庫德人的不滿。1922 至 1924 年間庫德人對英國發動一連串示威，抗議英國侵害他們的自治權，甚至於寧願受鄂圖曼土耳其人統治，也不願併入伊拉克。1926 年，英、土為了改善彼此關係簽訂《摩蘇里條約》，土耳其依照條約交出庫德人居住的摩蘇里地區，以換取未來二十五年摩蘇里地區 10% 的石油所得作為補償，此約改善了英、土關係，1929 年，英國艦隊甚至得以抵達伊斯坦堡，但庫德人對伊拉克的敵意日增，不久庫德問題便成為嚴重的伊拉克問題。尤其 1930 年的《英伊條約》忽視了庫德人的基本權益，釀成同年 9 月蘇萊曼尼亞庫德人起而暴動，反對《英伊條約》。

1930 年代庫德領袖穆舍拓法．巴爾札尼 (Muṣṭafā al-Bārzānī, 1903～1979) 崛起，領導庫德人直至 1979 年因肺癌死於美國醫院，葬於伊朗西部夏諾 (Shano)。穆舍拓法．巴爾札尼發動一連串

圖 17：庫德領袖穆舍拓法・巴爾札尼

敵對伊拉克政府的行動，曾經一度被軟禁在蘇萊曼尼亞。1939 年他結合庫德政治作家和思想家成立祕密組織「希望 (Hope) 黨」。「希望黨」是個結合左、右派的鬆散組織，主張為了爭取庫德人的權利，革命及社會主義是先決條件。由於庫德人的權利取決於英國人，穆舍拓法．巴爾札尼也因此傾向和英國人結盟。1943 年穆舍拓法．巴爾札尼領導一次暴動，隨即要求英國支持庫德人自治，他並向英國大使孔瓦立斯 (Cornwallis) 表達臣服之意，孔瓦立斯鼓勵首相努里．薩邑德促成，此舉卻觸怒伊拉克攝政王及許多官員，認為這是分離主義者的意圖，也是損害伊拉克版圖的行為。1945 年 10 月伊拉克政府將穆舍拓法．巴爾札尼放逐至伊朗，時值格齊．穆罕默德 (Qāzī Muḥammad) 及其同志成立「庫德民主黨」(Kurdish Democratic Party, KDP)。此後伊拉克庫德族的活動轉移至伊朗庫爾迪斯坦小鎮馬哈巴德 (Mahabad)， 亦即庫德自治活動總部。對於格齊．穆罕默德而言，穆舍拓法．巴爾札尼及其追隨者的抵達無異是增加一支生力軍，伊朗庫德族因此決定成立「馬哈巴德共和國」。1946 年 1 月 22 日在蘇聯軍隊的協助之下，格齊．穆罕默德正式就職，穆舍拓法．巴爾札尼擔任軍隊指揮官，但隨即在 12 月 16 日因為蘇聯軍隊撤離，而向伊朗軍隊投降，馬哈巴德共和國結束。1947 年 3 月伊朗軍隊將穆舍拓法．巴爾札尼及其追隨者趕至伊拉克邊境，穆舍拓法．巴爾札尼深知伊拉克並非安全之地，遂帶著六百名隨從逃往蘇聯， 至 1958 年才應艾卜杜．克里姆．格西姆之邀返回伊拉克。

1946 年 8 月哈姆札．艾卜杜拉 (Ḥamzah ‘Abdullah) 返回伊拉克組織伊拉克庫德民主黨，穆舍拓法．巴爾札尼為黨魁，哈姆札．艾卜杜拉為祕書。當時伊拉克庫爾迪斯坦的庫德民主黨原由亞伯拉罕．阿賀馬德 (Ibrāhīm Aḥmad) 所領導 ， 庫德民主黨因此分裂為二：伊朗庫德民主黨及伊拉克庫德民主黨。穆舍拓法．巴爾札尼逃往蘇聯之後，亞伯拉罕．阿賀馬德勉強加入伊拉克庫德民主黨，試圖將黨引向左傾路線。1951 年，哈姆札．艾卜杜拉被放逐，亞伯拉罕．阿賀馬德成為黨祕書長，庫德民主黨漸漸受知識分子及學生所支持。

值得一提的是伊拉克共產黨 (ICP)，自從 1934 年創黨以來在庫德地區始終非常活躍，其最早的黨報《人民戰鬥報》便標榜維護庫德人的權益。1941 至 1942 年在庫德地區成立一些共產黨的機構，庫德人的第一份政治報《阿札迪》（*Azadi*，自由報）便是由共產黨員編輯。共產黨可說是伊拉克境內除了庫德政黨之外，第一個主張根據民族自決發展庫德自治的政黨。因此，直至第二次世界大戰，庫德區都有許多共產黨員。

除了庫德問題之外，伊拉克境內尚有土耳其、伊朗、雅述、猶太等民族問題，這些民族多聚居在特定的地區。雅述人是第一次世界大戰來自土耳其、伊朗的基督教新移民。根據 2004 年的統計，伊拉克雅述人總人口約一百五十萬人，大多數居住在巴格達、摩蘇里及伊拉克西北部的鄉村中。此後伊拉克近二十年的戰亂與暴力迫使雅述人遠走他鄉，至 2022 年伊拉克雅述人口降至約二十五萬人。現代的雅述人認為他們溯源自古亞述人、亞拉姆人及兩河流域的居民，一至三世紀便信仰基督教，使用語言屬於新亞拉姆語或新亞述語。1918 年英國鼓動雅述人暴動，鄂圖曼土耳其政府強力鎮暴之後，英國人安排二萬名雅述人居住在伊拉克北部的撒乎 (Zākhū) 及達胡克附近幾個村落中，他們都是景教徒，頗受英國教會和官方機構的支助與信任，經常和阿拉伯人起衝突。第一次世界大戰時約四分之三的雅述人與英國人站在同一陣線，英國人召集他們從軍，防守英國空軍基地及其他軍事單位。伊拉克獨立之後他們開始有不安全感，反伊情緒高昂，曾向伊拉克政府要求自治，並執行他們的教義制度，遭到伊拉克當局的拒絕。由於過去英國曾建立一支獨立的雅述軍隊，此時雅述人便憑恃這支武力，不願承認伊拉克，堅持他們的族長至少要擁有暫時的權力，這要求被英、伊雙方斷然拒絕，情勢日漸緊張。1933 年夏天費瑟一世在歐洲期間，約八百名武裝的雅述人渡過敘利亞邊境，欲尋求較佳的居住環境。當時託管敘利亞的法國人反對他們潛逃，強力驅逐他們返回伊拉克。不料當他們返回伊拉克邊境時，遭伊拉克阻止入境，雙方發生衝突，雅述人殺了一些伊拉克士兵才渡過邊境 。 當時執政的息柯馬特．蘇萊曼吩咐庫德將軍巴克爾．席德紀徹底施行排擠雅述人政策。8 月 7 日巴克爾．席德紀允許軍隊深入雅述希米爾 (Simel) 村莊濫殺無辜，死亡數字各說不一，至少三百人，雅述人自己的統計則高達三千人，稱之為「雅述事件」，雅述人自此將每年 8 月 7 日訂為「國殤日」。該事件在伊拉克造成很大的騷動，開啟了軍隊干政的先例，也為強化軍隊的徵兵制度鋪路，巴克爾．席德紀政治前途節節上升。

第五章 *Chapter 5*

共和國時期與阿拉伯社會復興黨的興衰 (1958～2003)

第一節　黨派政爭

回顧伊拉克歷史，1958 年 7 月 14 日的流血革命可稱是伊拉克一連串暴動、革命的巔峰。從 1936 年的巴克爾．席德紀政變、1941 年的刺序德．艾立．開拉尼軍事政變、1952 年及 1956 年的群眾抗議等都累積了伊拉克的民怨。不同的是 1958 年革命根本改變了伊拉克的政治、社會型態，結束殖民者的野心，建立完全統一的人民共和國，使得伊拉克從附屬政權轉變為獨立政權，從王國變成共和國；從經濟落後改變成企圖進步、發展的國家，消弭了擁有土地的部落首長及地主的勢力，提升工人、佃農、中產階層人民的地位。長期被鎮壓的黨派、教派、民族鬥爭再度復活，如遜尼和什葉派之爭、庫德人與阿拉伯人之爭，使得伊拉克從思想、文化脆弱轉變成求知、求變的國家。

一、不明確的艾卜杜·克里姆·格西姆政權

革命之後，穆罕默德·納基卜·魯拜邑（Muḥammad Najīb ar-Rubay'ī，任期 1958～1963）被選為新國家領導者，實際掌權者是擔任總理的艾卜杜·克里姆·格西姆。艾卜杜·克里姆·格西姆在巴格達受中、小學教育，1932 年進入巴格達軍事學院，畢業後便毅然從軍，曾經服務於不同的軍事單位，培養許多自己的人脈。1940 年格西姆被選入參謀學院繼續學業，畢業後獲得軍事教育獎學金，負笈英國求學。後來參與 1948 年的以阿戰爭，擔任步兵團長，再晉升為伊拉克軍隊步兵總指揮。1935 年榮獲伊拉克實際服務獎章，1945 年獲英勇獎章。伊拉克七月革命後，格西姆任總理及三軍統帥職位，享有共和國總統的權力，隨後頒布《臨時憲法》，載明伊拉克為享有主權的獨立共和國，是阿拉伯國家的成員，伊斯蘭為國教，阿拉伯人與庫德人是相同土地上的夥伴。格西姆集政治與軍事權於一身，任命艾卜杜·薩拉姆·艾里弗為內政部長及國軍副總指揮。革命指揮委員會同時頒布《農業改革法案》及保護農人、工人的法令，在軍事上接收英國人留下來的基地。不幸的是人民彼此不信任，政局混亂，見不到進步的景象。

1958 年七月革命後出現的新團隊缺乏一貫的施政原則及有效率的組織，資深的官員因為必須聽命於資淺的艾里弗而普遍不滿，以至於出現格西姆及艾里弗兩股互相敵對的勢力。格西姆主張伊拉克是個主權國家，強調內部團結，反對和埃及、敘利亞聯合；艾里弗受到復興黨的支持，傾向泛阿拉伯主義，主張伊拉克

需和埃、敘的「阿拉伯聯合共和國」聯合。格西姆因為官階較艾里弗高，經驗豐富，最後擊敗艾里弗。1958 年 10 月艾里弗被革職，1959 年 1 月被以叛國罪審判，判決死刑，1959 年 2 月判決暫緩處刑，1962 年 12 月被特赦。艾里弗在政壇的消失意味著民族主義者的失勢及反對民族主義與復興黨勢力的崛起。

格西姆政策含糊，立場搖擺不定，有時拉攏共產黨，藉以打擊民族主義者；有時反過來打擊共產黨，並將伊拉克導向脫離阿拉伯陣線。直至 1959 年 1 月底共產黨才被允許發行《人民聯合報》(*Ittiḥād ash-Sha'b*)，格西姆也不願任用共產黨員擔任較敏感的政府機關官員。他在共產黨與泛阿拉伯主義者之間施展平衡兩者的技巧，以准許共產黨組成國民軍、釋放所有共產黨犯人等實際行動來平衡軍中泛阿拉伯主義的潮流。然而因為他來自伊拉克東南方，父親是遜尼派，母親是什葉派，在軍隊中缺乏忠實有力的支持者，不像其他多數軍官來自北方的遜尼派地區，是泛阿拉伯主義的狂熱者。

格西姆的庫德政策也是搖擺不定，導致 1961 年的庫德暴動。1959 年由於格西姆選擇在摩蘇里召開「世界青年會」，遭致摩蘇里居民強烈反彈，認為此舉會讓違反伊斯蘭教義與傳統觀念的思想滲入。格西姆因此安排武裝共產黨員和庫德人進駐摩蘇里，以保護會議進行。3 月 8 日負責摩蘇里的艾卜杜．瓦赫卜．夏瓦弗 ('Abd al-Wahhāb ash-Shawāf) 上校領導一群軍官違抗格西姆命令，遣返「世界青年會」的與會者。格西姆視此舉為一場政變，故聯合共產黨，動員在摩蘇里的二十五萬共產黨支持者，逮捕數千民眾，夏瓦弗被殺。共產黨趁機在摩蘇里大肆屠殺民族主義者、宗教人士及一些摩蘇里的顯貴家族，留下無可彌補的裂痕。這些參與的軍官都出生於優渥的遜尼派家庭，他們極力反對格西姆政府和共產黨之間的親密關係。1959 年伊拉克共產黨在軍隊、政府及一般民間組織裡迅速擴張。同年，格西姆與蘇聯恢復邦交，伊、蘇簽訂經濟協定。1959 年 7 月 14 日國慶日時，共產黨支援庫德人在基爾庫克大舉屠殺土庫曼人，因為這些庫德人多數是共產黨員或是傾共者。格西姆對共產黨在黨報中煽動的言辭視而不見，放任他們胡作非為，為此事件組織軍事法庭，法官根據領導者的喜好判決，監獄人滿為患，呈現伊拉克史無前例的殘暴景象，殺戮之風瀰漫全國，釀下 1963 年革命的種子。復興黨開始有組織的敵對共產黨，巴格達逐漸脫離共產黨的控制，以至於 1961 年共產黨祕書長聲稱有二百八十六位黨員及其支持者遭受民族主義者殺害，數千個家庭在他們的威脅之下離開家園流離失所。

格西姆自 1959 年便承受許多黨派的壓力，試圖將人民的注意力轉移到對外事務上。但是他的對外政策出現許多危機，首先是和伊朗國王的交惡，他聲稱伊朗庫吉斯坦 (Khuzestan) 地區主要居民是阿拉伯裔的伊朗人，應隸屬於伊拉克領土。1937 年伊朗和伊拉克曾簽定條約，規定除了伊朗西南部阿巴丹 (Abadan) 港附近和霍拉姆沙赫爾 (Khorramshahr) 港附近約十一公里長的河水以河道中心線為界外，其餘都以靠伊朗的低水位線為界，伊朗船隻航行在河界外時必須繳稅給伊拉克。1959 年 12 月，兩伊為了阿拉伯河紛爭再起，伊拉克否認 1937 年的協議，聲稱伊拉克擁有阿巴丹附近停泊地區的主權，兩伊關係因此急速惡化。

伊拉克和科威特的關係也搖擺不定，格西姆不僅得罪科威特、英國，也和其他阿拉伯國家背道而馳。1961 年 6 月 19 日科威特獨立，伊拉克隨即承認，五天之後卻聲稱科威特是伊拉克國土，要求科威特回歸伊拉克，否則出兵占領科威特土地。科威特及時獲得英國的支助，使伊拉克無法如願。此事件引發世界危機，世界各國紛紛呼籲英國武力必須退出科威特。阿拉伯國家聯盟在 1961 年 7 月 10 日決議要求英軍撤退，由阿拉伯軍隊代替駐防在科威特兩年。阿拉伯國家聯盟並要求伊拉克在處理伊、科關係上，須採取和平手段，伊拉克在阿拉伯國家之間漸形孤立，尤其是格西姆宣布退出「阿拉伯國家聯盟」之後。

格西姆在位五年的經濟政策，反映他貧苦的出生背景及他受共產黨束縛的狀況，他提出很多工業、農業、建築業等的改革方案改善窮人的生活，准許成立商會，改善工人生活，實施土地改革計畫，廢除鄉村舊有的封地制度，並挑戰當時與石油公司利益共享的政策。1961 年 11 月 11 日伊拉克通過〈80 號國際公法〉，伊拉克石油公司撤出 95% 的權利區，只允許它在生產區運作，此舉增加政府石油收入。1961 年底，伊拉克政府成立委員會，研擬成立國家石油公司計畫。1962 年格西姆提出成立國家石油公司草案。1964 年伊拉克宣布成立「伊拉克國家石油公司」(Iraq National Oil Company, INOC)。

格西姆的政權統治下，許多過去的保守勢力被免職或甚至入獄，民主制度被廢除，政治混亂不堪。復興黨黨魁夫阿德．里克比認為唯一能結束格西姆政權的方法是執行暗殺行動。1959 年沙達姆．海珊 (Ṣaddām Ḥusayn) 負責執行這項任務，但格西姆受傷未死，僥倖逃過一劫。此後格西姆的政策傾向媚共，鎮壓復興黨及其他民族主義者的活動。他的左傾政策甚至使得西方及阿拉伯海灣國家都認為伊拉克已經被共產黨接管。1959 年 4 月，美國中央情報局 (CIA) 局長艾倫．度雷斯 (Allen Dulles) 描述伊拉克是「世界最危險的國家」。然而，格西姆和共產黨的關係未能持續很久，1960 年至 1961 年間，格西姆免除一些任職於政府高敏感度職位的共產黨員，並停止共產黨黨報發行。

格西姆政府與庫德人之間的關係原本良好，政府明訂庫德人與阿拉伯人之間的權利相等，庫德人也曾幫助格西姆的政權。在格西姆的統治下，被放逐的庫德領袖，包含他們的精神領袖穆舍拓法．巴爾札尼紛紛返回伊拉克。然而格西姆的多疑使得他與庫德人的關係逐漸惡化。1961 年 9 月，庫德游擊隊和伊拉克軍隊起衝突，許多伊拉克士兵紛紛逃出軍隊，直到 1962 年春天，政府仍未能有效控制暴動，格西姆的政權搖搖欲墜。

二、1963 年「齋月革命」與第一任總統艾卜杜・薩拉姆・艾里弗政權

1963 年 1 月，格西姆升任中將，許多反對行動在暗中進行。1963 年 2 月 8 日伊拉克復興黨終於發動軍隊與人民全體動員的革命，由於該日正值伊斯蘭曆齋月 14 日，故又稱「齋月革命」。2 月 9 日他們攻擊住在國防部的格西姆，經過激烈的廝殺，格西

姆遭受草率且倉促的審判，三十分鐘之內立即執行死刑，結束生命，未給予他任何辯護機會。此次革命犧牲者尚包含伊拉克各地的軍人及百姓，共達數千人，標榜的是國家統一、阿拉伯統一、全民參政、制定農業改革法規、維護全民利益等。儘管格西姆執政末期樹敵無數，但對於城市的窮人和赤貧的佃農而言，他仍是一位英雄。穆罕默德．納基卜．魯拜邑隨著艾卜杜．克里姆．格西姆被殺而下臺，1983 年過世。艾卜杜．克里姆．格西姆對自己顛覆王國之後所建立的政體名稱一直舉棋不定，他本身不曾廣泛涉獵政治，缺乏政治智慧，執政早期他所走的路線傾向依賴軍隊來行政的左派，也因此他之後的艾卜杜．薩拉姆．艾里弗才是伊拉克共和國第一任總統。

艾卜杜．薩拉姆．艾里弗是伊拉克費瑟一世的晚輩親戚，出生於巴格達。1941 年畢業於軍事學院，曾經參與 1941 年的暴動，隨後遷徙到巴舍剌，1944 年再到納席里亞。1948 年到巴勒斯坦參加以阿戰爭，1956 年加入自由軍官團體，參與 1958 年七月革命的策劃工作。革命成功後擔任副總理及內政部長，不久便和格西姆關係破裂，被調任到西德擔任伊拉克大使。其後被控以顛覆政府的罪名判決死刑，再改判監禁。1963 年革命的幕後主導者是提倡阿拉伯民族主義及社會主義的阿拉伯社會復興黨，革命成功後復興黨由軍隊與民間領袖組成「國家革命指揮協調會」(National Council for Revolutionary Command, NCRC) 為最高決策機構，掌管行政與立法權，朝向統一阿拉伯、實行社會主義與自由的目標邁進。「國家革命指揮協調會」指定復興黨上校阿賀馬德．哈珊．

巴克爾 (Aḥmad Ḥasan al-Bakr) 為總理、艾卜杜．薩拉姆．艾里弗為總統，實權則落在復興黨祕書長阿里．沙立賀．薩厄迪 (‘Alī Ṣāliḥ as-Sa‘dī) 手中。由於該黨缺乏團結心，也缺乏有組織的計畫，使得強人薩厄迪組織一黨政府，容不下反對意見。

艾卜杜．薩拉姆．艾里弗上任後初期受復興黨的控制，後來漸漸培養自己的勢力，獲得軍隊的支持。對內，他頒布臨時憲法，企圖恢復國會選舉。對外，他向敘利亞、埃及示好。由於復興黨無法鎮壓庫德暴動，領導階層內部也紛爭不已，八個月後艾卜杜．薩拉姆．艾里弗便擺脫復興黨。1963 年 11 月 18 日艾卜杜．薩拉姆．艾里弗和一群非正規的軍官團體發動不流血革命，這些軍官團體是支持埃及納席爾的納席爾黨，主張和埃及復興黨合併。他們逮捕復興黨領袖，宣布由部隊接管國家，艾卜杜．薩拉姆．艾里弗終於成為名符其實的共和國總統，同時兼「國家革命指揮協調會」主席、三軍部隊總指揮。權力中心除了艾卜杜．薩拉姆．艾里弗之外，還有其兄艾卜杜．刺賀曼．艾里弗 (‘Abd ar-Raḥmān ‘Ārif)。1964 年春天艾卜杜．薩拉姆．艾里弗的謀略成功，將復興黨員逐出軍中，代之以納席爾黨，並積極為合併伊拉克、埃及而鋪路。1964 年 5 月組成「聯合總統委員會」，1964 年 12 月組成「統一政治指揮部」(Unified Political Command) 處理日後聯邦事務。1964 年 7 月，艾卜杜．薩拉姆．艾里弗宣布合併所有政黨，組成「伊拉克阿拉伯社會主義陣線」(Iraqi Arab Socialist Union)，實施納席爾社會主義計畫，要求保險業、銀行業、水泥業、建築業、菸草、麵粉、製革工業都國有化。1965 年因為納席爾的反應冷漠，艾卜杜．薩拉姆．艾里弗對合併計畫漸漸冷淡，並開始限制納席爾黨活動，逐步驅走納席爾黨政府官員，包含外交、經濟、工業、司法、鄉村事務及指導部等六位納席爾黨部長。1965 年 9 月 14 日，總理暨國防部長艾里弗．艾卜杜．剌札各 (‘Ārif ‘Abd ar-Razzāq) 趁總統艾卜杜．薩拉姆．艾里弗赴摩洛哥卡薩布蘭迦 (Casablanca) 召開阿拉伯高峰會議之際企圖發動政變，因事發之前被揭發而告失敗。

艾卜杜．薩拉姆．艾里弗本人並非一位社會主義者，他施行社會主義純粹為了迎合埃及，當他發現伊拉克人民對於社會主義的反應並不熱烈時，順勢撤除社會主義人士的職權，開始任用部落成員。他並網羅平民進入政府機構，1965 年任用王國以來第一位平民閣揆艾卜杜．剌賀曼．巴札資（‘Abd ar-Raḥmān al-Bazzāz，任期 1965～1966）。艾卜杜．剌賀曼．巴札資曾於 1964 年 5 月至 1965 年 4 月期間擔任石油輸出國家組織 (OPEC) 祕書長，亦曾任外交部長，是一位傑出的律師、外交官及作家，一心一意想做政治改革，企圖革除 1958 年以來伊拉克軍人主政的型態，組織一個具代表性的國會，建立法治政府。他實施五年 (1965～1970) 計畫以鼓勵私人與外國人投資，主張平衡民營與公營企業，以增進生產力。艾卜杜．剌賀曼．巴札資在處理庫德問題上有相當的貢獻，1964 年庫德領袖穆舍拓法．巴爾札尼和艾卜杜．薩拉姆．艾里弗簽訂休戰協定。1965 年伊拉克與庫德族雙方關係再度緊張，伊朗軍援庫德部隊攻入伊拉克北部，使得兩伊關係惡化。艾卜杜．剌賀曼．巴札資為了解決庫德問題做了長期計畫，他讓庫德人在庫德區使用庫德語，在教育、衛生、行政上自治，在國會中如同伊拉克其他各省占有席位，庫德問題因此解決。1966 年 4 月 13 日，艾卜杜・薩拉姆・艾里弗在巡視南部巴舍剌地區時，因為一場演說拖延預定行程，所乘直升機起飛後因天色已暗又遇到沙暴，能見度不高，駕駛失控導致機身迫降時著火，艾卜杜・薩拉姆・艾里弗及其隨行者包含內政部長、工業部長皆罹難。有關這場悲劇眾說紛紜，在媒體上討論數十年之久。許多伊拉克人認為這是復興黨對艾卜杜・薩拉姆・艾里弗忘恩行為的報復行動，有跡象顯示在 1964 年 9 月 5 日， 復興黨企圖在他赴開羅參加第一屆阿拉伯高峰會議時安排飛機失事， 但事發之前被揭露而告失敗 。1966 年艾卜杜・薩拉姆・艾里弗意外身亡之後 ， 艾卜杜・剌賀曼・巴札資於 4 月 13 日至 4 月 16 日代理總統。然而，軍中反對艾卜杜・剌賀曼・巴札資的軍官趁機抨擊艾卜杜・剌賀曼・巴札資的庫德政策 ， 導致 1966 年 8 月新總統艾卜杜・剌賀曼・艾里弗對艾卜杜・剌賀曼・巴札資施壓，強迫他辭職。庫德的平靜隨艾卜杜・剌賀曼・巴札資的辭職再度動盪，新總理納基・拓立卜將軍是一位傾納席爾，反對和庫德和解的「自由軍官團體最高委員會」成員，任期只維持到 1967 年。

艾卜杜・薩拉姆・艾里弗之兄艾卜杜・剌賀曼・艾里弗少將在 「國防委員會」 (National Defence Council) 的支持之下接任總統。由於他本人的人格特質缺乏其弟的影響力及政治的洞察力，加以就職時支持者的包袱過重，在位期間發生許多虐民事件，伊拉克軍事、經濟力量皆逐漸下滑 。1967 年春天 ，艾卜杜・剌賀曼．艾里弗訪問伊朗德黑蘭之後，宣布兩國將繼續商討邊界共同石油探測 、 阿拉伯河航權及波斯灣沙洲邊界問題 。 1966 年至 1967 年，伊拉克與敘利亞關係緊張，起因是伊拉克國家石油公司從伊拉克北部油田經由敘利亞油管到地中海海港，需要付給敘利亞石油轉運費。1966 年敘利亞聲稱根據 1955 年的協議，伊拉克國家石油公司所付給敘利亞的石油流通費不足，要求伊拉克國家石油公司補繳差額，並即刻增加轉運費。伊拉克國家石油公司拒絕這項要求，敘利亞立即切斷伊拉克石油轉運，使得伊拉克國家石油公司收入大幅減少，造成財務危機，反對勢力遂要求總理納基．拓立卜辭職。

1967 年 1 月以阿「六日戰爭」爆發，伊拉克加入戰爭，和其他阿拉伯國家立場一致，並與英、美斷交。戰爭期間艾卜杜．刺賀曼．艾里弗顯得懦弱無能，引起人民的反感，認為他無法勝任總統的角色 。艾卜杜．刺賀曼．艾里弗乃任用曾經在 1963 年 11 月至 1965 年間第一次組閣的強人拓希爾．亞賀亞為總理，此次他的功績是減少伊拉克經濟對西方產業伊拉克石油公司的依賴 。 1967 年他並思考將伊拉克北部油田魯麥拉 (ar-Rumaylah) 收歸國有，但國內局勢已經動盪不安。

第二節　復興黨的崛起

一、1968 年復興黨革命與阿賀馬德・哈珊・巴克爾政權

1968 年 7 月軍情局局長艾卜杜．刺札各．納伊弗 (‘Abd ar-Razzāq an-Nā’if) 上校、共和衛隊統領 (Chief of Republican Guard) 亞伯拉罕．艾卜杜．刺賀曼．達伍德 (Ibrāhīm ‘Abd ar-Raḥmān ad-Dāwūd) 上校、薩厄敦．凱丹 (Sa‘dūn Ghaydān) 上校、哈馬德．序赫卜 (Ḥammād Shihāb) 上校等四人為首與復興黨合作發動軍事革命推翻總統，重申 1958 年的革命目標，稱之為「阿拉伯革命運動」(Arab Revolutionary Movement)。前二人答應合作的前提是在事成之後由艾卜杜．刺札各．納伊弗擔任總理，艾卜杜．刺賀曼．達伍德擔任國防部長。他們原本都是艾卜杜．刺賀曼．艾里弗的支持者，復興黨對他們並不信任，準備利用他們起義，事成之後在最短的時間內消滅他們的勢力。此次革命所依恃的理由無非是艾卜杜．刺賀曼．艾里弗政府腐敗、六日戰爭伊拉克無能贊助其他阿拉伯國家、政府未曾舉行大選，其正當性令人質疑等。1968 年 7 月 17 日早晨，阿賀馬德．哈珊．巴克爾帶領一群復興黨軍官攻入艾卜杜．刺賀曼．艾里弗的官邸，薩厄敦．凱丹為他們敞開大門，艾卜杜．刺賀曼．艾里弗得知這是一場革命行動時立即投降，自願離開國家到倫敦，而後轉到伊斯坦堡居住，二十年後在海珊的允許下返回巴格達。

阿賀馬德．哈珊．巴克爾 （1968～1979 在位） 出生於 1914 年，是西部提科里特 (Tikrit) 遜尼派家族成員，1938 年畢業於軍事學院。1963 年革命後曾任總理，1968 年 7 月策劃政變，成功趕走艾卜杜．剌賀曼．艾里弗政府。伊拉克隨即組成「革命指揮委員會」，由阿賀馬德．哈珊．巴克爾接任總統，艾卜杜．剌札各．納伊弗擔任總理。不久，阿賀馬德．哈珊．巴克爾與納伊弗之間的歧見表面化，1968 年 7 月 30 日艾卜杜．剌札各．納伊弗赴阿賀馬德．哈珊．巴克爾官邸的午宴，餐後海珊和一群武裝軍官進入官邸，警告艾卜杜．剌札各．納伊弗倘若不離開伊拉克將會被逮捕，艾卜杜．剌札各．納伊弗因此被派到摩洛哥擔任大使。當時艾卜杜．剌賀曼．達伍德正出差到約旦，接獲指示留在當地，復興黨完成一次不流血革命。

1968 年埃及納席爾的影響力逐漸減弱，使得復興黨得以全力應付內政問題，並組成國民軍。阿賀馬德．哈珊．巴克爾政權成立兩個月之後，傾納席爾及保守派勢力企圖發動另一次革命，使得阿賀馬德．哈珊．巴克爾及海珊有機會掃除異己，內閣成員皆由復興黨員擔任。1968 年的復興黨遠比 1963 年組織更嚴密，權力中心大多來自提科里特，復興黨革命指揮委員會五個委員中有三人是提科里特人，總統、總理、國防部長也都是提科里特人。領導階層清一色是軍人，黨員大多靠裙帶關係進入，多半是阿賀馬德．哈珊．巴克爾的親戚。阿賀馬德．哈珊．巴克爾對行政事務並無興趣，往往倚重海珊。1969 年起海珊因個人的人格特質：忠黨、擅長謀略、果斷，迅速成為政治主流，革命指揮委員會、內閣漸漸受他支配。從 1968 年到 1973 年，復興黨透過一連串的威脅、暗殺手段，消弭反對勢力，滲入所有國營機構，1973 年復興黨開始擴張它的權力。復興黨並組織國民軍，1978 年達到五萬人。1977 年最有力的復興黨勢力有：阿賀馬德．哈珊．巴克爾、海珊、艾德南．愷爾拉．拓勒法賀 (‘Adnān Khayr Allāh Ṭalfāḥ)。此三人都是復興黨革命指揮委員會委員、閣員，也是提科里特城拓勒法賀家族的成員。拓勒法賀家族以艾德南父親愷爾拉．拓勒法賀為首，是海珊的監護人，艾德南．愷爾拉．拓勒法賀於 1978 年任國防部長，娶阿賀馬德．哈珊．巴克爾的女兒，也是海珊的小舅子，彼此之間關係相當密切。

1970 年 7 月 16 日伊拉克實施《憲法》，《憲法》明文規定伊拉克為民主共和國，伊斯蘭教為國教，總統身兼國軍總司令及「革命指揮委員會」主席，有權任命副總統、部長及高級官員。「革命指揮委員會」是國家最高權力機構，有權解散國民會議，頒布法律及具有法律效力的決議，對內得批准國家預算，對外可以簽署條約，決定戰爭或媾和。國民會議成員二百五十席，其中三十席由總統任命，任期四年，每年開會兩次，負責審查總統及「革命指揮委員會」提出的法案，通過國家預算、訂定條約及經濟發展計畫等，並規定伊拉克經濟上實施社會主義公有制。

阿賀馬德．哈珊．巴克爾在位期間比較顯著的政績包含釋放政治犯，恢復被解聘的公務員職位，1974 年伊拉克與伊朗訂定協定，結束庫德族的暴動。社會經濟上發展國家石油公司，擴大投資；重視工人福利，給予工人社會保險；建設醫院及醫療中心，廣設低收費的民眾醫療診所，並重視醫療常識的宣傳。為消弭文盲而廣設學校、修改《教學法》以適應新潮流。

1950 年代，埃及前總統艾卜杜．納席爾的阿拉伯民族主義和共產主義思想衝擊了阿拉伯穆斯林。為了防止違背伊斯蘭精神的思想在阿拉伯世界傳播，伊拉克境內設立一些伊斯蘭組織，如 1957 年成立的什葉派「納加弗宗教學者協會」(Association of Najaf Ulama)、1958 年的什葉派「伊斯蘭宣教黨」(Islamic Dawa Party) 和 1960 年的遜尼派「伊斯蘭黨」(Iraqi Islamic Party，縮寫 IIP)，其目標都在建立伊斯蘭政權。其中「伊斯蘭宣教黨」宗旨在宣揚伊斯蘭，對抗共產主義、世俗主義及復興黨的社會主義，呼籲政府回歸伊斯蘭律法，也呼籲伸張社會正義，理念類似何梅尼 (Khomeini) 式，屬於原教旨主義激進派的政黨，曾多次策劃謀殺海珊行動。1979 年伊朗的伊斯蘭革命期間，伊斯蘭宣教黨和伊朗有密切聯繫，兩伊戰爭時該黨並支持伊朗。什葉派的伊斯蘭組織更因伊朗伊斯蘭革命而體會到透過改革無法達到目的，唯有發動革命才有希望。然而什葉派政黨未能在伊拉克建立伊斯蘭政府，其主要原因是什葉派精神領袖穆賀辛．哈齊姆 (Muḥsin al-Ḥakīm, 1889～1970) 去世後無合適的領導人，而強勢的伊拉克復興黨大舉鎮壓革命人士，驅逐什葉派穆斯林，尤其 1980 年穆罕默德．巴紀爾．沙德爾 (Muḥammad Bāqir aṣ-Ṣadr) 和他被譽為「正道之女」(Bint al-Hudā) 的妹妹阿米納．沙德爾 (Āminah aṣ-Ṣadr) 殉難，造成什葉派復興運動巨大的損失。

1971 年 11 月 15 日伊拉克阿拉伯社會復興黨宣布成立「國家

及進步武力陣線」。1973 年 7 月 17 日伊拉克復興黨、伊拉克共產黨簽訂「聯合宣言」，隨後將庫德民主黨及一些民族主義、國家主義者納入陣線。1970 年代中葉揭發軍隊中的共產黨祕密組織後，共產黨退出該陣線。

二、石油公司國有化

1972 年 6 月伊拉克宣布石油公司國有化，結束外國對伊拉克資源的控制 。1973 年 10 月 6 日埃及和敘利亞聯合出兵攻打以色列，爆發以阿「十月戰爭」，伊拉克加入敘利亞陣營的阿拉伯國家軍隊中。沙烏地阿拉伯首度發起以石油做武器，實施禁運減產，油價在短短三個月內暴漲三倍，由每桶二．九美元漲至十一．六五美元，造成全球經濟恐慌，阿拉伯產油國家的經濟卻受益匪淺。在美國國務卿季辛吉積極協調下，以色列和埃及、敘利亞先後在 1974 年 1 月及 5 月簽署停火協定 ， 阿拉伯國家同意停止石油禁運減產，解除石油危機。伊拉克的石油收入從 1972 年的五億七千五百萬美元增加到 1973 年的十八億四千萬美元， 1974 年高達五十七億美元 。1973 年到 1978 年五年之間伊拉克石油收入增加約十倍之多。石油財富使得伊拉克能夠發展一連串的計畫，如：國家工業現代化計畫、教育、衛生、住宅、土地計畫、社會福利等，也進入世界貿易商場，經濟呈現一片繁榮景象。這波經濟繁榮創造許多就業機會，提升了生活水平，真正受益者是商人、投機客、承包商及企業人士，政權結構自然也由這些人組成，各地對中央政府的向心力因為經濟的繁榮也相對增加，復興黨的權力逐漸鞏固。

三、庫德政策與對外關係

復興黨政權面對最嚴重的問題是北部的庫德族問題。1968 年在伊朗的軍事援助下，庫德再度暴動，1970 年 3 月，革命指揮委員會和穆舍拓法．巴爾札尼及庫德民主黨進行協商後，同意正式承認庫德區是國家的一個自治團體，艾比爾為首都，並成立省級的行政會議及議會處理庫德事務。伊拉克政府歸還穆舍拓法．巴爾札尼的一萬五千名庫德部隊，成為正規的邊陲部隊，稱之為「裴敘梅爾迦」(Pesh Merga)，意為「面對死亡者」，庫德人暫時被安撫。穆舍拓法．巴爾札尼軍隊控制的領土從北部的撒乎到東南的哈拉卜加 (Ḥalabjah)，這些地區大多數的城鎮施行庫德制度，庫德民主黨正式合法代表庫德人民。由於庫德版圖仍然未規劃，故庫德人並不因此滿足，尤其是庫德人要求有豐富油源的基爾庫克劃入庫德自治區領地內並未得到伊拉克政府的同意，1970 年的協議不久即破裂。1972 年庫爾迪斯坦革命黨成立。1973 年 7 月阿拉伯社會復興黨聯合伊拉克共產黨於巴格達成立「國家及進步武力陣線」，1975 年許多政黨和庫德組織皆紛紛加入此陣線，1979 年 3 月中旬伊拉克共產黨退出。

1974 年 3 月復興黨企圖暗殺穆舍拓法．巴爾札尼及其兒子伊德里斯 (Idrīs)，展開庫德和中央政府的全面鬥爭。1974 年初復興黨和庫德民主黨傳統的支持者蘇聯簽約，藉以孤立穆舍拓法．巴爾札尼及庫德民主黨。自此蘇聯對伊拉克的影響力大增，穆舍拓法．巴爾札尼無法獲得蘇聯和伊拉克共產黨的支持，轉而求助於伊朗、美國。伊朗隨即增加對庫德反抗軍的支持，伊拉克為此駐軍在拉旺度斯 (Rawanduz)，企圖阻斷庫德人到伊朗的通道。庫德使用戰車飛彈和伊朗供應的大砲，並從敘利亞、以色列獲得軍援，造成伊拉克嚴重的損失。海珊為了避免僵局擴大，致力於解決庫德問題。1974 年 3 月海珊提出給予庫德族最大的自主權，庫德區組成合法的行政議會，除了外交和國防事務外，議會可以處理地方事務，主席由省長任命。根據此計畫，海珊編列發展庫德區的預算，使得當時住在伊朗邊境的庫德難民返回伊拉克。1975 年庫德人獲得自治權，庫德語受到政府重視，編入學校課程中，各項工程也開始進行。但是在安撫庫德人的同時，海珊企圖消弭他們的勢力，強制重新分配庫德區，鼓勵阿拉伯人遷入如基爾庫克石油區等心臟地帶，並夷平伊朗邊境一千三百公里的庫德鄉村，伊拉克庫德人實際上享有自治權的區域還不及總庫德區的一半範圍。

此外，伊拉克與中東國家的關係始終存在邊界與領土的糾紛。全長一百九十三公里的阿拉伯河一向是兩伊邊界糾紛的主因。1969 年 4 月伊朗政府宣布廢除 1937 年的條約，伊拉克反對，雙方關係因而一度緊張。1975 年 3 月 6 日海珊和伊朗國王巴勒維在阿爾及利亞總統的調停下簽署《阿爾及爾條約》(*Algiers Agreement*)，明訂阿拉伯河航道中線為兩國界線。《阿爾及爾條約》中伊拉克承認廢除 1937 年的條約，撤銷伊拉克對伊朗西南部庫吉斯坦省的權利要求，庫吉斯坦因此正式納入伊朗版圖，伊拉克並撤出波斯灣南邊島嶼，伊朗也相對同意阻止叛亂分子越過邊界。這條約意味著伊朗結束對伊拉克庫德人的援助。條約簽署後，伊拉克立即出兵攻打庫德「裴敘梅爾迦」軍隊，庫德人失去伊朗的援助無力作戰，更由於土耳其關閉其邊境，約 70% 的庫德軍向伊拉克投誠，少數留在庫爾迪斯坦繼續作戰，約三萬人越過邊境到伊朗成為難民。

《阿爾及爾條約》影響的層面很廣：首先此條約確定兩伊國界，邊境問題早在 1930 年代便紛爭不斷，困擾著兩伊執政者。其次是使得庫德人無法從伊朗方面獲得支助 。 另外也促使兩國在 1977 年簽署商業、旅遊、鐵路、農業、漁獵等條款，得以和睦相處至 1979 年伊朗革命。《阿爾及爾條約》備受伊拉克海灣地區鄰國所重視，促進伊拉克與阿拉伯國家之間的互動，更由於伊拉克與伊朗的關係大幅改善，復興黨不再過度依賴蘇聯及共產黨。

復興黨政權與保守的海灣國家始終在爭奪位於阿拉伯河口的科威特布比顏島 (Būbīyān) 及瓦爾巴島 (Warbah) ， 因為該二島嶼控制著通往伊拉克南端的烏姆 · 格舍爾 (Umm Qaṣr) 河口港 ， 地位重要。1970 年代伊拉克急欲在海灣地區發展一個深水港，以至於向科威特要求將此二島轉讓給伊拉克，遭到科威特拒絕。1973 年 3 月伊拉克占領科威特東北角的邊界駐地，沙烏地阿拉伯立即聲援科威特，在阿拉伯國家聯盟的要求下伊拉克撤軍。阿賀馬德 · 哈珊 · 巴克爾在復興黨執政七週年時，聲稱要加強伊拉克與海灣阿拉伯國家的關係。1976 年海珊訪問沙烏地阿拉伯的吉達，1978 年支持南葉門的馬克思政體 。 1978 年 11 月埃及總統安瓦爾 · 薩

達特 (Anwar as-Sādāt) 與以色列總理梅納欽．比金 (Menachem Begic) 簽署《大衛營協定》(*Camp David Accords*)，接受以色列為一個中東主權國家，使得埃及被其他阿拉伯國家孤立。海珊在經濟政策上的成就激勵他推動外交政策，他將伊拉克推上阿拉伯國家的先鋒，與伊朗、沙烏地阿拉伯及其他海灣國家建立外交關係。《大衛營協定》簽署之後海珊開始主導阿拉伯事務，在巴格達召集阿拉伯國家高峰會議，公開抨擊薩達特向以色列求和，並對埃及實施制裁。1979 年 6 月海珊成為第一位訪問約旦的伊拉克總統，在安曼和胡賽因國王簽署許多協定，包含擴充約旦艾格巴港 (al-'Aqabah) 以取代敘利亞、黎巴嫩港口的計畫。與敘利亞的關係因為復興黨所強調的「阿拉伯統一」宗旨隨著阿拉伯國家邊界的劃定漸漸失去合宜性，敘利亞及伊拉克的復興黨也逐漸分裂為二，伊、敘雙方的實際關係脆弱，但海珊與敘利亞哈菲茲．阿薩德 (Ḥāfiẓ al-Asad) 總統表面上仍然盡棄前嫌，可見海珊早期的外交手腕堪稱靈活。

1971 年伊拉克曾與西方石油公司進行石油權利問題談判，後者以減產對伊拉克進行施壓，使伊拉克財政收入大幅縮減，伊拉克轉向蘇聯示好。1972 年 4 月 9 日，阿賀馬德．哈珊．巴克爾和蘇聯在巴格達簽訂為期十五年的友好合作條約。條約雙方同意發展政治、軍事、經濟、貿易、科技、文化上的全面合作關係，倘若伊、蘇任何一方受到威脅，雙方立即採取一致立場，進行防禦合作，蘇聯同意提供伊拉克武器，並一致譴責帝國主義和猶太復國主義。然而從 1975 年到 1979 年海珊掌權期間，伊拉克逐漸與社會主義國家疏遠。

在對美關係上，原本伊拉克與美國並無外交關係，美國在伊拉克媒體中一直聲名狼藉。伊、蘇簽定友好協定後，美國立即大量軍援敵對巴格達政權的右翼庫德族，並且將伊拉克列入「恐怖國家」名單中，支持更多的右翼分子加入革命後的伊拉克政府單位工作，以對抗共產黨及民族主義勢力，也因此在 1970 年代末期美國會支持當時極力鎮壓伊拉克共產黨的海珊政權。伊拉克開始與美國有密切的貿易關係之後，雙邊貿易總額由 1971 年的三千二百萬美元發展到 1974 年的二億八千四百萬美元，1980 年代美國更曾鼓勵軍援伊拉克以對抗伊朗。伊拉克與日本、西德的貿易額也大幅增長。

第三節　沙達姆·海珊政權 (1979～2003)

海珊於西元 1937 年 4 月 27 日或 28 日出生於伊拉克北部提科里特附近鄉村一個貧寒的遜尼派家庭中。提科里特是十二世紀對抗十字軍的穆斯林英雄沙拉賀丁的出生地，位於巴格達北邊的底格里斯河畔，蒙古人曾經用他們殺戮後割下的人頭在此建紀念塔，歷史地位特殊。海珊九歲失怙，在無知繼父的凌虐下渡過一段悽慘的童年，十歲時舅舅愷爾拉 (Khayr Allāh) 幫助他進入小學就讀，日後並畢業於巴格達大學法學院。愷爾拉是一位阿拉伯民族主義者，因參與 1941 年刺序德·艾立·開拉尼叛變而被逐出軍隊，從事教職。海珊深受其影響，見到愷爾拉穿著軍服的照片，

圖 18：手持俄製 AK 47 步槍的海珊

極為羨慕，也夢想從軍。他酷愛槍枝，自小因無父親經常被欺負，喜歡玩鐵棒，藉以自衛，他執政後的行為模式很多都與年少時的經歷有關。海珊十九歲加入阿拉伯社會復興黨，1959 年參與復興黨所策劃的暗殺行動，在馬路上刺殺艾卜杜．克里姆．格西姆，被伊拉克安全人員逮捕，受傷後逃往敘利亞。當時敘利亞是「阿拉伯聯合共和國」的一部分，他再從敘利亞逃往埃及，在開羅大學念四年書。1963 年 2 月 8 日復興黨發動反艾卜杜．克里姆．格西姆革命後，海珊返回伊拉克。1964 年 9 月他和復興黨領導階層因為急於奪權被捕入獄，1966 年逃獄後從事復興黨的祕密活動。1968 年 7 月 17 日他與復興黨朋友領導另一次的復興黨革命，推翻艾卜杜．剌賀曼．艾里弗政權，成為政權核心人物。1969 年成為伊拉克最高領導組織「革命指揮委員會」副主席，1975 年 3 月 6 日他以副主席身分，在阿爾及利亞和伊朗國王簽署平分阿拉伯河的《阿爾及爾條約》。1979 年 7 月阿賀馬德．哈珊．巴克爾因病及一連串的家庭災難，讓位給海珊，海珊自此身兼共和國總統、革命指揮委員會主席及三軍統帥，標榜阿拉伯民族主義、阿拉伯統一及社會主義，排擠伊朗及傾西方的阿拉伯海灣國家。

海珊任內發生了幾樁世界大事 ： 1980 年宣布對伊朗戰爭 、1981 年以色列轟炸巴格達附近的原子反應爐、1991 年的第二次海灣戰爭、2003 年英美聯軍攻打伊拉克等，他也成為國際間最受非議的人物。

一、兩伊戰爭 (1980～1988)

「兩伊戰爭」又稱「第一次海灣戰爭」。「海灣」指的是阿拉伯灣，位於伊朗與阿拉伯半島之間的西南亞海灣，歐洲人稱它為「波斯灣」。第一位稱它為「波斯灣」者是西元前 325 年亞歷山大的艦隊指揮，因為他沿著波斯海岸走，並不知尚有另一端海岸。一世紀，當人們發覺有西海岸時便稱它為「阿拉伯灣」。今日西方人大多稱它為「波斯灣」，阿拉伯人稱它為「阿拉伯灣」。海峽連接阿拉伯灣與阿曼灣，水中富藏海底生物。海灣周圍國家計有伊朗、伊拉克、科威特、沙烏地阿拉伯、巴林、卡達、阿拉伯聯合大公國、阿曼等，海灣內尚有許多小島。海灣地區的石油、天然氣儲藏量占全世界一半以上，世界主要的原油依賴此區來供應，是世界上最具經濟與戰略價值的水路。十九世紀時，英國控制了大多數的海灣地區。1971 年所有的海灣國家都已經獨立，英國勢力也完全退出海灣地區。

1. 邊界與領土問題

伊拉克與伊朗的邊界糾紛自古便存在 ，1555 年至 1975 年間

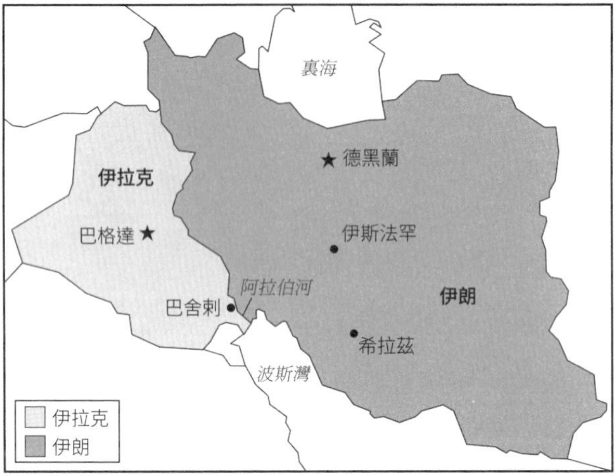

圖 19：伊拉克與伊朗

為了劃定邊界曾簽署十八個以上的協定。兩伊關係惡化始於伊朗西南邊境人口約八十萬的阿賀瓦茲城 (Ahwaz) 歸屬問題之爭。由於該城蘊藏豐富的石油，居民多為阿拉伯人，1959 年艾卜杜．克里姆．格西姆支持該城的獨立運動，並將問題在阿拉伯國家聯盟大會中提出。1969 年復興黨執政之後宣布阿賀瓦茲是阿拉伯人的領土，在廣播中呼籲阿賀瓦茲人民起來革命對抗伊朗政府。1969 年 2 月伊朗要求阿拉伯河的水道分界線設在河川航道中線，被伊拉克拒絕，伊朗於是要求廢除 1937 年的條約，且派遣船隻穿過阿拉伯河而不繳納航行費。伊拉克立即支持反伊朗團體以報復伊朗，伊朗則支持伊拉克庫德人叛變。1971 年 11 月，伊朗占領波斯灣入口處原先屬於阿拉伯聯合大公國領土的阿布穆薩 (Abū Mūsā) 島、大突布島 (Ṭunb al-Kubrā)、小突布島 (Ṭunb aṣ-Ṣughrā) 等三個島嶼，使之成為控制波斯灣航道的軍事基地，遭伊拉克激烈的反對，並與伊朗斷絕外交關係。1975 年《阿爾及爾條約》終於決定以河流中線為分界。1980 年 9 月序霖堡 (Qaṣr Shīrīn) 附近戰區爆發雙邊衝突，海珊正式廢除《阿爾及爾條約》，宣布阿拉伯河納入伊拉克版圖，企圖征服海灣地區，奪取兩伊邊境的伊朗領土，藉此建立伊拉克在阿拉伯世界的權威。伊朗立即抗議，堅持維護《阿爾及爾條約》的規定，兩伊邊境情勢緊張，導致 1980 年至 1988 年持續八年的兩伊戰爭爆發。

2.民族與教派問題

伊拉克境內庫德問題無論在王國或共和國時期都困擾著執政者。《阿爾及爾條約》明載伊朗必須停止對庫德的援助，庫德族因無所依恃而不再暴動。1975 年 6 月加拉勒．拓拉巴尼 (Jalāl aṭ-Ṭālabānī, 1933～2017) 組成都市背景的「庫爾迪斯坦愛國聯盟」(Patriotic Union of Kurdistan, PUK)，其左派色彩遠較部落背景的庫德民主黨濃厚。1975 年底至 1976 年初伊拉克政府將許多庫德家族分送到南部不同的阿拉伯區，藉以分散庫德力量，庫德領袖耗費許多精力才再重組庫德實力。海珊恩威並用之下，還是無法安撫庫德人心，1976 年 3 月庫德發動游擊戰，庫德與伊拉克政府關係宣告破裂。1979 年 3 月庫德領袖穆舍拓法．巴爾札尼去世於華盛頓，1979 年 10 月馬斯烏德．巴爾札尼 (Masʿūd Bārzānī) 被選為庫德民主黨黨魁。庫德民主黨的影響力因為 1978 年、1979 年與庫爾迪斯坦愛國聯盟的內鬥而弱化。1979 年底伊朗鼓動伊拉克邊境的庫德人及其境內的什葉派人民起而暴動，並試圖暗殺伊拉克官員，關係日益緊張。

伊拉克另一問題是宗教派別問題。遜尼派自十六世紀鄂圖曼土耳其帝國時期便主導著伊拉克的政治權力，政府官職大多為遜尼派人士所占有，什葉派在政治、經濟上地位始終低迷。伊拉克的什葉派人口超過 50%，絕大多數是地位卑微的佃農及貧民，只有少數是地主或富商，即使在 1970 年代伊拉克石油收入豐富時，什葉派也只能獲得小利。1974 年復興黨為了消弭什葉派勢力，驅逐了六萬名什葉派伊朗裔人到伊朗。1970 年代後期，海珊的經濟政策使得什葉派終於能擠入中產階級行列。

1977 年 2 月伊拉克政府懷疑在克爾巴拉俄高地的朝聖宗教儀式中有炸彈威脅，派出警察干預宗教儀式的進行，什葉派朝聖者和警察發生激烈的衝突，爆發大規模的什葉派示威活動，從克爾巴拉俄蔓延到納加弗，並持續數日之久，最後政府出動軍隊鎮壓，殺死許多什葉派教徒，逮捕兩千多名參與者，八名什葉派重要宗教人士經過法庭審判被處以死刑，十五名被處以無期徒刑。1978 年海珊應伊朗國王的要求，把居住在伊拉克納加弗十三年之久的什葉派領袖何梅尼驅逐出境，藉以消弭境內什葉派的勢力。1979 年流亡法國的何梅尼返回伊朗領導伊斯蘭革命，導致伊朗王國解體，代之以政教合一的「伊朗伊斯蘭共和國」。伊朗伊斯蘭革命實現許多什葉派現代伊斯蘭主義者的理想與堅持，何梅尼意欲將革命擴大到整個伊斯蘭世界，宣揚什葉派的行動主義。此舉擾亂了伊拉克境內什葉、遜尼兩派微妙的平衡狀態，也威脅到海珊以泛阿拉伯主義思想主導波斯灣事務的企圖。

什葉派將他們對復興黨政府的不滿化為有組織的宗教反對勢力，以什葉派宗教領袖穆罕默德．巴紀爾．沙德爾為首的「伊斯蘭宣教黨」祕密活動非常活躍，伊拉克政府採取嚴厲的鎮壓手段。1979 年 7 月沙德爾要求帶領宗教團體到伊朗恭賀何梅尼革命成功，遭到伊拉克政府拒絕，造成克爾巴拉俄及納加弗地區暴動。對伊拉克而言，伊朗已經威脅到它在海灣地區的勢力與安全，兩領導者之間的敵意及分歧的意識型態加深彼此之間的隔閡。然而在表面上伊朗革命並沒有立即摧毀《阿爾及爾條約》所建立的和睦關係，伊拉克為了維持和德黑蘭新政府的關係，阿賀馬德．哈珊．巴克爾總統曾寫一封私函給何梅尼，恭賀伊朗共和國的成立。1979 年 8 月底海珊邀請伊朗第一任總理馬合迪．巴札爾甘 (Mahdi Bazargan) 訪問伊拉克，增進雙邊關係。同年年底溫和派巴札爾甘下臺，伊朗激進派極力倡導擴張主義。伊拉克也急於拉攏阿拉伯國家，尤其是海灣阿拉伯國家，爭取支持並暗中調動部隊。1980 年 4 月「伊斯蘭宣教黨」企圖用手榴彈暗殺伊拉克外交部長塔利格．艾奇資 (Ṭāriq ‘Azīz)，失敗後又隨即暗殺文化暨新聞部長拉提弗．納席弗．加西姆 (Laṭīf Naṣīf Jāsim)。伊拉克政府立即逮捕「伊斯蘭宣教黨」成員及其支持者，驅逐數千名伊朗裔的什葉派人士。1980 年 4 月 9 日海珊下令處死「伊斯蘭宣教黨」領袖沙德爾及其妹妹。1982 年伊朗在伊拉克成立「伊斯蘭革命最高會議」(Supreme Assembly for the Islamic Revolution in Iraq，縮寫 SAIRI)，企圖組織一個由何梅尼領導的什葉派伊斯蘭國家，由於伊拉克絕大多數的什葉派信徒仍然持守著自己的國家意識，而終告失敗。

3.戰爭始末

戰爭爆發之前，伊拉克控訴伊朗在兩伊邊境集結軍隊，伊拉克外交部長並呈函聯合國陳述狀況。1980 年 9 月 22 日，伊拉克衡量自身優勢的軍備之後，進攻伊朗許多空軍基地，企圖摧毀伊朗的空軍力量，兩伊戰爭因此爆發。海珊宣布伊朗必須承認伊拉克的國土、海域、河域等；伊朗必須停止占領海灣三小島：阿布穆薩島、大突布島、小突布島；停止對伊拉克內政事務的干預；阿賀瓦茲城歸屬伊拉克等。

戰爭爆發後數天，美國總統卡特召開多國會議，商談「霍姆茲海峽」(Strait of Hormuz) 安全問題。霍姆茲海峽位於伊朗與阿曼之間，由於運輸路線較短，運費較便宜，大部分波斯灣地區如科威特、沙烏地阿拉伯、伊朗、伊拉克、巴林、卡達及大多數阿拉伯聯合大公國的石油都經由此海峽出口，自然也是世界油運主要的出海口。戰爭中伊朗襲擊海灣海港、科威特和沙烏地阿拉伯油輪，霍姆茲海峽關閉，伊拉克揚言報復，造成世界油源問題。

戰爭爆發後前數星期伊拉克攻勢凌厲，節節獲勝，占領許多伊朗土地。伊朗將設防重點放在北部，招募十萬自願軍，並召回王國時期有經驗的軍人，1980 年底共派遣二十萬軍隊到前線，漸漸才能反守為攻。1982 年 3 月起伊朗的情勢獲得轉機，收復部分失土。同年 6 月伊拉克曾提出停火建議並隨即從伊朗撤軍，被伊朗拒絕，雙方你來我往，戰火如火如荼。1983 年 10 月伊拉克取得五架法製超級軍旗飛機，1984 年 3 月伊拉克首度使用這種裝有飛魚導彈的飛機，戰爭進入新的激烈狀況。

伊拉克在兩伊戰爭之前軍備主要來自當時的蘇聯，戰爭爆發之後陸續向蘇聯、中國、埃及、德國等國購買武器，並極力想擺脫對蘇聯武器的依賴。德、法、英、美、西班牙都參與伊拉克軍械工廠的建立，包含化學武器等，法國提供核子技術，錢財來源則是沙烏地阿拉伯和科威特。阿拉伯世界的王國制國家因為深恐伊朗的伊斯蘭革命蔓延到自己境內，多數提供海珊經濟支援，唯敘利亞和利比亞站在伊朗陣營，阿拉伯國家的政治立場因為此次戰爭而告分裂。1986 年 3 月聯合國祕書長譴責伊拉克違反 1925 年的《日內瓦協議》(*Geneva Protocol*)，在 1981 至 1984 年間使用芥氣及神經毒氣等化武對付伊朗，造成約一萬人的受害者。伊朗更指控伊拉克曾經使用四十次化學武器，但均遭伊拉克否認。

1984 年 5 月 13 日支持伊拉克的科威特船隻在巴林海域遭伊朗攻擊，5 月 16 日沙烏地阿拉伯船隻也被攻擊。戰爭期間共有五百多艘商船遭受攻擊，其嚴重程度導致科威特必須尋求聯合國的保護。1985 年 5 月伊拉克使用長程飛彈，地對地攻擊德黑蘭及其他伊朗重要城市。1985 年 8 月至 11 月間伊拉克襲擊伊朗的哈爾克島 (Khark Island) 四十四次，企圖摧毀島上設施，伊朗則回之以飛彈攻擊巴格達及伊拉克其他城鎮，並搜查往來波斯灣的船隻，掠奪運往伊拉克的軍備物資。1986 年 2 月 9 日伊朗越過阿拉伯河占領伊拉克法烏油港。1986 年美國在兩伊戰爭尚熾熱時，透過以色列對伊朗出售武器。1987 年美國同意保護科威特貨船，造成美國與伊朗之間的嫌隙，伊朗在貨船所經路線裝置水雷，並對美國

圖 20：兩伊戰爭時伊拉克使用的蘇聯製戰車 T-55

船隻開火，美國也回以擊沉三艘伊朗巡邏艇，摧毀伊朗在海灣的基地。1988 年美國海軍戰艦擊中伊朗一架民航機，造成二百九十人罹難。

聯合國安理會無數次欲協調雙方停火，瑞典籍的聯合國特使在 1980 至 1982 年間數度會晤伊拉克、伊朗官員，皆無功而返。1984 年起伊拉克積極以外交手段尋求支持，同年 4 月海珊提議與何梅尼會談，遭德黑蘭拒絕。1982 至 1987 年間聯合國發布許多停火決議，伊拉克、伊朗都視而不見。1988 年 2 月到 4 月間，雙方使用飛彈展開襲城戰術，伊拉克占上風，收復被伊朗占領的法烏港。1988 年 7 月伊朗終於接受〈聯合國 598 號決議案〉，1988 年 8 月 20 日伊朗、伊拉克同意停火，達成停火協議，戰俘至

2003 年才告交換完成。

4. 兩伊戰爭的影響

這場戰爭是第二次世界大戰之後規模較大，也持續較久的戰爭。由於美、蘇曾一度在此戰爭中角力，形成緊張的國際局勢。戰爭中伊拉克對外關係有所斬獲，一方面，伊拉克與蘇聯關係持平，1984 年 4 月，蘇聯與伊拉克簽訂《石油與能源合作協定》，同年 5 月蘇聯在維持四年的中立立場後，宣布支持伊拉克。然而 1989 年戈巴契夫撤出對東歐社會主義國家的支援，蘇聯並在兩年後解體，戈巴契夫為追求與美國持久的關係，漸漸中斷對開發中國家盟國的援助。因此兩伊戰爭之後，美國成為最大的贏家，為美國在 1991 年攻打伊拉克敞開了門戶。

1984 年 11 月伊拉克在巴格達東方一百二十公里處的賽弗·薩厄德 (Sayf Sa‘d) 進行 1958 年成立共和國後的第二次大選，選出二百席位的議會。然而伊拉克和庫德族進行十個月的談判卻宣告破裂，庫德族要求擴大自治範圍，無法與伊拉克政府達成協議。兩伊戰爭期間庫德人重新武裝，反抗巴格達政府。復興黨政權經常以放逐、屠殺及其他殘酷的手段攻擊庫德族，1988 年 3 月甚至以毒氣瓦斯攻擊伊拉克東北部靠近伊朗邊境的庫德村落哈拉卜加，四、五千人當場死亡，中毒導致後來死亡或殘缺者無數，喚醒了庫德人繼續追求獨立的政治意識。當時美、英兩國並未加以阻止，反之為了藉伊拉克牽制伊朗，而繼續為伊拉克供應財務的援助。

兩伊戰爭雙方損失慘重，估計自戰爭爆發至 1986 年底，死亡人數超過百萬人，財物損失約二千億美元。兩國的邊境問題卻持續到 1991 年 12 月 9 日伊拉克才承認維持《阿爾及爾條約》的規定，以阿拉伯河中線為邊界線。由於戰爭中伊拉克大量徵兵，許多年輕人死在戰場上，造成戰後生產線上必須違反傳統徵用女性勞力，使得伊拉克社會型態有顯著的改變。更由於軍費高昂，石油收入銳減，迫使伊拉克向阿拉伯海灣國家及其他國家舉債，對伊拉克經濟影響甚鉅，1970 年代伊拉克所累積的資源與實力消耗殆盡。戰爭發生後前兩年伊拉克經濟尚稱富足，1983 年之後許多發展計畫緩慢下來或甚至於停擺，物價指數急遽上揚，迪納爾 (Dīnār) 貨幣大貶，百姓須捐獻錢財或黃金、珠寶，以協助紓緩國家財政困境。1983 年 8 月伊拉克的外匯存底由原來 1980 年的三百億美元降至三十億美元，整個國家財源幾乎完全依賴沙烏地阿拉伯和其他阿拉伯海灣國家的支助。無論如何，海珊對於戰爭英雄給予很優渥的報酬，其雙親可領足夠購買一輛車、一塊地、一棟新房屋的酬金。為國捐軀者的兄弟每月可領五百迪納爾，其姊妹可領二百五十迪納爾的撫卹金。寡婦及其子女也可領撫卹金及大學免費教育的保證。

兩伊戰爭之後伊拉克開始花費鉅資引進高科技設備，積極發展軍火工業，為第二次的海灣戰爭伏下危機。二十世紀末葉，伊拉克在農、工、商業及科技上有顯著的進步，尤其著重發展軍事科技工業，終於成為軍事強國，但在 1990 年侵占科威特遭到聯軍的攻擊與聯合國的制裁之後，再度失去過去所有的努力。許多歷史學者認為海珊任內的獨裁與謀略是導致伊拉克長期不安的主因，海珊因為個人的野心導致錯誤的評估，而其心態有美索不達米亞歷史脈絡可循，自古該地區的統治者不斷與居住在高地的諸民族發生戰爭，始終懼怕內鬥及外來的征服，其結果自然是政權的殞落。

二、1991 年第二次海灣戰爭

十八世紀鄂圖曼土耳其帝國時期科威特是巴舍剌省的領地，因此伊拉克始終認為科威特是伊拉克的領土，也曾不只一次的如此向外宣稱。二十世紀初鄂圖曼土耳其結束對伊拉克的統治之後，伊拉克與科威特都成為英國的託管區，科威特便不再屬於巴舍剌省。然而，兩國邊境之爭卻始終存在。科威特海岸線長，在阿拉伯灣有優良的港口，對伊拉克而言是軍略要地。因此，1961 年科威特獨立後，伊拉克動作頻繁，遲至 1963 年才承認科威特獨立。兩伊戰爭之後伊拉克更急於控制到波斯灣的水道，凡烏姆．格舍爾港、艾卜杜拉灣 (Khawr ‘Abdullah) 附近領土和島嶼都是其設定的領土目標，科威特卻無意放棄這些領土。1989 年伊拉克不只三次正式提出重新劃分邊界的要求，但當伊拉克發現科威特無動於衷，便傾向於訴諸武力。

兩伊戰爭使伊拉克耗盡元氣，經濟萎縮，對外債臺高築，國內失業率增加，連一向支持政府的中產階級都怨聲載道。伊拉克一方面期待石油收入增加，以應付日益困難的經濟狀況；一方面呼籲阿拉伯國家伸出援手，振興伊拉克經濟，並免除它虧欠科威特的一百五十億美元及其他阿拉伯國家的債務，但科威特政府並無善意的回應。此外石油輸出國家組織原本每天生產二千二百萬桶原油，1990 年開始每天生產二千四百萬桶，超額部分的 75% 由阿拉伯聯合大公國及科威特負責。1990 年 1 月伊拉克石油價格每桶可賣二十一美元，3 月降到十八美元，同年夏天降到十一美元，伊拉克石油收入銳減，經濟入不敷出，瀕臨破產。伊拉克領導當局乃控訴科威特長期違反石油輸出國家組織的規定，過量開採石油導致石油價格低落，並且控訴科威特以斜鑿方式開採伊、科邊境的伊拉克魯麥拉油田，要求科威特賠償損失，使伊、科政府之間的嫌隙更深。伊拉克經過漫長的兩伊戰爭，深知自己的兵力雄厚，倘若能占領科威特的石油及財富，自然會增加它在石油輸出國家組織中的勢力，也能免除它的外債。基於上述伊、科兩國領土認定的糾紛、石油政策及債務問題等，都導致伊拉克貿然出兵攻打科威特，並以泛阿拉伯民族主義號召人心，尋求建立統一的阿拉伯國家。當時冷戰已經結束，國際情勢瞬間改變，美國勢力伸張、如日中天。1990 年 4 月 2 日海珊在國內對軍官演說時表示：伊拉克擁有化學武器，可用來燒掉半個以色列，對以色列傳達威嚇之意，儼然成為阿拉伯國家的英雄領袖。1990 年 7 月 25 日海珊接見美國駐伊大使愛波．葛萊斯皮 (April Glaspie)。這次的會面具有很大的爭議性，依據阿拉伯國家的說法，海珊藉此次見面旁敲側擊試探美國對於伊拉克攻打科威特之舉的立場。愛波．葛萊斯皮對伊、科邊境糾紛不加以評論，美國國務卿也曾對伊拉克表示美國與科威特之間並無特別的防禦或安全承諾，伊拉克因而誤判西方國家的立場。但也有其他的說法，譬如認為海珊

圖 21：伊拉克地圖

藉這次會談警告美國不要干涉這次的紛爭等。無論如何，對於西方國家而言，科威特是一個傾西方的國家，且伊拉克在 1980 年至 1990 年間積極發展核武與先進武器，美國國會與媒體都曾對海珊政權有許多嚴厲的批評。伊拉克此舉不但侵犯到科威特主權與生存，侵犯《聯合國憲章》與國際法，也使得西方國家石油的供應出現危機，軍事介入刻不容緩，聯軍攻打伊拉克的正當性也自然得到許多國家的響應。

1990 年 7 月，在伊拉克占領科威特之前，伊拉克權力核心曾策劃不同進攻科威特的計畫，並做好部隊分配調度的布署。美國警告伊拉克要澄清其部隊調動的威脅性，阿拉伯國家諸如約旦胡賽因國王、巴勒斯坦阿拉法特等都嘗試著調解伊、科的紛爭。1990 年 7 月 24 日埃及總統穆巴拉克突然造訪巴格達，隨即又訪問科威特，其會談內容各說不一，但穆巴拉克回埃及時顯然認為危機已經暫時解決。7 月 31 日伊、科雙方在沙烏地阿拉伯吉達會談，科威特方面視此次會談為初步的協調，並未在眾多議題上做讓步，伊拉克則視它為最後的協議。

1990 年 8 月 2 日星期四凌晨 2 時，伊拉克出動十萬大軍，數百輛裝甲車、坦克車越過科威特邊境，前後不過二十四小時，科威特全境淪陷，王室家族及時逃往沙烏地阿拉伯，尋求國際支援。很快的數千名伊拉克士兵散布在沙烏地阿拉伯邊境，對沙烏地阿拉伯而言，伊拉克占領科威特，無異是覬覦科威特巨大的財富，威脅到沙烏地阿拉伯在阿拉伯海灣理事國龍頭的寶座，甚至於可能危及沙烏地阿拉伯的主權及安全。8 月 4 日伊拉克情報與安全人員便已經在科威特建立了安全系統，掌控科威特全境，然而科威特民間卻出現頑強的抵抗。在此之前美國衛星曾經偵測到伊拉克軍隊集結在科威特邊境，誤以為伊拉克正在脅迫科威特對邊境、石油問題屈服，故並不以為意。待伊拉克占領科威特後，世界各國才知茲事體大，因為伊拉克、科威特、沙烏地阿拉伯三國的石油蘊藏量約占全球的 45%。聯合國安理會在科威特淪陷當天便召開緊急會議，通過〈660 號決議案〉，要求伊拉克無條件撤軍。1990 年 8 月 6 日聯合國安理會達成懲處伊拉克的〈661 號決議案〉，決定杜絕伊拉克與外界的往來，只在醫療、食品、民生必需品才得與之交易。同日，沙烏地阿拉伯與美國高層代表團在利雅德開會，決定讓美軍保衛沙烏地阿拉伯，埃及和摩洛哥也同意加入。1990 年 8 月 8 日伊拉克對外宣布科威特是它的第十九省。8 月 10 日在開羅召開阿拉伯國家聯盟高峰會議，因立場不同再度造成阿拉伯國家的分裂，埃及、摩洛哥、沙烏地阿拉伯及其他阿拉伯海灣國家支持西方立場；約旦、巴勒斯坦、蘇丹、葉門、阿爾及利亞反對外國軍隊介入，投票結果二十票中有十二票贊成伊拉克要撤出科威特，歸還科威特政權，並派遣部隊到沙烏地阿拉伯護衛沙國安全。海珊抗辯的理由認為要解決科威特問題必須同時讓以色列從巴勒斯坦、黎巴嫩、敘利亞撤退，敘利亞從黎巴嫩撤退，兩伊雙方彼此都撤退等，海珊的理由終究無法被接受。同月，聯合國宣布派遣部隊到海灣地區。伊拉克對聯軍集結在伊、科邊境的反應竟是扣押在伊拉克及科威特的外國人，將他們送往兵工廠或工業區，以便在聯軍攻擊時作為人質。1990 年 12 月中旬，伊拉克在國際，尤其是阿拉伯國家強力的壓力下釋放人質。

由於伊拉克在沙烏地阿拉伯王國邊境集結軍隊，並跨越沙烏地阿拉伯北邊領土，嚴重威脅到沙烏地阿拉伯及其他海灣國家。參戰國根據 1990 年 11 月 29 日聯合國安理會的決議，要求伊拉克在 1991 年 1 月 15 日以前無條件撤出科威特，否則得運用任何必要的方式使伊拉克撤出科威特。然而伊拉克並未撤軍，使得一場戰爭無法避免。1991 年伊拉克時間的 1 月 17 日，以美國為首的三十餘國聯合對伊拉克出兵，聯軍包含埃及、敘利亞及「阿拉伯海灣合作委員會」(Gulf Cooperation Council, GCC) 成員國等阿拉伯國家，和來自亞、非、歐、美洲的非阿拉伯國家軍隊，展開「沙漠風暴」(Desert Storm) 行動，第二次海灣戰爭終於爆發。

1991 年 1 月中旬，聯軍集結在波斯灣，戰備包含裝甲、坦克車、戰鬥機、航空母艦、戰艦等。另有英、法等國及一些阿拉伯國家派遣部隊支援，未派遣部隊的國家提供武器裝備及財物的支援。伊拉克則在南部及科威特境內集結約五十萬武裝士兵、裝甲坦克車、戰鬥機及海軍等。1991 年 1 月 17 日清晨，聯軍首先對伊拉克政治、軍事、情報指揮系統，包含海珊官邸、復興黨總部等進行空襲，癱瘓伊拉克的雷達系統，壟斷資訊來源，搗毀伊拉克核子、生化武器兵工廠、空軍基地、港口、軍事、工業、民生設施與工廠，瓦解伊拉克的地面作戰能力，緊接著對科威特空襲，迅速贏得空戰勝利。1 月 18 日伊拉克開始對準以色列和沙烏地阿拉伯發射飛彈，攻擊以色列顯然帶有政治目的，期待藉由對以色列的攻擊，迫使以色列與聯軍更緊密結合，使得阿拉伯國家對聯軍的支持減弱，另一方面尚可做精神宣傳，讓以色列成為難得被攻擊的一方，鼓舞一向受以色列侵略無以洩恨的阿拉伯人心。當時情勢非常詭異，美國不斷安撫以色列，以免以色列按捺不住，使得局勢轉變，造成一發不可收拾的局面。國際更擔心的是伊拉克可能會使用化學武器，故聯軍始終盡力做防毒的準備。2 月 12 日蘇聯從中斡旋，海珊首度透露撤軍的可能性，但要求取消制裁。

21 日撤軍計畫被公開，美國拒絕取消制裁提議，並限制伊拉克在一星期後撤軍。2 月 22 日科威特油田被縱火，約八百個油井、儲油槽、煉油廠等設施被炸毀。經過五個星期的空襲，2 月 24 日聯軍開始展開陸地戰，衝破防線，越過沙漠，直搗幼發拉底河，伊拉克戰鬥力顯得很脆弱，只維持一百個小時便投降，退出科威特。1991 年 2 月 28 日聯軍宣布停止所有對伊拉克的攻擊行動。1991 年 4 月 11 日聯合國安理會正式宣布戰爭結束。

三、第二次海灣戰爭影響與戰後狀況

綜觀此次戰爭結果伊拉克損失慘重，其軍備（尤其是空軍軍備）損失嚴重，大砲僅存戰前的十分之一，正規軍潰散，士兵死亡人數約一萬至三萬人，戰俘約九萬人。聯軍死亡人數則各說不一，但顯然與伊拉克的傷亡不成比例。較令人遺憾的是聯軍曾經誤傷百姓。最嚴重的一次是將巴格達的艾米里亞 (‘Āmirīyah) 避難所誤判為通訊中心，傷及三百多位無辜百姓，其中有一半以上是婦孺。根據伊拉克的統計共有二千二百八十名百姓死亡，六千名受傷。伊拉克人民在戰爭之中飽嘗斷水斷電、交通中斷、疾病盛行之痛。戰爭共花費約六百一十億美元，美國僅花七十四億，占總費用之 12%，多數花費由沙烏地阿拉伯、科威特、日本、德國及阿拉伯聯合大公國負擔。美國在此次戰爭中展現它高科技武裝實力，奠定了國際上超強國力的地位，再一次成為戰爭受益者。

1991 年 3 月 2 日聯合國安理會通過〈686 號決議案〉，規定伊拉克在停火協議公布之前必須完全接受先前通過有關科威特問題的所有決議案，包含制裁、戰爭賠償、撤銷所有有關併吞科威特國土的法令、釋放戰俘、歸還從科威特掠奪的財物等。3 月 2 日伊拉克接受聯合國的所有決議，3 月 5 日正式撤銷併吞科威特國土的法令，並答應賠償及歸還科威特財產。1991 年 4 月 3 日聯合國安理會通過有史以來最長的〈687 號決議案〉，規定伊拉克須接受由國際會議訂定的伊科邊界，聯合國的軍隊得駐防伊拉克邊境。伊拉克須向安理會繳交所有的核子、生化、射程在一百五十公里以上的飛彈及其生產資料，銷毀毀滅性武器及長程飛彈，且不得再生產等，禁運繼續施行，每六十天審查一次，並禁止伊拉克石油買賣。為此，安理會成立「特別委員會」（United Nations Special Commission，縮寫 UNSCOM），監督伊拉克實際銷毀行動。伊拉克接受所有條件之後，於 5 月 9 日聯軍才撤走最後一批軍隊。1993 年 5 月中旬，安全理事會頒布決議，劃定伊拉克、科威特邊境線，伊拉克歸還科威特十一口油井。1994 年 11 月伊拉克承認科威特政府主權。

戰爭結果使伊拉克舊傷未平，新創再起，聯軍的砲彈摧毀了伊拉克的重要軍事、工業設施，讓本來就岌岌可危的經濟更形蕭條。更由於戰後聯合國實施對伊拉克的全面經濟制裁，停止石油生產與輸出，造成伊拉克持續性的通貨膨脹，物資供應短缺，農工業計畫、建設皆因此停頓，幾乎陷入癱瘓的狀態。更重要的是食品、醫藥等供應不足，人民基本生活條件非常惡劣。伊拉克幣值從戰前一迪納爾相當於三．二美元，持續貶值到 1996 年一美元可兌換三千迪納爾。平均國民所得在戰前 1989 年為二千美元，到

1992 年為六百〇九美元。1995 年 4 月聯合國安理會通過〈986 號決議案〉的「石油換食品」(Oil-for-Food) 計畫案，經過漫長的協商，1996 年底伊拉克才恢復石油生產，得以每年出口石油以購買食品與藥品。1997 年 3 月第一艘食品貨船抵達伊拉克。1998 年安理會通過提高伊拉克石油出口額度，1999 年通過取消石油及石油產品的出口上限，伊拉克經濟狀況因此稍微改善，2000 年伊拉克國民所得提升到一千美元。2001 年每天生產二百四十萬桶石油，但因為長期管理不善，包含油管、抽油站等設施狀況極差。

1.南北傳統問題的惡化

伊拉克邊境的少數民族問題在戰後更趨嚴重，尤其是北邊的庫德、南邊的什葉派問題。1991 年 3 月 5 日庫德人藉機再展開大規模的反政府武裝行動，數日內迅速控制北部部分的城鎮，3 月 13 日宣布成立自治政府行政立法會議。參與庫德人此次暴動的除了一般百姓之外，尚有庫德各政黨，他們以較有組織計畫的行動試圖建立庫德政府。伊拉克政府出動軍隊於 4 月初剿平。庫德人挫敗後由於對伊拉克政府的恐懼，約有一百多萬人逃往伊拉克北部山區、伊朗、土耳其等地，大多數逃往伊朗，造成國際難民問題。他們飽受空襲，在山上惡劣嚴寒的天候及缺乏食物的環境之下，數千人因飢餓、疾病、戰爭而死，引發國際的關注，許多第二次海灣戰爭時與伊拉克敵對的國家紛紛提供人道救援。1991 年 4 月聯合國決定在伊拉克北部建築「安全難民營」(safe haven) 收容庫德人，使其免於被攻擊。4 月 18 日聯合國和伊拉克協調在伊北成立人道救援中心，規劃在庫德人返回後設置聯合國警力代替

圖 22：庫德難民離開家園到土耳其、伊朗及伊拉克山區避難

聯軍。美、英、法三國並在伊拉克境內劃定北緯三十六度線以北的庫德人「安全區」(security zone)。同年 5 月 3 日「安全區」正式移交給聯合國，多國部隊撤至土耳其南部繼續保護庫德族。庫德人在 1991 年 4 月至 8 月之間與伊拉克政府進行談判 ， 雙方在立場上一直無法達成共識。1991 年 7 月庫德人和伊拉克軍隊發生許多小規模的戰鬥，主要戰場在蘇萊曼尼亞。1991 年 9 月大多數的庫德難民在聯合國的保護下返回家園 。1991 年 10 月伊拉克政府決定從蘇萊曼尼亞等北部城市撤軍，只保留基爾庫克，並釋出善意放鬆對庫德人的控制，與庫德領袖們簽訂協定。1992 年終於成立庫德自治區，並舉行大選。庫德自治政府由兩個敵對的政黨把持庫德政權 ： 勢力範圍集中在庫德區北部的 「庫德民主黨」

（Kurdish Democratic Party，縮寫 KDP），以及勢力範圍集中在庫德區南部的「庫爾迪斯坦愛國聯盟」，1999 年兩黨才同意消除彼此的對立。

1990 年底什葉派組織開始和其他伊拉克反對組織聯合，並組織聯合行動委員會，1991 年 3 月在貝魯特召開第一屆反對派國民大會。1991 年 3 月至 4 月之間伊拉克南部什葉派在巴舍剌起義，迅速蔓延到納加弗、庫法、克爾巴拉俄等地，控制巴格達以南大多數的城鎮 。 1991 年 3 月 5 日什葉派領袖阿布．格西姆．乎伊 (Abū al-Qāsim al-Khū'ī) 呼籲保衛伊斯蘭國土，維護伊斯蘭聖地，推行伊斯蘭價值等，3 月 20 日隨即被逮捕軟禁。由於起義缺乏有組織的計畫，彈藥耗盡而告失敗，伊拉克政府軍隊則使用飛彈及戰鬥機轟炸南部各城鎮，為期三個星期的鎮壓，三十萬人被殺，近十萬什葉派居民逃往沙烏地阿拉伯、伊朗、敘利亞、巴林及西方國家。

1992 年 8 月美、英、法三國在北緯三十二度線以南建立「禁飛區」(no-fly zone)，禁止任何伊拉克的軍機或民用飛機飛入，以保護南部什葉派免於伊拉克空軍的攻擊。「禁飛區」範圍約占伊拉克總面積的三分之一，區內包含伊拉克重要空軍基地及大油田。1996 年 9 月美國將禁飛區擴大到北緯三十三度以南的區域，非常接近巴格達，包含了伊拉克兩個空軍基地。換言之，無論是「安全區」或「禁飛區」都禁止伊拉克飛機的飛行，總範圍占伊拉克領空的三分之二。此舉遭到國際社會的反對，法國因此在 1996 年退出。自「禁飛區」建立至 2003 年美伊戰爭，可說是美、英對伊拉克的「禁飛區」之戰，因為美、英戰機經常在空中巡邏，監視伊拉克的軍事行動，伊拉克視此禁飛區之設立為違背《聯合國憲章》之舉，防空部隊經常向美英兩國軍機開火，雙方軍事衝突頻繁，伊拉克許多軍事設施被摧毀，也波及許多無辜的伊拉克百姓。

2.內　政

伊拉克由十八個省組成，各省省長由總統任命，各市市長也由總統任命，總統同時是三軍統帥，也是革命指揮委員會主席。革命指揮委員會由復興黨大老十三人組成，規劃國家政策。伊拉克國會成員任期四年，十八歲以上的國民有選舉議員的權利，理論上國會議員有權利接受或反對政府所提出的計畫或建議案。然而因為政府有權提名國會議員候選人，實際上便是復興黨控制著選舉。伊拉克北部政權則操控在庫德團體手中，該庫德團體由庫德民主黨、庫爾迪斯坦愛國聯盟及其他政黨組成。1991 年 5 月第二次海灣戰爭後庫德人在美國軍事保護下，組織一百零五席位的庫德國家協會，由兩黨劃分席位。

第二次海灣戰爭狼狽的挫敗讓海珊了解對他最忠誠的省分是安巴爾、沙拉賀丁 (Ṣalāḥ ad-Dīn)、尼尼微、迪亞拉 (Diyālā)，而什葉派占大多數人口的巴格達並非忠心的城市。他為了恢復國家秩序必須安撫民心，故選擇寬恕參與暴動的人民、允許百姓出國旅遊、解散國民軍，並於 1991 年 3 月 23 日敦請一位資深復興黨什葉派知識分子薩厄敦．哈馬迪 (Sa'dūn Ḥammādī) 組織「改革內閣」，7 月國會通過反對黨的合法性，8 月復興黨舉行各層級的選舉。哈馬迪欲實施伊拉克民主化的理想性政治理念並未能符合海珊的真正意圖，為期六個月的任期便被解職。革命指揮委員會仍主導立法、行政、司法權，其成員仍然是出自復興黨中堅分子或海珊家族成員。對於戰爭中曾經支持政府或保持中立的部落在戰後也給予回饋，譬如重新分配沒收的土地、賜予酬金等。部落主義再度復活，許多部落法也再度啟用，1995 年國會代表竟然有 60% 左右是部落首領或其代表。政府最重要的職務則是任用家族成員或對領導忠誠的部落，譬如任用海珊的親戚馬基德 (Majīd) 家族中的阿里·哈珊·馬基德 (‘Alī Ḥasan al-Majīd) 為內政部長、胡賽因·克米勒·馬基德 (Ḥusayn Kāmil al-Majīd) 為工業暨軍事工業部長。海珊家族占據所有安全及軍事重要職位，黨政高層多數是遜尼派阿拉伯人，其中多數來自巴格達西北部，尤其是提科里特。換言之，地緣、教派等因素操縱黨政用人，以至於到 2003 年時，鄉村的復興黨人數減少約 70%。復興黨區域指揮部顯然也有黨員年齡老化的現象，無法吸引年輕人的支持。第二次海灣戰爭後由於聯合國禁運令使得軍隊無法現代化，軍隊主幹也由正規軍轉向共和衛隊。大體上，伊拉克武裝部隊分龐大的陸軍、較小的空軍與海軍。伊拉克國民年滿十八歲，須服兵役二十一到二十四個月。在第二次海灣戰爭之前，伊拉克擁有世界第四強的軍隊，軍人總數達九十五萬五千人，1996 年總數變成三十八萬二千五百人。除了武裝部隊之外，尚有共和衛隊、邊境衛隊、國內安全衛隊等。

3.外　交

戰後伊、科邊界問題再度浮上檯面，1991 年 5 月聯合國派遣一個非武裝觀察部隊「聯合國伊科觀察團」（United Nations Iraq-Kuwait Observation Mission，縮寫 UNIKOM）抵達，以監測伊、科邊界狀況，防止發生任何侵犯事件。1992 年 4 月聯合國邊界委員會建議恢復 1963 年伊、科邊界協議，遭到伊拉克國會極力反對，但「聯合國伊科觀察團」依據安理會的決議握有實權，伊拉克無力拒絕。1993 年 5 月科威特開始在邊界處挖掘寬五公尺、深三公尺、長二百公里的溝渠。邊界委員會緊接著將未訂的海岸邊界劃定在艾卜杜拉灣運河中線，伊拉克對此極力反對，因為這種決定無疑是讓伊拉克變成一個內陸國。

根據 1991 年聯合國〈687 號決議案〉成立的「特別委員會」負責監督伊拉克所有生化與核子武器的銷毀，同年 5 月聯合國武器查核人員開始在伊拉克境內進行查核工作。伊拉克曾一度配合武檢人員，開放總統府、總統官邸及政府機構等處接受調查。伊拉克官方並報導自 1991 至 1998 年間武檢人員共檢查四百餘次，範圍包含二千五百多處。西方的報導卻顯示伊拉克自始採取不合作的態度，直到 1994 年國際原子能機構 (International Atomic Energy Agency, IAEA) 才宣布伊拉克核子計畫真正結束。聯合國特別委員會曾執行摧毀伊拉克境內十餘萬噸的化學毒劑，伊拉克也主動摧毀許多生物毒劑，但委員會認為伊拉克仍然擁有 VX 神經毒劑，卻無法檢查出來。雙方在彼此無法互信之下，伊拉克最重視的物資禁運解除問題自然是遙遙無期。1998 年由於伊拉克、查核小組及美國之間在查核上有許多意見相左，多次發生摩擦，伊拉克開始拒絕配合，並指稱聯合國武檢人員替美國和以色列從事間諜工作。1998 年 11 月美國總統柯林頓警告伊拉克，若妨礙聯合國特別委員會的調查將不排除對之動武。1998 年 12 月聯合國武器查核小組撤離伊拉克，查核工作就此中斷。1998 年 12 月 19 日美、英未經聯合國的批准，發射巡弋飛彈攻擊伊拉克軍事、安全設施、電訊設備及油田等，以懲罰伊拉克不配合聯合國的武器查核。此次軍事行動代號為「沙漠之狐」(Desert Fox)，為期僅三、四天，快速的動用大規模的空軍武力，發射五百枚巡弋飛彈，超過 1991 年的第二次海灣戰爭。由於西方國家懷疑伊拉克武器可能藏在隱蔽的私人住宅或其他建築物內，攻擊目標遂集中在海珊七、八座官邸，目的在摧毀伊拉克生產、儲存及運送武器的能力，以防威脅到鄰近國家的安全，並藉以展示美、英的軍事實力。「沙漠之狐」行動造成伊拉克士兵六十餘人死亡，一百餘人受傷，也波及民宅。阿曼、科威特、巴林等國提供美英使用軍事基地，但沙烏地阿拉伯及其他阿拉伯國家、俄國、歐洲各國都持反對立場。

4.社會與經濟

十九世紀中葉起，伊拉克城市人口顯著增加，1940 年代以來由於失業人口增加，大批人口由鄉村湧進城市尋找工作，導致大城市人口激增。兩伊戰爭及第二次海灣戰爭後人口再度由伊拉克南部各城市及鄉村移居大城。1995 年的鄉村人口比例為 25.4%，城市人口占 74.6%。四分之三的伊拉克人口居住在巴格達以南的兩河流域，這區域包含伊拉克的許多大城市。城市中富人從事私人企業或政府公職，他們通常居住在郊外。中產階級則從事運輸業，或開小型公司，通常居住在城市的公寓。中、南部的鄉村住

圖 23：北伊拉克庫德地區的羊群

宅通常是用泥土建造，北部農人則用石頭蓋屋。另外有許多石油、工廠工人在城裡工作，卻住在郊外。由於城市人口激增，伊拉克政府推出一連串繁榮鄉村、改革農業計畫，企圖留住鄉村人口。2005 年鄉村與城市人口比例改變為 35.8% 及 64.2%。鄉村居民多數是農人，許多農人向政府租地耕種，耕種僅為了果腹。鄉村居民有小部分是牧人，在伊拉克西部畜養牛、羊、駱駝，有些伊拉克北部庫德人也畜養家畜。政府雖積極鼓勵農業，農人生產仍有限，1991 年至 2001 年間伊拉克發生嚴重的旱災，小麥產量減半。1996 年石油收入增加之後，伊拉克才恢復進口農產品。從 1995 到 2000 年間小麥進口量急遽增加，從四百八十噸增到二千九百噸；米的進口量則從二百二十五噸增到一千二百噸。2003 年 3 月國內生產品，如紡織品、輪胎、化學品等也逐漸增加。

1994 年資料顯示：伊拉克男性人口占 51.27%，女性占 48.73%，每一千人中有 34.1 人出生，9.8 人死亡。初生嬰兒每一千人有 91.9 人死亡。由於經濟制裁的影響，這些比率年年增高。換言之，每二十九年伊拉克人口將增加一倍，年成長率約達 3.3%。1996 年伊拉克居民共約二千一百四十二萬二千人，人口密度為每平方公里 49.2 人。1983 年的資料顯示阿拉伯人居住在伊拉克南部地區，庫德人居住在北部山區，二十世紀初雅述人原居住在庫爾迪斯坦北部山區，後來遷徙他處。東、北部丘陵區各省有土耳其人、波斯人及亞美尼亞族群。伊拉克西部有貝都因，未曾和地中海人種混血，伊拉克河岸居民則曾和地中海人種及亞美尼亞人混血。一般百姓生活品質直至 2000 年仍然非常低落，譬如 21% 的五歲以下孩童體重不足，9% 嚴重營養不良。2003 年營養、醫療狀況明顯改善。教育狀況因學校設備失修，受教育者比例從 1980 年 67% 降到 2001 年 57%。

四、美伊戰爭

1.動　機

海珊執政以來，曾經攻擊伊朗、科威特，並對以色列發射飛彈，對周邊鄰國始終是一大威脅。第二次海灣戰爭之後，國際積極對伊拉克實施禁運、禁武。1999 年 12 月聯合國通過〈1284 號決議案〉，成立「監視、查核和觀察委員會」取代先前的「特別委員會」。然而自 1998 年聯合國中斷對伊拉克的武器檢查之後，伊拉克利用安理會常任理事國之間對伊拉克問題的歧見，拒絕查核人員重返伊拉克，美國則以伊拉克反對武器檢查為由威脅對之動武。2000 年 11 月伊拉克決定將石油交易貨幣由美元轉為歐元，並將儲存在聯合國「石油換食品計畫」的一百億美元儲備金轉換成歐元，除了藉此表示對美國的不滿外，也傳遞鼓勵歐洲與美國競爭的政治訊息。對美國而言，扶植另一個伊拉克政權以確保它在石油與貨幣上的經濟利益，同時遏止其他石油輸出國組織國家相繼轉向以歐元交易石油是勢在必行之事。2001 年 9 月 11 日恐怖分子攻擊美國，造成美國全民的傷痛，也導致美國對外政策的改變。美國懷疑九一一恐怖事件的主腦奧薩瑪．賓拉登與海珊有勾結，而最重要的當然是伊拉克境內豐富的油源，因此決定採取根除伊拉克海珊政權的政策。布希政府對於伊拉克的這項指控明顯牽強，因為伊拉克所支持的軍事組織是「阿拉伯解放陣線」(Jabhah at-Taḥrīr al-‘Arabīyah)，伊拉克只供應這組織傳統武器的援助，該組織並未曾在美國或歐洲國家進行任何攻擊行為。此外並未有任何跡象顯示「基地」(al-Qā‘idah)❶恐怖組織與海珊所屬的復興黨有關係。

2002 年 1 月布希在聯合國的演說中將伊拉克列為三個「邪惡軸心國」(伊朗、伊拉克、北韓）之一，美國政府更指控伊拉克藏

---

❶ 亦即「蓋達」組織。其首領是沙烏地阿拉伯賓拉登商業集團的成員奧薩瑪．賓拉登。該組織宗旨在對異教政府發動他們認知中的「聖戰」，解放被異教徒控制的穆斯林國家。因此，他們不停地在世界各地發動恐怖行動，2001 年美國九一一事件「基地」組織被懷疑是策動者。

圖 24：基爾庫克油田煉油廠

有大量毀滅性化學武器，並供應恐怖組織化學武器。2002 年 11 月聯合國安理會通過〈1441 號決議案〉，要求伊拉克在決議通過後三十天內向武器查核人員提交「全面、精確、完整」有關伊拉克大規模殺傷性武器的報告，規定武檢人員可以在任何時候前往伊拉克境內調查，伊拉克必須完全的合作。據此，武檢人員再度返回伊拉克，雖未查出伊拉克有製造化學武器的證據，卻發現伊拉克所提供的殺傷性武器聲明中有許多不實與遺漏之處。美國認為伊拉克的報告作假，便是違反聯合國決議的證明。美國自 2002 年起便開始在伊拉克周邊部署兵力，至 2003 年 3 月 20 日為止，集結了約五萬四千名空軍，英國也配合美國在伊拉克周邊地區部署了空軍部隊。美、英空中力量分駐在十二個國家的基地上，由美國將領統一指揮美、英所有空中作戰行動。美、英未經聯合國的同意擅自出兵，其正當性在國際上備受質疑，並暴露國際安全機制出現了危機，國際反戰聲浪此起彼落，美國與歐洲強國之間嫌隙也因此而起。譬如布希政府控訴伊拉克發展生化武器一事，其實伊拉克製造化學武器的工廠在1996年前後已為美、英及聯合國所摧毀，其後並無證據顯示這些工廠再度重建，縱使在第二次海灣戰爭期間伊拉克仍有環沙林❷，然而經過長久的放置已不堪使用，而其所存留的十二至十四枚飛彈也不足以對外作戰攻擊。

綜觀美國對伊拉克開戰的動機包含：1.布希政權對海珊2000年更改石油交易貨幣政策損及美國利益極度不滿，期望扶植傾美的伊拉克政權，故以海珊執政專制跋扈，濫殺無辜，伊拉克百姓毫無人權，未能享受自由、民主為由出兵，頗能符合其政治目的。2.布希政權在阿富汗挫敗，無法摧毀「基地」組織，也未擒拿到美國所認定的九一一元兇奧薩瑪．賓拉登，促使布希急於彌補連任時政績上的缺憾。伊拉克向來同情在巴勒斯坦對抗以色列的組織，此舉對於支持以色列的絕大多數美國民眾而言，無異是支持恐怖主義行動，布希並將伊拉克與「基地」組織做一定程度的聯結，在深受九一一刺激的美國境內，布希此舉容易得到「反恐」意志堅定的美國民眾支持❸。3.布希政府在阿富汗的戰爭讓美國

---

❷ 環沙林是一種神經毒劑，被聯合國列為大規模殺傷性武器。

❸ 但是據《華盛頓郵報》2007年4月6日的報導，美國國防部解密的報告中承認海珊在美伊戰爭之前並無與「基地」組織有直接合作關係。

軍事勢力得以深入中亞地區，廣建軍事基地，建油管，控制多數油源。伊拉克的石油蘊藏量在阿拉伯地區僅次於沙烏地阿拉伯，沙烏地阿拉伯自海灣戰爭以來已在美國的掌握中，伊拉克的經濟利益自然勢在必得，以便完全控制中東石油。4.伊拉克未遵照美國的意願配合聯合國武檢機制，海珊是個危險且具侵略性人物，一旦擁有大規模殺傷性武器便會危害世界，尤其是危害美國。此點成為美國對伊拉克動武的表面直接原因，然而對於是否可以發動如此「預防性戰爭」，仍引起國際的質疑。

2.侵略戰始末

自從 2003 年 3 月 18 日布希對海珊下通牒令，給予海珊四十八小時的期限，主動交出政權並攜眷離開伊拉克後，整個世界陷入異常的緊張氣氛。布希方面早已做好作戰準備，召開軍事指揮官會議，與會者包含美國國防部長及參謀總長，布希並發表許多聲明與演說，指示民眾做好長期戰爭的心理準備，美、英聯軍將盡最大努力避免伊拉克百姓遭受傷害，為伊拉克建立一個獨立自由的新國家。聯合國安理會在 2003 年 3 月 19 日召開外長會議，美、英兩國外長缺席，會議中敘利亞外長發言，表示無論在法律上或道德上，美、英都無任何理由出兵攻打伊拉克，並指出以色列才是擁有許多核武等違禁武器者，聯合國祕書長科菲．安南 (Kofi A. Annan) 責成美、英兩國要負起保護伊拉克百姓的最大責任。伊拉克的政府官員則一致支持海珊抵禦美、英侵略的不屈服精神。軍事分析家說伊拉克武裝部隊共有三十九萬人，坦克約一千八百至二千輛可供作戰用，其中七百輛是蘇聯製造的 T72 型坦克，顯然遠不及美國的新式坦克。伊拉克空軍約二萬人，只有三百一十六架戰機，其中只有50%至60%是屬於適合作戰的米格25及米格29等，海軍擁有的都是蘇聯製造的舊型武器。第二次海灣戰爭後伊拉克依據聯合國限武調查人員的規定銷毀射程超過一百五十公里的飛彈，詭異的是根據英國2002年9月的報告，伊拉克仍然擁有二十枚自1991年第二次海灣戰爭所餘留下來射程二百五十公里的俄製飛彈，足以打到以色列、塞普勒斯、土耳其及伊朗。倫敦的國際戰略研究中心說這些飛彈共十二枚，伊拉克方面則稱它並無任何此類飛彈。

2003年3月20日上午，在布希通牒令到期一小時半後，阿拉伯人所謂的「第三次海灣戰爭」爆發，距離第二次海灣戰爭約十二年。戰爭爆發三小時之後，海珊在電視上對伊拉克人民說：「你們將戰勝敵人」，指責布希是「罪惡的小布希」。第一顆飛彈鎖定海珊本人，目標是海珊及其親信的地下建築、住宅，目的在癱瘓指揮系統以縮短戰爭。第二顆飛彈目標對準巴格達。巴格達居民紛紛逃往鄉村躲避英、美聯軍的空襲。不久地面攻擊也展開，美、英部隊向烏姆．格舍爾港口推進。3月20日展開主要陸地攻擊，飛彈攻擊底格里斯河西岸兩座海珊的官邸及伊拉克情報機關，只聽該區爆炸聲隆隆，黑煙漫布，海珊隨即出現在電視臺中，告知伊拉克民眾他安然無恙，並宣布將對美國回擊。此時伊拉克北部庫德人邊境離基爾庫克約四十公里處的油田區發生爆炸，煙霧瀰漫直升雲霄。3月20日澳洲武裝部隊宣稱有一百五十位特種部隊軍人參戰，澳洲政府也決定派遣二千名軍人及三艘軍艦前往海

圖 25：菲爾道斯廣場的海珊雕像被拆除

灣地區。據美國說法，新加坡、葡萄牙加入聯軍，緊接著願意加入的國家達三十三國，另外有十二個國家不願意公布他們的國名。3 月 22 日，聯軍為了達到速戰速決的目的，開始猛烈攻擊，在二十四小時內出動二千架次的飛機，發射五百多枚戰斧巡弋飛彈，癱瘓伊拉克的抵抗能力。4 月 8 日美軍進入巴格達，群眾將巴格達「菲爾道斯廣場」(Firdaus Square) 一尊海珊的雕像拆倒，象徵海珊政權的結束，海珊本人及其家人卻不見蹤影。許多情報指出巴格達如此迅速的淪陷，其主要原因是一些伊拉克部長和高級軍官被美國人收買，背叛海珊投降。

美英聯軍在這次戰爭中首先取得伊拉克的制空權，使得空軍與陸軍作戰順利，作戰的威力和精確度也遠超過昔日的戰爭，伊軍則始終採取避戰的策略，開戰不過二十天伊拉克軍隊就潰敗。

5 月 2 日美國總統布希在「林肯」號航空母艦上正式宣布戰爭結束，戰爭共持續四十四天之久，歷時三十五年的社會主義復興黨政權垮臺。休戰之後伊拉克殘餘部隊持續和聯軍作戰，伊拉克全國一片混亂，搶劫、擄掠幾乎不曾間斷，國家博物館珍貴的古物也被搶奪一空。伊拉克政壇充滿投機分子，有些被海珊放逐海外的反對者相繼返回尋求機會，政黨、教派競相角逐權力，伊拉克全國陷入無政府的狀態。

2003 年 7 月海珊元配生的兩個兒子被美軍打死，其他家人散居在約旦、卡達、加拿大等地。2003 年 12 月 13 日美軍在什葉派聖地納加弗地洞裡逮捕海珊。2006 年 11 月 5 日伊拉克最高法院對海珊作絞刑判決，12 月 30 日凌晨處決，葬在其故鄉提科里特。布希在海珊被處決之後，也語重心長的表示：處決海珊並不意味著伊拉克暴力衝突的結束。顯然布希在摧毀海珊政權，企圖建立親美的伊拉克政權，以方便未來的政治與經濟利益之路的同時，對於他在伊拉克所遺留下難以修補的漫長之路是心知肚明的。阿拉伯人與美國夥伴們對海珊的評價有很大的差異，但是也有以下相同的認知：1.海珊政權是獨裁政權：多數百姓眼中的海珊是一位專制獨裁的屠夫，其政治及軍事權力實際上是建立在利益的輸送與人民對他的恐懼感上。西方國家在二十一世紀的此時也將海珊塑造成為獨裁領袖的象徵，然而世人記憶猶新的是在二十年前兩伊戰爭中，海珊曾是西方國家協助的對象。2.海珊對科威特的侵略戰，使得伊拉克從文明燦爛、經濟富裕的國家瞬息間淪為貧窮混亂的國家，聯合國對它的禁運、限武雖然其中或多或少摻雜著西方部分國家的私利與野心，對伊拉克無辜的百姓而言，海珊無論如何難辭其咎。 3.難以理解的是海珊歷經兩伊戰爭和二次海灣戰爭，更成功的長期鞏固他自身的政權，一向強調民族意識，標榜建立統一的阿拉伯國家。戰爭之前一個月海珊曾經透過電視媒體聲稱:「我們將死於這個國家，將維護我們教導人們所信奉的尊嚴。」深信自己是一位領袖、鬥士、勝利英雄。在這次戰爭中他卻躲得無影無蹤，以一個不顧民族尊嚴躲在地洞裡的卑微懦夫收場，毀掉他自身的形象，對於在戰火中備受西方先進軍火蹂躪的伊拉克百姓而言更是情何以堪。兩河流域自古多少英雄或暴君的殞落都遠不及海珊的下場來得更具諷刺性。

第六章 | *Chapter 6*

美國占領與現代伊拉克 (2003～2023)

第一節　美國占領與政權運作

一、伊拉克臨時政府與新政府

海珊政權殞落之後，依據聯合國安理會決議成立「聯盟臨時管理當局」（Coalition Provisional Authority，縮寫 CPA），由小布希任命首長管理。2003 年 7 月聯盟臨時管理當局成立「伊拉克管理委員會」（Iraqi Governing Council，縮寫 IGC），該委員會擁有任命部長及聯合國代表的權力，並草擬過渡時期國家行政法。2004 年 3 月 8 日，伊拉克管理委員會在巴格達簽署臨時憲法，規定未來政府將施行中央與地方分權之聯邦制，設總統及兩名副總統，由總統任命內閣及總理；總統是國家的象徵，總理領導臨時政府，負責主導國家事務；伊斯蘭教為國教，但宗教法非唯一立法依據；北部庫德族將繼續維持自治體制，庫德語和阿拉伯語同為伊拉克官方語言。美國的立場是希望扶植一位親美的總理，伊拉克則希望由一位代表伊拉克各方利益的人士擔任，並擺脫美國附庸的形象。

2004 年 6 月 28 日美英聯軍正式將主權交還「伊拉克臨時政府」。臨時政府成員在巴格達宣誓就職，伊拉克管理委員會推舉來自摩蘇里遜尼派並具有沙烏地阿拉伯與美國學術背景的佳奇．亞瓦爾 (Ghāzī al-Yāwar) 擔任臨時政府總統。兩位副總統分別是什葉派「伊斯蘭宣教黨」領袖亞伯拉罕．加厄法里 (Ibrāhīm al-Ja‘farī) 及庫德民主黨魯資．努里．夏維斯 (Rūz Nūrī Shāwīs)。總理職位由一位年五十九歲，曾留學英國並取得英國公民資格，長期流亡海外的什葉派人士伊亞德．艾拉維 (Iyād ‘Allāwī, 1944～) 擔任。伊亞德．艾拉維是伊拉克復興黨的成員，1991 年在英、美情報機構的支持之下，在海外與前復興黨成員及將領成立「伊拉克民族團結陣線」的反伊拉克政府組織，以發動政變、推翻海珊政權為宗旨，1996 年曾計畫政變未能成功。許多伊拉克人民因為伊亞德．艾拉維與美國情報機構的關係，而視他為美國間諜。然而在多次的公開場合中，伊亞德．艾拉維都表示他打擊恐怖主義，實踐民主、法治與人權的決心。

2004 年伊拉克管理委員會制定伊拉克新國旗草案，圖案是一個白色底的藍色新月，下方有夾著黃色帶的兩條藍色帶，採用白、藍、黃三種顏色：白色代表和平與國家新的開始，藍色新月代表伊斯蘭。兩條帶狀中藍色代表幼發拉底河和底格里斯河，也代表信奉伊斯蘭的什葉派和遜尼派的人民，黃色帶則象徵少數民族庫德人，取自庫德人旗幟中太陽的黃色，也意味著各民族和平共處。許多伊拉克人對此設計非常不滿，他們認為新國旗與以色列藍白組合色的國旗類似，捨棄阿拉伯傳統的黑、紅、綠色等是不智之舉，反對聲浪此起彼落。2004 年美英將政權交給「伊拉克臨時政府」之後恢復採用舊國旗，僅將 1991 年第二次海灣戰爭時海珊在國旗上增加的親手筆跡「阿拉是至大的」(Allāh Akbar) 字樣改成印刷字體。紅色象徵勇氣，白色表示寬大，黑色代表著伊斯蘭的勝利，三顆綠星表示阿拉伯民族的團結。

自臨時政府組成至 2005 年 1 月 30 日舉行大選之前，伊拉克境內許多反美武裝組織發動恐怖攻擊行動，揚言要攻擊選民，並將目標對準伊亞德．艾拉維政府，許多政府高官如外交部副部長、摩蘇里省省長、財政部審計局局長、工業暨礦業部審計局局長、巴舍剌代理省長、巴格達省長等相繼被暗殺。原籍約旦的「基地」組織第三號人物阿布．穆舍艾卜．札爾格維 (Abū Muṣ‘ab az-Zarqāwī, 1966～2006) 活動據點遍及伊拉克各地，並公然挑釁臨時政府，聲稱要拿取高官的首級。伊拉克人民在恐怖分子威脅之下仍然如期舉行民主選舉，選出過渡時期國會成員二百七十五人，踏出民主重要的一步。2005 年 4 月 6 日過渡政府國會選出「庫爾迪斯坦愛國聯盟」祕書長加拉勒．拓拉巴尼為過渡時期總統。加拉勒．拓拉巴尼就職宣誓後立即提名什葉派「宣教黨」領袖亞伯拉罕．加厄法里為總理代替艾拉維位置，兩位副總統分別是什葉派的艾迪勒．艾卜杜．馬合迪 (‘Ādil ‘Abd al-Mahdī, 1942～) 及遜尼派的佳奇．亞瓦爾。亞伯拉罕．加厄法里內閣成員三十六人，其中有六名女性，閣員背景採比例代表制，分別代表什葉、庫德、遜尼、基督教徒及土庫曼人等。這種組合顯然打破伊拉克遜尼派主政的傳統，加拉勒．拓拉巴尼強調伊拉克政權將不分教派和種族，共同建立民主和諧的國家。儘管新政府成立，但美國仍是最後行政決策者。

2005 年「伊拉克過渡期政府」著手於《伊拉克憲法》的起草工作，10 月 15 日首部《憲法》付諸公民投票，以 78% 的支持率通過。「憲法」開宗明義闡明伊拉克是一個主權獨立的聯邦民主共和國；伊斯蘭是國教，也是法律的根基，但必須維護宗教自由；阿拉伯語和庫德語是官方語言，土庫曼語和雅述語在其居住區域是官方語；禁止恐怖主義、種族淨化、排斥異教等行為。2005 年 12 月 15 日伊拉克舉行國會大選，投票率高達 70%，選舉期間並未發生大規模的暴力衝突。什葉派阿拉伯人奉行原教旨主義的「伊拉克團結聯盟」（United Iraqi Alliance，縮寫 UIA）贏得了一百二十八席，因未取得過半數的席位，必須與其他政黨聯合組閣。「伊拉克團結聯盟」由伊拉克十六個政黨組成，其原則在維護統一的國土與人民，維護正義與公平，促使多國部隊撤離伊拉克，伊斯蘭為伊拉克的國教，不分宗教、種族、黨派尊重人權，保護弱小族群的利益，任何團體不得享有特權，司法必須獨立。然而，遜尼派聲稱選舉有嚴重的舞弊行為。2006 年 1 月 16 日獨立選舉委員會針對此點，公布選票中超過 99% 的選票是有效票，並宣布選舉有效，新國會將組成任期四年的伊拉克正式新政府。什葉派聯盟最先推舉加厄法里為總理，遭到遜尼派和庫德人強烈的反對。

最後推舉什葉派「宣教黨」努里．馬立基（Nūrī al-Mālikī，任期 2006～2014）為總理，獲得國內各派系和外國的認可。努里．馬立基在復興黨執政時期曾參與反政府行動，潛逃到敘利亞。2003 年復興黨倒臺之後與什葉派領導人一起浮現在伊拉克政治舞臺，曾任 2005 年過渡政府總理加厄法里的首席顧問，並參與起草《伊拉克憲法》。

無論如何，伊拉克在新政府成立之前的政治都由美國主導。伊拉克新政府部會包含國防部、高教暨學術研究部、教育部、農業部、水資源部、商業部、工業暨礦業部、移民部、市政暨公共事務部、合作發展暨計畫部、青年暨體育部、外交部、石油部、電信部、通訊部、內政部、財政部、衛生部及文化部等。巴格達仍然是第一大城，其次是摩蘇里、巴舍剌。

二、對外關係

2004 年 6 月 28 日伊拉克臨時政府成立當日，美國與伊拉克正式恢復外交關係，並持續它在伊拉克的主導權，譬如在伊拉克北部和中部的多國部隊由美國指揮，雖然南部由英國指揮，中南部由波蘭指揮，全部軍隊的部署則由美國最高指揮統籌，伊拉克軍隊也在美國指揮之下才逐漸移交給伊拉克政府。聯合國在伊拉克協助各層面的運作與協調，包含國會選舉、財政援助等，扮演重要角色。2003 年 8 月巴格達的聯合國大樓遭受攻擊，聯合國特別代表罹難，直至 2004 年 7 月安南才再指派前巴基斯坦駐華盛頓大使艾敘拉夫．迦齊 (Ashraf Qazi) 為伊拉克特別代表。歐盟在美伊戰爭之前便與伊拉克關係密切，2001 年伊拉克與歐盟的貿易占總進口額的 55%。2003 年歐盟更提供伊拉克五億歐元的人道援助與重建經費，幫助伊拉克訓練選舉觀察員，提供選舉委員會建議，協助 2005 年 1 月及 12 月的選舉進行。2004 年伊亞德．艾拉維到歐盟理事會訪問，歐盟表達對伊拉克臨時政府的支持，並協商建立雙方關係。2005 年 6 月 9 日盧森堡、英國外長、歐盟理事會對外關係委員及歐盟負責外交與安全政策高級代表首度訪問巴格達，為 2005 年 6 月 22 日在布魯塞爾召開的伊拉克國際會議作準備，使伊拉克有機會對國際社會提出它的需求。2005 年 10 月歐盟與伊拉克首度在巴格達進行政治對話。

美伊戰爭後，德國不斷的提供伊拉克各方面的援助，2004 年 8 月派遣大使到任，同年 9 月及 12 月伊拉克總統與總理分別到柏林訪問，伊、德雙方建立全面外交關係。2004 年 6 月 20 日伊拉克總理伊亞德．艾拉維寫信要求北大西洋公約組織 (NATO) 代為訓練伊拉克安全警力，6 月 28、29 日的北大西洋公約組織高峰會議中德國接下這項任務，在伊拉克境內訓練出數百位警官。此外德國並協助伊拉克重建軍隊、醫療系統、圖書館、博物館等，頒予伊拉克科學家獎助金，赴德國大學做研究。2005 年 7 月在慕尼黑舉行德伊經濟研討會，成立德伊商會，並且免除伊拉克 80% 的債務。

2009 年 2 月伊拉克正式成為國際《禁止化學武器公約》簽署國，據此伊拉克必須申報國內的化武狀況。2009 年 6 月 30 日美軍依據先前小布希與伊拉克政府簽訂的《美軍地位協定》（*Status of Forces Agreement*，縮寫 *SOFA*），撤離巴格達及其他城市街道。伊拉克民眾因此欣喜若狂，將此日訂為國定假日，即「國家主權日」。2010 年 3 月伊拉克舉行議會大選，前總理伊亞德．艾拉維廣納什葉派、遜尼派、庫德族各政黨所組成的「自由政治聯盟」，在此大選中奪得九十一席位，總席位共三百二十五席。2010 年 10 月伊拉克反抗勢力獲得全面勝利，但美軍仍駐紮在伊拉克，直到 2011 年 12 月 18 日才撤出，正式結束對伊拉克的占領。然而，失序的伊拉克境內仍繼續依賴著美軍與多國軍隊，伊拉克處境類似美國殖民地。

第二節　占領時期伊拉克經濟與社會

一、經濟蕭條

伊拉克的石油、天然氣資源十分豐富，石油收入曾加速伊拉克的經濟建設，使人民生活富裕，是伊拉克國民經濟的支柱。兩伊戰爭造成伊拉克的石油收入銳減，經濟建設也遭到極大的損失。儘管戰後伊拉克的石油生產和出口能力在短時間內得以迅速提升，但 1990 年 8 月伊拉克入侵科威特後，聯合國開始對伊拉克實施全面制裁，以美英為首的多國部隊對伊拉克進行了大規模轟炸，石油開採設備被摧毀，經濟基礎設施陷於癱瘓，人民陷入缺乏食物與醫藥的貧困之中。2003 年美英在海灣地區進行了十二年來規模最大的軍事集結，宣稱將以戰爭手段摧毀伊拉克大規模殺傷性武器，並推翻伊拉克海珊政府，伊拉克民不聊生的狀況更趨嚴重。為了打破禁錮，伊拉克政府力圖打破孤立的外交局面，2003 年 6 月因美伊戰爭中斷的石油出口再度恢復。2005 年 7 月美伊簽訂《貿易與投資架構性協議》（*Trade and Investment Framework Agreement*，縮寫 *TIFA*）以促進雙邊貿易，協助伊拉克拓展經濟，並提供二十億美元促進伊拉克石油工業現代化。然而，自美伊戰爭爆發以來，便時常發生破壞北部通往地中海油管的恐怖活動，影響石油生產甚鉅。

由於社會治安崩壞，通貨膨脹率上揚，至 2007 年已有超過二百萬伊拉克人移民他鄉，大部分為社會各領域的菁英，也影響伊拉克鄰國的社會與經濟型態。此外，2003 年 5 月 23 日美方解散海珊的武裝部隊，造成三十五萬軍人失業，部分軍人加入反政府的暴力活動，讓治安雪上加霜。2007 年 3 月伊拉克政府宣布為了強化軍隊、加強治安、打擊恐怖活動、繁榮經濟，召回八萬五千名海珊舊部隊重返舊職，其餘可比照現役軍人領取退職金。此項措施對於安撫失勢的遜尼派有實質的作用，也平息四年來伊拉克輿論對於美方解散舊部隊的不滿情緒。

伊拉克文化狀況亦不樂觀，依據 2005 年的統計數字，伊拉克人民有 23.4% 的文盲。此外，至 2007 年年底，伊拉克有二百萬兒童生活在疾病、營養不良、無法受教育的惡劣環境中。長期的戰亂之下，儘管伊拉克曾經出現許多傑出的文人，但他們絕大多數都移居海外，有些是因為思想犯罪請求外國庇護；有些是躲避戰亂而移民。由於政治介入文化界，鄉土詩人變成最熱門的文藝人，得志者在娛樂界討喜，或攀附權貴；不得志者抑鬱終生。但是值得慶幸的是在烽火之中，有些知識分子顯得更願意肩負起時代使命。首先文化部在巴舍剌等九個城市成立文化會館，許多文人、藝術家在會館彼此切磋，不定時舉辦文藝活動，並鼓勵年輕人參與，致力於伊拉克特有多元文化的傳承工作。儘管如此，文人深受政治、社會亂象的影響，至 2006 年夏天為止，約有三百位大學教授被暗殺，其中有一半以上是巴格達大學教授。另有約三千多位教授移民他國，學術界流行所謂「不死是最高理想」，所謂的「死」包含到處可見的暗殺、槍彈掃射、炸彈炸死等，其他領域的精英狀況亦然。

二、2004 至 2008 年境內宗派鬥爭與恐怖活動

正當伊拉克人民慶幸海珊政權垮臺時，立即面臨複雜的處境：奧薩瑪．賓拉登「基地」組織的潛入、復興黨舊勢力的滲入及境內伊拉克人民反美情緒的高漲等，都導致各方在伊拉克境內不斷製造恐怖爆炸事件，這些行動並未只針對西方人，即使是伊拉克平民也不能倖免。伊拉克的人民認為這些行為是表達全體伊拉克人民對美國占領的深惡痛絕，並對其他阿拉伯國家在此時選擇隔岸觀火表示痛心。美國的入侵最初或許得到部分伊拉克人的支持，使他們得以脫離海珊暴政。然而，戰後伊拉克社會經過漫長的混亂與失序，醞釀出極端主義分子的天地，他們潛伏在社會各角落擴充勢力，制度及秩序遲遲未能建立起來。2005 年一年中伊拉克舉行三次選舉，表面上似乎朝向民主之路邁進，人民對於漫長的

和平之路卻顯得非常悲觀，因為新政府仍然存在許多傳統的問題，尤其是遜尼派在政壇上失勢之後，宗教派別的鬥爭有越演越烈的趨勢。更甚者是社會上幫派林立，政治、宗教、種族因素夾雜在恐怖行動之中，境內不斷發生自殺攻擊行動，搶劫、擄掠比比皆是，混亂狀況幾是前所未見。伊拉克人民在長期受統治、託管等經驗後，警覺到這又是另一次的殖民。阿拉伯世界媒體將美、英兩國稱之為「侵略者」，對群眾傳達伊拉克已被美、英帝國占領的觀念。令全體阿拉伯國家同仇敵愾的是美國的合夥人中尚有以色列，他們在戰爭之前提供伊拉克的軍事情報予美國，凡此民族意識，導致美軍在戰後因恐怖行動所折損的人員數目，遠超過戰爭時的犧牲者。2005 年 5 月伊拉克境內掀起反美武裝行動，他們從敘利亞邊境獲得大批阿拉伯志願軍與武器援助，美國則趁機在巴格達西邊與西北邊的遜尼派人口稠密地區展開「鬥牛士行動」，聲稱對抗恐怖分子。原本隱藏在海珊暴政之下的什葉派與遜尼派衝突再度燃起，長久以來的種族鬥爭也趁勢而起，恐怖分子在什葉派地區的行動一發不可收拾。2005 年加厄法里總理去函聯合國安理會，要求多國部隊協助伊拉克政府維護治安，並訓練安全警力。

美軍占領伊拉克期間，伊拉克境內興起一股政教新潮流，名稱溯源於其創始者穆各塔達．沙德爾 (Muqtadā aṣ-Ṣadr, 1974～) 而稱為「沙德爾潮流派」(at-Tayyār aṣ-Ṣadrī)。沙德爾家族溯源於阿里哈里發的後裔，穆各塔達．沙德爾出生於巴格達南部納加弗，其父是著名的什葉十二伊瑪目派宗教領袖穆罕默德．穆罕默德．薩厄迪各．沙德爾 (Muḥammad Muḥammad Ṣādiq aṣ-Ṣadr, 1943～

1999)，因反對海珊政權，屢屢批評海珊惡行且支持者甚多，導致自己及兩位兒子，亦即穆各塔達．沙德爾的兩位胞兄同遭暗殺。2003 年底與海珊有殺父之仇的穆各塔達．沙德爾，為對抗美軍的占領起而組織民兵「救世軍」(Jaysh al-Mahdī)，成員是追隨其父思想的青年，這支軍隊在伊拉克中、南部形成一股強大的勢力。沙德爾潮流派為宣揚他們的理念，發行《豪撒之聲》(*Al-Ḥawzah Al-Nāṭiqah*) 週報，但因遭聯軍指控他們鼓吹民眾行使暴力，而被禁止發行。「救世軍」的行動都在對抗聯軍、受英美控制的伊拉克政府軍、與聯軍合作的溫和什葉派與遜尼派。穆各塔達．沙德爾最初組軍的目的在保護巴格達及其周遭地區，免於聯軍的摧毀與蹂躪。救世軍除了與伊拉克政府軍和聯軍戰鬥外，聯軍也指控他們執行許多爆炸、擄掠、侵犯人權、殺害基督徒及少數民族的行動。2006 到 2007 年間，「救世軍」 造成聯軍極大的威脅，譬如 2007 年曾將英軍圍困在巴舍剌市中心長達半年之久，導致英軍隨後退出巴舍剌市中心，丹麥軍隊甚至因此撤出伊拉克。然而，「救世軍」也做過許多慈善工作，包含救助窮人與維護治安。因此沙德爾潮流派在許多伊拉克人眼裡既是抵抗外族侵略的愛國者，也是體恤百姓的英雄，此後在伊拉克政壇有舉足輕重的地位，而穆各塔達．沙德爾本人則數度聲稱退出政壇，2022 年 8 月再重申退出政壇並關閉文化之外的所有企業。

2006 年 2 月 22 日伊拉克「基地」組織及伊拉克遜尼派「諮詢委員會聖戰士組織」(Jamā‘ah Mujāhidī Majlis ash-Shūrā)，在巴格達北部約九十公里處的薩馬剌炸毀什葉派艾斯克里聖寺著名的圓頂，此清真寺是什葉派第十伊瑪目阿里．赫迪 ('Alī al-Hādī, d. 868) 及其兒子第十一伊瑪目哈珊．艾斯克里 (al-Ḥasan al-'Askarī, d. 874) 的陵墓所在，每年世界各地的什葉派穆斯林都前來此地朝聖。此爆炸事件隨即引發伊拉克宗教派系的流血衝突，並迅速蔓延到全國，以致於百餘處遜尼派清真寺被襲擊，政府更因此宣布宵禁，是美伊戰爭之後伊拉克內部最大的衝突，衝突持續兩個月，死亡上千人。2006 年 6 月 7 日「基地」組織頭目之一阿布．穆舍艾卜．札爾格維在美軍發動的空襲中被炸，死於巴格達東北的迪亞拉省，西方人在伊拉克的心頭之患因此去除。然而宗派衝突日趨嚴重，遜尼派各武裝組織目標在攻擊伊拉克政府與英美軍隊；什葉派武裝部隊則與美軍合作攻擊遜尼派各組織。英國率先於 2006 年 7 月將南部穆山納 (al-Muthannā) 交還給伊拉克政府。隨後美國駐巴格達大使也宣布將視情況逐步從伊拉克各省撤出。2006 年整個夏天到秋天，伊拉克各地爆炸聲隆隆，儼然成為一個碩大的戰場。2006 年 9 月美國交出伊拉克南部第八旅司令部，其餘九旅仍在美國的指揮下，但伊拉克最大的安巴爾 (al-Anbār) 省已經落入反叛軍的手裡。此時美國把位於巴格達西邊聲名狼藉的阿布．葛雷卜監獄 (Sijn Abū Ghurayb) 也一併交還伊拉克政府；美軍占領伊拉克後曾將伊拉克俘虜關押在阿布．葛雷卜監獄，2004 年 4 月西方媒體揭露美軍在此監獄對待伊拉克俘虜的各種虐囚惡行，包含酷刑、性虐待、雞姦、謀殺等。

2006 年 7 月 9 日什葉派武裝人士夥同穿著警察突擊隊制服的武裝人員，進入巴格達一個遜尼派穆斯林住宅區大肆屠殺，婦孺亦無法倖免。當天傍晚巴格達市中心什葉派清真寺附近發生多起汽車爆炸案，巴格達連續三天陷入血腥的教派仇殺。7 月 10 日伊拉克總理努里．馬立基在庫德議會呼籲民族和解，以平息激烈的派系暴力衝突。根據此和解計畫，政府成立特別委員會，其成員包括總統、國會與內閣的代表，以及宗教、部落與中立人士的代表，共同監督二十四點全國和解計畫的施行。然而任何和平計畫似乎都阻止不了社會的暴動，根據 2008 年 1 月的報導，世界衛生組織與伊拉克政府共同進行調查，顯示 2003 年 3 月至 2006 年 6 月期間約有十五萬名伊拉克人死於暴力。2006 年 6 月 25 日《紐約時報》 報導美國駐伊拉克指揮官曾私下提出迅速撤軍計畫：9 月份撤出七千人，預計 2007 年前完成撤軍。撤軍之說言猶在耳，2007 年 1 月美國為了平息伊拉克日益嚴重的派系衝突、暴力活動等亂象，再度增派部隊，顯然對美國而言這是一場非常艱苦的戰爭， 自 2003 年至 2007 年 4 月美國在伊拉克折損的軍人超過三千。自從 2007 年開始大舉增兵後，美軍傷亡人數隨之增加，全年共有九百〇一名軍人死亡。2007 年 3 月 23 日美國眾議院通過一項一千二百四十億美元的戰爭緊急撥款法案，並要求布希政府在 2008 年 9 月之前從伊拉克撤軍，顯示美國民眾對於布希的伊拉克戰爭政策失去信任，世界各國的輿論更一再譴責布希的伊拉克政策。此次侵略事件印證了標榜捍衛國際秩序者往往是隱藏私慾的破壞者。

然而 2007 整年伊拉克境內已陷入嚴重的內部各勢力混戰，重大事件包含美軍攻擊艾比爾省的伊朗領事館、反叛軍綁架並殺害五名美國士兵、「天堂士兵組織」發動納加弗戰役、巴格達商場爆炸案、叛軍圍攻巴舍剌的英軍軍營、息拉爆炸案、巴格達爆炸案、美國聯合部隊聲稱「救世軍」在迪瓦尼亞市 (ad-Dīwānīyah) 殺害平民而舉兵討伐、反叛軍在摩蘇里屠殺少數民族亞奇德人 (al-Yazīdiyūn)、摧毀艾斯克里聖寺二個宣禮塔的爆炸案、西方軍隊執行「雷霆幽靈」行動、基爾庫克爆炸案、什葉派艾米爾立城 (‘Āmirlī) 卡車爆炸案、巴格達商場爆炸案，美軍啟動「幻影突襲行動」、8 月北部亞奇德人地區多起爆炸案。2007 年 8 月 28 日什葉派到克爾巴拉俄朝聖，紀念第十二伊瑪目的誕辰，伊拉克警方與武裝分子發生激烈衝突。

2008 年 1 月美軍啟動「鳳凰幽靈」行動，該年什葉派「艾書剌俄」日發生嚴重的教派衝突，不久巴格達也發生爆炸案，死亡近百人。2008 年 2 月土耳其軍越過邊境攻打庫爾迪斯坦勞工黨，巴舍剌城則因為牽扯到石油、港口利益、宗教理念等交錯複雜的政經、宗教與各方權力角逐問題，成為激烈的戰場。2008 年 3 月努里．馬立基下令攻擊境內民兵，同年 8 月穆各塔達．沙德爾解散「救世軍」，9 月再建立「承諾日旅」(Liwā’ al-Yawm al-Maw‘ūd) 武裝組織。此組織的宗旨仍在對抗伊拉克的美軍，但規定士兵執行軍事行動時，必須避免傷及無辜百姓，堪稱是「救世軍」的昇華版。2008 年 11 月 17 日美國與伊拉克簽署雙邊協定，內載伊拉克「要求」美軍駐留伊拉克，以維護伊拉克的安全與穩定。

綜觀伊拉克自 1980 年兩伊戰爭以來直到 2011 年美軍正式

撤出其領土，文明建設幾乎被摧毀殆盡，美國入侵時聲稱伊拉克擁有大規模致命武器，或將給予伊拉克人民一個自由、民主的社會等諾言都逃不過時間的驗證，一切無非只是謊言。根據法新社的報導：美伊戰爭後社會動盪，平均每個月有三千至四千名伊拉克平民在衝突中喪生。國際社會開始檢討當初美英聯軍拔除海珊政權的利弊，根據這期間伊拉克情勢顯示，海珊的倒臺並未改善伊拉克治安，人民持續生活在恐懼之中，教派、種族之爭有增無減。美國人民經歷戰後複雜的伊拉克情勢之後，必也逐漸認為這是一次錯誤且非正義的戰爭。

第三節　「伊斯蘭國」組織的消長 (2014～2017)

一、「什葉月彎」的恐慌

2003 年戰爭的後遺症尚包含美國扶植伊拉克的什葉派掌政，始料未及的改變了中東伊斯蘭教派的權力分布。2004 年約旦國王艾卜杜拉二世訪美時對《華盛頓郵報》提及「什葉月彎」(al-Hilāl ash-Shī‘ī) 一詞，以表憂心中東主流的遜尼派可能遭受伊朗與伊拉克政權合作的威脅。換言之，從伊拉克連結什葉派為國教的伊朗、敘利亞什葉派區，一直延伸到黎巴嫩什葉派區域所形成的地理月彎形，這月彎形地區的什葉派人口自 2011 年起迅速增加。「阿拉伯之春」革命之火蔓延全中東與接踵而至的「伊斯蘭國」組織的猖獗，都隱含這種潛在的教派權力版圖之爭的憂慮。

2011 年年底美國依據與伊拉克的協議撤出美軍後，什葉派努里．馬立基政府此時似乎沒有足夠的能力掌控國家情勢，他的政策往往企圖邊緣化遜尼派，無形中激發教派鬥爭與國家分裂。在國內經濟衰敗、民生凋蔽的環境下，極端反政府的遜尼派於 2013 年 12 月 30 日在他們的居住地——安巴爾省首府剌馬迪 (ar-Ramādī) 爆發示威抗議，伊拉克安全部隊出兵鎮壓，造成當地民兵與政府軍的武裝衝突。此後戰火延燒至安巴爾省其他城市，參與敵對政府軍的組織不斷湧進，其中包含極端派的「基地」組織、伊拉克與敘利亞「伊斯蘭國」組織等，費盧傑 (al-Fallūjah)、剌馬迪等重要城市淪為戰場。2014 年為協助伊拉克對抗「伊斯蘭國」組織，美軍再度返回伊拉克，執行多國聯合特遣部隊對抗「伊斯蘭國」組織的「堅定決心」(Operation Inherent Resolve) 行動。

二、伊拉克「伊斯蘭國」組織的發展

「伊拉克和敘利亞伊斯蘭國」(Islamic State of Iraq and Syria，縮寫 ISIS）或後來改稱為「伊斯蘭國」（The Islamic State，縮寫 IS）的建立，可歸列為 2003 年美軍入侵伊拉克的後遺症；1999 年曾赴阿富汗參與對抗前蘇聯戰爭的約旦聖戰士阿布．穆舍艾卜．札爾格維在約旦成立「認主唯一與聖戰組織」(Jamā‘ah at-Tawhīd wa al-Jihād)。美軍入侵伊拉克之後，伊拉克叛亂團體紛紛冒出，許多人加入「認主唯一與聖戰組織」以對抗聯軍。該組織執行許多敵對伊拉克什葉派 、美軍以及暗殺伊拉克政府官員的行動 。2004 年 10 月，札爾格維效忠賓拉登，並將該組織更名為「兩河國家基地組織」(al-Qā‘idah fī Bilād ar-Rāfidayn)，或稱「伊拉克基地組織」，成為「基地」組織的分支。該組織的宗旨在建立政教合一的伊斯蘭哈里發國，在伊拉克迅速吸收許多極端團體與個人，譬如由阿布．烏馬爾．巴格達迪 (Abū ‘Umar al-Baghdādī, 1959～2010) 領導的「聖戰士諮詢委員會」(Majlis Shūrā al-Mujāhidīn) 等。2006 年 10 月伊拉克武裝叛亂團體建立「伊拉克伊斯蘭國」(ad-Dawlah al-Islāmīyah fī al-‘Irāq) 組織，首都設在巴格達東北部的巴厄古巴 (Ba‘qūbah) 城，阿布．烏馬爾．巴格達迪擔任該組織的「阿米爾」。阿布．烏馬爾．巴格達迪死後由阿布．巴克爾．巴格達迪 (Abū Bakr al-Baghdādī, 1971～2019) 繼任阿米爾。2013 年 4 月「伊拉克伊斯蘭國」更名為「伊拉克和敘利亞伊斯蘭國」，曾被稱為「伊拉克和黎凡特伊斯蘭國」（Islamic State of Iraq and the Levant，縮寫 ISIL），並終止與「基地」組織的關係。2014 年年初「伊拉克和敘利亞伊斯蘭國」組織便控制伊拉克的費盧傑及敘利亞北部幼發拉底河東岸的剌格城 (ar-Raqqah)。由於該組織的行徑不被世人甚至阿拉伯人所認可，阿拉伯人取「伊拉克和黎凡特伊斯蘭國」的阿拉伯名稱 ad-Dawlah al-Islāmīyah fī al-‘Irāq wa ash-Shām 中各詞的詞首字母，縮稱它為「達邑須」(Dā‘ish)，意為「踩踏」，藉以表達對此組織的蔑視與厭惡。2014 年 6 月「伊拉克和敘利亞伊斯蘭國」在尼尼微省對伊拉克政府軍發動激烈的攻擊並奪得摩蘇里，導致政府軍棄守北部如基爾庫克油田等重要油田、煉油廠與工業重地。他們一路占領北部與西部區域，並奪得部分油田與伊拉克最大的摩蘇里水壩成為壯大他們組織的資源，繼續南攻至巴厄古巴市。

2014 年 6 月 29 日該組織宣布建立哈里發國，並更名為「伊斯蘭國」，該名稱仿效中世紀一統的伊斯蘭國，阿布．巴克爾．巴格達迪稱為「哈里發」，首都設在剌格城，足見其企圖心。2014 年 8 月「伊斯蘭國」在北部庫德區進行種族滅絕式的屠殺，殺害亞奇德族五千餘人，擄掠他們的婦女，並圍困逃亡者，任由他們飢渴而亡。北部庫德軍因被侵襲而加入對抗「伊斯蘭國」的陣容，此間什葉派的伊朗著名革命衛隊「耶路撒冷軍」也滲入北部庫德區幫忙對抗遜尼派的「伊斯蘭國」。2014 年伊拉克許多地區落入「伊斯蘭國」組織手裡，伊拉克境內陷入長達三年餘的激烈戰鬥。2016 年 7 月適逢伊斯蘭齋月月末，「伊斯蘭國」組織在巴格達市進行一連串的爆炸案，最嚴重的是在克剌達區 (al-Karādah) 商圈的汽車自殺炸彈案，死傷五百餘人。此案直到 2021 年才逮捕到主謀並處以絞刑。

「伊斯蘭國」組織主要活動地區在伊拉克及敘利亞，他們進行許多併吞、破壞與殺戮的恐怖行動，逐漸控制敘利亞北部與伊拉克北部、西部許多城市，恐怖行為蔓延到阿拉伯半島及非洲、中亞的伊斯蘭國家，其控制的地區迅速擴張，並分省治理，儼然成為一個疆域遼闊的大國。伊拉克總理努里．馬立基任內組織民軍對抗「伊斯蘭國」。2014 年 8 月伊拉克庫德族的新總統夫阿德．馬厄蘇姆（Fu'ād Ma'sūm，任期 2014～2018）任命什葉派宣教黨黨員海達爾．艾巴迪（Ḥaydar al-'Abādī，任期 2014～2018）為伊拉克新總理。海達爾．艾巴迪將人民動員部隊納入伊拉克正規軍，這支民兵為伊拉克收復許多失土，包含巴格達東北部的迪亞拉省、巴比倫省北部、巴格達周邊地區、沙拉賀丁省等。2014 年 8 月美軍加入殲滅「伊斯蘭國」行動。此後，美軍結合伊拉克政府軍、什葉派民兵、庫德軍，聯合對抗「伊斯蘭國」。2014 年年底國際組成八十五國聯軍討伐「伊斯蘭國」，2015 年美軍再度部屬在伊拉克。2014 年到 2015 年，「伊斯蘭國」在摩蘇里大肆破壞，炸毀尤努斯先知清真寺、毀壞摩蘇里博物館裡的亞述及迦勒底文明古物，2017 年年中伊拉克才奪回摩蘇里。2017 年初「伊斯蘭國」占領伊拉克和敘利亞的領土約達四萬五千多平方公里，2017 年底在國際聯軍不停的攻擊後，終於結束與「伊斯蘭國」組織在伊拉克的戰爭，然而其餘孽至今仍存，他們在世界各地尚保

圖 26：位於摩蘇里的尤努斯先知清真寺遭「伊斯蘭國」炸毀

有一萬平方公里左右的領地。

「伊斯蘭國」第一任「哈里發」巴格達迪被列名為世界十大恐怖分子之一。2015 年 10 月伊拉克官方宣稱巴格達迪的飛機遭伊軍空襲，同行者被炸身亡，巴格達迪下落不明。此後各國對其生死各有說法，而其錄音、影片不時的在媒體中發布，直到 2019 年 4 月 「伊斯蘭國」 的媒體還發布巴格達迪威嚇世界的影片 。2019 年 10 月 「伊斯蘭國」 正式宣布巴格達迪的死訊，「伊斯蘭國」的媒體「夫爾甘媒體公司」正式宣布 2014 年曾參與屠殺亞奇德族的伊拉克人阿布．亞伯拉罕．哈希米．古萊須 (Abū Ibrāhīm al-Hāshimī al-Qurashī, 1976～2022) 繼任哈里發。2022 年 2 月美軍在敘利亞西北部展開緝殺阿布．亞伯拉罕的行動，最後他引爆繫在身上的自殺炸彈而亡，巴格達迪的兄弟阿布．哈珊．哈希米．古萊須 (Abū Ḥasan al-Hāshimī al-Qurashī, 1980～2022) 繼位，但他在 2022 年 11 月便戰死 ， 由阿布．胡賽因．胡賽尼 (Abū al-Ḥusayn al-Ḥusaynī) 繼位。2023 年 8 月 3 日 「伊斯蘭國」 組織媒體發言人宣布阿布．胡賽因．胡賽尼死亡，由阿布．哈弗舍．哈希米．古萊須 (Abū Ḥafṣ al-Hāshimī al-Qurashī) 繼任，並指控敘利亞的沙姆解放組織 (Hay'ah Taḥrīr ash-Shām) 殺死阿布．胡賽因．胡賽尼後，將其屍首交給土耳其政府。

「伊斯蘭國」組織興起後便勢焰熏天，除了因為他們頻繁使用無人機、自殺炸彈汽車與人肉炸彈外，或許還歸因於古老伊斯蘭聖戰意識的復興。「聖戰」自古便是穆斯林拓展疆域的手段，嚴格說是一種結合宗教與政治的意識，實踐在世界各地的阿拉伯與非阿拉伯的伊斯蘭團體中。儘管如此，直到賓拉登的巴勒斯坦導師艾卜杜拉．艾札姆 (‘Abdullāh ‘Azām, 1941～1989) 在伊斯蘭世界各地招募聖戰士至阿富汗對抗蘇聯，聖戰意識才開始復燃。艾札姆首先成立辦事處，並延攬賓拉登參與阿富汗戰爭，共創「基地」組織，藉由深化瓦哈比派的聖戰思想教育，使成員熱衷於聖戰、設定明確目標在消滅入侵伊斯蘭世界的西方政權。聖戰意識自此時迅速組織化且現代化，包含對聖戰士的嚴格軍事訓練、使用先進武器和通訊設備、利用網路、媒體發動心理戰等。2011 年賓拉登被殺後，伊斯蘭世界的聖戰主義思潮不滅反增，從而發展出更極端的「伊斯蘭國」組織。

三、「伊斯蘭國」組織的媒體

「伊斯蘭國」組織強大的因素在於他們成功利用網際網路的社交媒體、通訊軟體，譬如 Twitter、Youtube、Facebook、Telegram 以宣揚他們的理念與目標、招募世界各地的青年戰士以壯大組織，其中不乏傳布許多影片、文字與圖像且瞬間流行。「伊斯蘭國」組織為達目標，陸續設立自己的媒體公司，第一家媒體公司是創立於 2006 年的「夫爾甘媒體公司」，創立者是一位伊拉克小兒科醫生，也是該組織媒體領導人阿布．穆罕默德．夫爾甘 (Abū Muḥammad al-Furqān, d. 2016)。該媒體公司製作的成品最著名的是 2012 到 2014 年一系列名為「刀劍叮噹響」(Ṣalīl aṣ-Ṣawārim) 的歌曲影片，內容在描繪戰役與軍事行動，2014 年在 Youtube 播出時，一天內湧入五萬六千多名觀眾。2014 年 8 月阿布．穆罕默德．夫爾甘再設「阿厄馬各新聞社」(Wikālah al-A‘māq)，專門負責發布「伊斯蘭國」組織的政治、軍事即時新聞。2013 年設立「伊厄提沙姆 (al-I‘tiṣām) 媒體公司」，以阿、英語言製作大量的作品，尤其是系列性宣揚聖戰與伊斯蘭榮耀的短片、「伊斯蘭國」組織戰爭紀錄片、伊斯蘭史上著名的戰士名言及其事蹟，著名的作品如「把他們從身後趕走」系列、紀錄敘利亞北部城市庫巴尼戰況的「伊斯蘭之眼——庫巴尼」系列。2014 年該組織設立「阿几納德」(Ajnād) 媒體公司，專門製作歌曲及《古蘭經》誦讀等音頻作品，除了《古蘭經》誦經作品之外，該公司製作了一百五十餘首阿拉伯標準語與方言歌曲。2014 年 5 月「伊斯蘭國」成立「海亞媒體中心」(Markaz al-Ḥayāh lil-I‘lām)，以阿拉伯、土、英、法、德、俄語發布視、聽訊息與影片，其製作、藝術水準都趕得上世界媒體水準，由於許多影片非常驚悚，在網路上迅速瘋傳，每每震驚全世界。該媒體中心也發行各種語言的電子雜誌。2015 年該組織設立「幼發拉底媒體中心」，專門針對東方世界的民眾所設，因此除了阿、英語之外，還使用俄、塔吉克、吉爾吉斯、哈薩克、印尼語，並發行《征服者雜誌》(*Majallāh al-Fātiḥīn*)。

第四節　後「伊斯蘭國」時期的伊拉克

一、十月抗爭

什葉派海達爾．艾巴迪任職總理四年間曾企圖改革吏治，提出行政、經濟、金融、服務業等各層面改革政策，包含打擊貪腐、著重效率並唯才是用，摒除舊有的政治陋習、合併與撤除一些部會、裁撤政府機關冗員，包含 2015 年 8 月裁撤長久掌控伊拉克政權的副總統努里．馬立基職位。2015 年海達爾．艾巴迪呼籲開放「綠區」，所謂「綠區」是 2003 年美軍占領伊拉克後，在巴格達市中心建占地十平方公里的區域，區內包含政府行政與軍事機關、美國大使館及其他國際機構，該區設有層層的安全維護，反映了當時伊拉克的混亂政局。2018 年底綠區才逐步有時間限制的開放。

2017 年海達爾被美國《外交政策》雜誌選為全球最傑出的政治思想家之一，有望團結伊拉克。實際上伊拉克的失序幾乎是回天乏術，「伊斯蘭國」之亂終結後，人民對政府的無能與高失業率普遍不滿。2018 年 7 月巴格達發起群眾運動，訴求政治改革並將伊朗勢力趕出伊拉克，大規模示威運動迅速延燒到其他城市。政府為鎮壓示威遊行，造成上千人死亡。2018 年 10 月庫德族巴爾赫姆．沙立賀（Barham Ṣāliḥ，任期 2018～2022）當選總統，任命什葉派艾迪勒．艾卜杜．馬合迪 （‘Ādil ‘Abd al-Mahdī ， 任期

2018～2019）為總理。2019 年世界示威浪潮方興之際，伊拉克於該年 10 月 1 日在巴格達及南部各省爆發大規模的示威遊行，這些示威民眾絕大多數並無政黨或宗派傾向，他們訴求拔除政府、艾迪勒．艾卜杜．馬合迪總理下臺、舉行大選、伊朗勢力退出伊拉克、解決失業和貧窮等經濟問題，此大規模的民眾運動持續到 2021 年 7 月，這波示威浪潮中政府以暴制暴，包含開火、逮捕示威者，有些人被捕後便下落不明，被稱之為「十月抗爭」。2019 年 11 月示威者燒毀納加弗伊朗領事館，拆下伊朗國旗代之以伊拉克國旗，造成數十人死傷。自 10 月 1 日至 12 月 31 日六百餘人死亡，兩萬多人受傷。11 月底艾迪勒．艾卜杜．馬合迪辭職，由出身情報單位的穆舍拓法．克區米（Muṣṭafā al-Kāẓimī，任期 2020～2022）繼任總理。然而代表反政府的沙德爾潮流派為人民出聲，對新政府無法解決人民最基本的水、電、醫療等民生問題所顯現的無能非常失望，而最根本的解決方法應該是拔除這些有外力支持的政權，無論是西方，或在兩河上游建造發電廠或水壩而造成伊拉克飲水與灌溉問題的伊朗與土耳其，都不應介入伊拉克的內政。2022 年 10 月擁有英國學術背景的「庫爾迪斯坦愛國聯盟」成員艾卜杜．拉堤弗．剌序德（'Abd al-Laṭīf Rashīd, 1944～）當選新總統，任命農業專長的穆罕默德．蘇達尼（Muḥammad as-Sudānī）為總理，蘇達尼父親與家人是被海珊所殺的伊斯蘭宣教黨員。

回顧美國占領伊拉克之後精心安排的什葉派伊拉克新政府，其外交政策逐漸親伊朗、遠遜尼派國家。伊拉克總理努里．馬立基在他任內便數次訪問伊朗，遜尼派國家對伊拉克新政府的心防之深不言而喻， 譬如已故的沙烏地阿拉伯國王艾卜杜拉．艾卜杜．艾奇資在位時，曾表示他不信任當時任伊拉克總理的努里．馬立基，因為什葉派的努里．馬立基充其量只是伊朗的代理人。另一方面，在伊拉克眼裡美國對伊拉克新政權的安排則是司馬昭之心，無非是利用極端組織與混亂局勢來控制伊拉克，是否這段不堪的伊拉克混亂史充其量只是美國的一盤棋局？目前的伊拉克新政府是否真有能力讓人民的生活品質迅速提升，讓伊拉克人不必每逢 10 月 1 日的「抗爭節」再走進巴格達解放廣場與老鷹廣場，世人都在看著。

二、川普的回馬槍

2019 年 12 月伊拉克的美國 K1 空軍基地遭火箭襲擊，造成一人死亡、數名美、伊軍人受傷。美國聲稱攻擊者是伊朗資助的真主黨旅，並立即砲轟真主黨與已被納入伊拉克政府軍的「人民動員軍」基地，造成五十餘人死傷。12 月 31 日，一群什葉派武裝人士圍攻巴格達「綠區」的重武裝美國大使館，攻破固若金湯的美國大使館外圍由伊拉克軍警負責的管制區，並在接待區縱火，美國反恐特遣隊立即出動，有驚無險地結束危機，但伊拉克政府與美國之間因前者的消極作為，雙方關係蒙上陰影。2020 年 1 月 3 日美國發動無人機襲擊巴格達國際機場行駛中的車隊，炸死包含伊朗革命衛隊的「耶路撒冷軍」指揮官格西姆．蘇萊曼尼 (al-Qāsim Sulaymānī) 少將、伊拉克人民動員軍副指揮官阿布．馬合迪．穆含迪斯 (Abū Mahdī al-Muhandis) 及八位伊朗與伊拉克軍官。格西姆．蘇萊曼尼領導的耶城軍專門支援伊朗境外的軍事行動，包含為伊拉克訓練什葉派民兵等，因此美國公然擊殺伊朗如此重要將領，顯然在報復伊朗在伊拉克針對美國所做的各種破壞行動，美國稱日後將繼續攻擊伊朗各種支持伊拉克的軍事行動。伊拉克國會首先對美國的攻擊做出回應，於 1 月 5 日召開臨時會議，決議驅逐伊拉克境內所有外國軍隊。川普針對此項決議警告伊拉克，若伊拉克敢施行此決議，必須支付美國所有建設軍事基地的費用。另一方面伊朗於 1 月 8 日對伊拉克的兩處美軍基地發射數十枚彈道飛彈，造成非常嚴重的損壞。川普立即回應，將對伊朗實施經濟制裁，自此美國與伊朗不斷互相攻擊，形成另一次的海灣危機，聯合國也表示美國此次暗殺行動違反國際法。2020 年 3 月開始，美國領導的聯軍將伊拉克與敘利亞邊境的軍事基地轉移給伊拉克安全部隊，此後陸續將各基地移交伊拉克，多國聯合特遣部隊指揮中心也撤至科威特，德、加、澳等國決定從伊拉克撤出部分軍隊。2021 年 4 月美國衡量它與中國在亞太地區的政經勢力角逐，宣布將從伊拉克撤軍，以重新布署其兵力的區域分布，遺憾的是伊拉克從這波災難中得救，卻苦了或許將淪為美國下一波計畫目標的臺灣。2021 年年底美國留下兩千多名士兵在伊拉克作為「顧問」。為期二十年的美國占領是否真正結束、伊拉克是否真正解脫，尚待後續發展。

三、社會文化現況一瞥

中世紀伊斯蘭黃金時期伊拉克的科學、文學、藝術與音樂曾聞名於世，儘管此地經歷無數浩劫，任何遺址都足以讓人發思古幽情。譬如阿拉伯歷史上最享盛譽的詩人穆塔納比 (al-Mutanabbī, d. 965) 便出生於伊拉克庫法城，今日巴格達市中心以他為名的穆塔納比街還有他的塑像供人瞻仰。出生於巴格達的現代伊拉克女詩人納奇柯．馬拉伊克 (Nāzik al-Malā'ikah, d. 2007) 開創阿拉伯現代詩的韻律，是阿拉伯自由詩的先驅。出生於伊拉克摩蘇里的阿拔斯時期音樂與時尚大師「黑鳥」(Ziryāb)，將自己的音樂與藝術成就帶到安達魯斯，引領中世紀時尚並影響歐洲音樂與時尚生活。今日巴格達有許多的管弦樂團、戲劇團及藝術學校，是阿拉伯音樂家與畫家之都，他們肩負保存先人美名的使命。此外，伊拉克人也絕非娛樂運動的新手，因為許多古世界各民族的娛樂盛行於美索不達米亞，而現代伊拉克人最熱衷的則是足球，1948 年伊拉克成立足球協會，並數度贏得亞洲與國際盃獎。此外，若想一覽伊拉克的民俗，不妨流連於傳統市集，許多古老的傳統市集躲過戰火倖存至今，譬如巴格達以販賣家用器皿為著的沙法菲爾（aṣ-Ṣafāfīr，阿拉伯語意為「銅匠」）市集，其歷史追溯到阿拔斯時期哈里發阿布．加厄法爾．曼舒爾建設巴格達城以前，市集中曾有名盛一時的尼查米亞學校及 1233 年完成於底格里斯河東岸的穆斯坦席里亞學院 (al-Madrasah al-Mustanṣirīyah)，亦即今日穆斯坦席里亞大學前身。伊拉克過於古老，無人能探測它的底蘊或盡述它的榮耀，但復興往昔的文化榮景卻是伊拉克劫後餘生的當務之急。

今日的伊拉克石油儲量占世界第五位，僅次於委內瑞拉、沙烏地阿拉伯、加拿大和伊朗。2003 年美軍入侵後，伊拉克石油掌控在美國的手中，石油收益大幅縮水，但因長期戰亂，經濟一向僅能仰賴石油輸出。根據 2022 年國際貨幣基金會的報告顯示伊拉克國內生產總值成長率達 9.3%，占阿拉伯國家之首，是伊拉克前所未有的現象，除了因為石油收入豐厚外，其他各經濟指數似乎都有成長。弔詭的是伊拉克人民的生活並未改善，2022 年失業率尚達 15.55%。此外，伊拉克因戰亂、種族滅絕的恐懼等，導致社會巨變，孤兒寡母與未婚女性人數不斷增加，離婚率大增，民生議題被忽視，水、電、燃料等基本生存條件都嚴重不足，罪犯充斥大街小巷，毒品販賣與走私問題嚴重，因惡劣生活條件所衍生的霍亂、愛滋病、癌症、精神疾病叢生，凡此都使得伊拉克成為不安全的國度。

戰亂也帶來伊拉克人口流動與結構的改變，根據 2006 年聯合國的調查顯示，有兩百萬伊拉克難民和移民移居附近的阿拉伯國家，境內則另有兩百萬人因暴力與戰爭離鄉背井，移居伊拉克其他城鄉。社會混亂狀況改善後，人口逐漸回流，生育率每年持續成長，至 2022 年伊拉克總人口約四千四百萬。目前境內宗派與各民族的分布並無太大的變動：南部是什葉派阿拉伯人；北部是遜尼派阿拉伯人；東北部是信仰什葉、遜尼與基督宗教的庫德人，阿拉伯人口約占總人口 77%，庫德人約占 19%，土庫曼人、雅述人、亞奇德人等少數民族約占總人口 4% 至 5%。2011 年美軍撤退之後的調查顯示，97% 的伊拉克人信仰伊斯蘭，其中遜尼派不到 35%、什葉派不到 70%，其他宗教包含基督教、猶太教、曼德安教、亞奇德教等。雅述人信仰基督宗教，基督宗教徒因戰爭紛紛移民因而人口遞減，即使近幾年社會安全狀況改善後也未回流。境內許多居民來自世界各地，故語言複雜，但阿拉伯語和庫德語仍是官方語言，民間尚有操亞美尼亞語、波斯語、亞拉姆語的居民。

今日伊拉克人生活型態已世俗化，宗教節日與國際節日並列為國定假日，週休二日亦為求與國際接軌改為星期五及星期六，而非傳統的星期四、五。城市居民與年輕人大多穿著西式服飾，村民與尊崇傳統者仍穿戴傳統的長袍、艾巴亞黑袍、頭巾等。庫德人與其他民族亦有部分的西化或遵循其傳統服飾與生活習俗的現象。人民思想多傾向護衛伊斯蘭價值，譬如待人慷慨、謙遜、敬老尊賢、男女分際等伊斯蘭禮儀。人民的自由民主思想因歷史的折磨始終持續在成長，最顯著的現象是民間團體與組織急速增加，這些團體的宗旨非常多元且廣泛，其資金往往得自駐伊拉克的外國團體與組織，2011 年美軍撤退後，國際組織與一些外國政府仍繼續給予金援，支持這些社會組織的成長，至 2019 年伊拉克的民間組織數量高達四千七百個。展望未來，列強若能遠離，依伊拉克民族性的積極進取與奮鬥精神，休養生息之後必能再創另一波的榮景。

附　錄

大事年表

西元前

3500～2350	蘇美人居住在伊拉克南部下美索不達米亞地區，蘇美文明逐漸發展。
1894～1595	古巴比倫帝國時期，由亞摩利人建立，建都巴比倫。
1350～612	亞述帝國時期。
626～539	新巴比倫帝國時期。西元前 539 年，波斯人入侵，消滅新巴比倫帝國。
559～330	阿契米尼恩帝國時期。西元前 330 年，被亞歷山大所滅。
330～323	亞歷山大統治時期。西元前 323 年，亞歷山大逝世於巴比倫城。
312～141	塞流息得帝國時期，統治範圍由現今阿富汗到地中海。
141～西元 224	波斯帕提亞帝國時期。

西元

224～651	薩珊帝國時期，創立者阿爾達希爾源自阿契米尼恩帝王家族的後代，建都泰西封，統治伊拉克。
661～750	奧米雅時期。
750～1258	阿拔斯時期，為穆斯林統治的全盛時期，935 年起該政權落入外族勢力，1258 年蒙古人攻入巴格達，結束阿拔斯政權。
1258～1335	被蒙古占領，旭烈兀建立伊兒汗國。

1336～1432	1330 年代伊兒汗國分裂，伊拉克地區歸哲拉伊爾王國統治。
1410	土庫曼黑羊部落的卡拉尤蘇弗奪下伊拉克。
1468	土庫曼白羊部落打敗黑羊部落。
1508	薩法維帝國占領巴格達，白羊王朝結束。
1534	伊拉克地區由鄂圖曼土耳其統治。
1639	波斯、土耳其簽訂《儒哈柏協定》。
1747	喬治亞裔的阿賀馬德帕夏在伊拉克建立喬治亞帕夏地方政府。
1768～1774	土俄戰爭不斷，1774 年 7 月土俄簽訂《楚庫克凱那爾吉和約》。
1858	鄂圖曼土耳其帝國實施《TAPU 土地法》，派遣米德哈特帕夏任巴格達總督。
1869	蘇伊士運河開通，經濟作物可經運河外銷，改善經濟狀況。
1916	英與法、俄簽訂《賽克斯皮科特雙邊協定》，瓜分中東。
1918	英軍占領基爾庫克、摩蘇里，開始控制伊拉克的石油利益。國際聯盟將原鄂圖曼土耳其帝國統治的巴格達、巴舍剌二省交由英國統治。
1920	列強在義大利召開聖雷莫會議，瓜分伊拉克經濟利益。
1921	邱吉爾在開羅會議中提名費瑟為伊拉克國王，費瑟一世即位。
1922	簽訂《英伊條約》。
1924	制定《伊拉克憲法》，將 1916 年制定的《部落犯罪及民事訴訟法規》併入其中，於 1925 年由國王批准。

1926	英、土簽訂《摩蘇里條約》，土耳其交出摩蘇里區。
1932	伊拉克正式成為國際聯盟第五十七個會員國。
1933	費瑟一世逝世，其子佳奇繼位。
1935	開啟基爾庫克到地中海的輸油管。
1936	伊拉克分別與沙烏地阿拉伯、葉門簽訂友好同盟條約。
1937	伊拉克和伊朗、土耳其、阿富汗簽訂《薩厄德阿巴德公約》。
1948	英、伊雙方簽署《朴資茅斯條約》，欲建立平等獨立的防禦同盟關係。
1952	伊拉克群眾暴動，訴求國家獨立，至 1953 年 1 月才平息。
1955	英、美為保護西方在海灣地區的利益，簽署《巴格達條約》，英國亦將伊拉克納入其中，避免伊拉克受阿拉伯解放運動的影響。
1958	7 月發生流血革命。
1963	2 月再度發生革命。
1963～1966	艾卜杜．薩拉姆．艾里弗執政。
1966～1968	艾卜杜．刺賀曼．艾里弗執政。
1968	阿賀馬德．哈珊．巴克爾 7 月發動政變，得到政權。行政上倚重海珊。
1970	7 月伊拉克實施《憲法》，明定為民主共和國，總統身兼國軍總司令及革命指揮委員會主席。
1974	伊拉克與伊朗簽訂協定，結束庫德族暴動。
1975	海珊和伊朗國王簽訂《阿爾及爾條約》，定阿拉伯河航道中線為兩國界線。

1979	海珊任伊拉克總統。
1980	海珊廢除《阿爾及爾條約》，宣布對伊朗作戰，兩伊戰爭爆發（即第一次海灣戰爭）。
1981	以色列轟炸巴格達附近的原子反應爐。
1988	伊朗接受〈聯合國 598 號決議案〉，持續八年的兩伊戰爭 (1980～1988) 結束，雙方同意停火。
1990	8 月伊拉克占領科威特。
1991	美國為首的聯軍部隊，1 月向伊拉克開戰，第二次海灣戰爭爆發。4 月聯合國安全理事會宣布戰爭結束。
1998	伊拉克不配合聯合國進行武檢，英、美自行發動以「沙漠之狐」為代號的軍事行動。
2003	3 月英美聯軍攻擊伊拉克，第三次海灣戰爭爆發。5 月戰爭結束，海珊垮臺，伊拉克全國陷入混亂。12 月美軍在什葉派聖地納加弗地洞逮捕海珊。
2004	6 月英、美將政權歸還伊拉克。
2005	過渡國會選出總統並進行《伊拉克憲法》起草。7 月美伊雙方簽訂《貿易與投資架構性協議》，促進雙邊貿易。10 月憲法付諸公投通過。
2006	對海珊進行審判，12 月底執行海珊的判決——絞刑。
2011	美軍正式撤出伊拉克領土。
2014	「伊斯蘭國」組織宣布建立哈里發國。庫德族夫阿德．馬厄蘇姆當選總統。
2018	庫德族巴爾赫姆．沙立賀當選總統。
2019	十月抗爭，巴格達與南部各省爆發大規模示威遊行。
2022	庫德族艾卜杜．拉堤弗．剌序德當選新總統。

參考書目

中文部分

王懷德，《伊斯蘭教史》，寧夏：寧夏人民出版社，1994。

金宜久，《當代伊斯蘭教》，北京：東方出版社，1992。

沙烏地阿拉伯王國朝覲義產部，《中文譯解古蘭經》，麥地那：法赫德國王古蘭印製廠，1470AH。

吳冰冰，《什葉派現代伊斯蘭主義的興起》，北京：中國社會科學出版社，2000。

外文部分

Abū Khazzām, Ibrāhīm, *Al-Hurūb wa Tawāzun al-Quwā*, Amman: Manshūrāt al-Ahlīyah, 1999.

Amīn, Aḥmad, *Ḍaḥā al-Islām*, Beirut: Dār al-Kitāb al-'Arabī, 1969.

______, *Ẓuhr al-Islām*, Beirut: Dār al-Kitāb al-'Arabī, 1969.

______, *Fajr al-Islām*, Beirut: Dār al-Kitāb al-'Arabī, 1975.

Antonius, George, *Yaqẓah al-'Arab*, trans. by Nāṣir ad-Dīn al-Asad & Iḥsān 'Abbās, Beirut: Dār al-'Ilm lil-Malāyīn, 1987.

Arthur Goldschmidt, Jr., *A Concise History of the Middle East*, Cairo: The American University, 1996.

al-Aṣfahānī, Abū al-Farj, *Kitāb al-Aghānī*, Beirut: Dār Ihyā' at-Turāth al-'Arabī, (n.d.).

al-Baghdādī, al-Khaṭīb, *Tārīkh Baghdād*, Muṣṭafā 'Abd al-Qādir 'Aṭā (ed), Beirut: Dār al-Kutub al-‘Ilmīyah, 1417AH.

Bashūr, Wadī‘, *al-Mīthūlūjiyā as-Sūrīyah*, Damascus: Mu’assasah Fikr al-Abḥāth wa an-Nashr, 1981.

______, *Sūmar wa Akād*, Damascus: publisher (N/A), 1981.

Brockelmann, C., *Fiqh al-Lughāt as-Sāmīyah*, trans. by Ramadan ‘Abd at-Tawwāb, Riyadh: Riyadh University, 1977.

Ḍayf, Shawqī, *Al-‘Aṣr al-‘Abbāsī al-Awwal*, Cairo: Dār al-Ma‘ārif, 1976.

______, *Al-‘Aṣr al-Islāmī*, Cairo: Dār al-Ma‘ārif, 1963.

______, *Al-‘Aṣr al-Jāhilī*, Cairo: Dār al-Ma‘ārif, 1960.

Dīb, Kamāl, *Mūjaz Tārīkh al-‘Irāq min Thawrah al-‘Ishrīn Ilā al-Ḥurūb al-Amīrikīyah wa al-Muqāwamah wa Qiyām al-Jumhūrīyah ath-Thāniyah*, Beirut: Dār al-Fārābī, 2013.

al-Fākhūrī, Hannā, *Al-Mūjaz fī al-Adab al-‘Arab wa Tārīkhi-hi*, Beirut: Dār al-Jīl, 1991.

______, *Tārīkh al-Adab al-‘Arabī*, Beirut: al-Maktabah al-Būlisīyah, 1987.

Farouk-Sluglett, Marion & Sluglett, Petter, *Iraq Since 1958*, London: KPI Limited, 1987.

Farūkh, ‘Umar, *Tārīkh al-Adab al-‘Arabī*, Beirut: Dār al-‘Ilm lil-Malāyīn, 1984.

al-Ghāmidī, Sa‘d, *Al-‘Irāqīyūn wa al-Maghūl*, Riyadh: Dār al-Nahḍah al-Islāmīyah, 1991.

Gharin, J. A. & Ratner, Michael, *Ḍidd al-Ḥarb fī al-‘Irāq*, trans. by Ibrāhīm Yaḥyā ash-Shahābī, Damascus: Dār al-Fikr, 2003.

Hādī, Aḥmad, *Tārīkh al-Ḥaḍārah al-Islāmīyah*, Amman: Jama‘īyah

'Ummāl al-Maṭābi' at-Ta'āwunīyah, 1991.

Ḥamīdī, Ja'far & Aḥmad, Ibrāhīm, *Tārīkh al-Irāq al-Mu'āṣir*, Beirut: al-Mu'assasah al-Lubnānīyah lil-Kitāb al-Akādīmī, 2014.

Ḥanūsh, 'Alī, *Al-'Irāq Mushkilāt al-Ḥāḍir wa-Khayārāt al-Mustaqbal*, Beirut: Dār al-Kunūz al-Adabīyah, 2000.

Ḥasan, Ibrāhīm, *Tārīkh al-Islām as-Siyāsī wa-d-Dīnī wa-th-Thaqāfī wa-l-Ijtimā'ī*, Cairo: Maktabah an-Nahḍah al-Miṣrīyah, (n.d.).

Ḥayyāwī, Nabīl, *Suqūṭ Baghdād*, Beirut: Dār al-Qalam, 2003.

Hitti, Philip K, *The Near East in History*, New York: Van Nostrand Reinhold, 1961.

al-Ḥusnī, 'Abd ar-Razzāq, *Tārīkh al-'Irāq as-Siyāsī al-Ḥadīth*, Beirut: ar-Rāfidayn liṭ-Ṭibā'ah wa at-Tawzī', 2008.

Ibn 'Abd Rabbih al-Andalusī, Aḥmad bn Muḥammad, *Al-'Iqd al-Farīd*, Beirut: Dār al-Kitāb al-'Arabī, 1986.

Ibn al-Athīr al-Jazarī, Abū al-Ḥasan 'Alī bn Muḥammad, *Al-Kāmil fī at-Tārīkh*, Abū al-Fidā' al-Qāḍī (ed.), Beirut: Dār al-Kutub al-'Ilmīyah, 1987.

Ibn Hishām, Abū Muḥammad 'Abd al-Malik, *Sīrah an-Nabī*, Majdī Fatḥī as-Sayyid (ed.), Ṭanṭā: Dār aṣ-Ṣaḥābah li-t-Turāth, 1995.

Ibn al-'Imād al-Ḥanbalī, Abū al-Fallāh 'Abd al-Ḥayy, *Shadharāt adh-Dhahab*, Beirut: Dār al-Fikr, 1994.

Ibn al-Jawzī, Abū al-Farj 'Abd ar-Raḥmān bn 'Alī, *Al-Muntaẓam fī Tārīkh al-Umam wa al-Mulūk*, Muḥammad 'Abd al-Qādir (ed.), Beirut: Dār al-Kutub al-'Ilmīyah, 1987.

Ibn Khaldūn, 'Abd ar-Raḥmān, *Muqaddimah Ibn Khaldūn*, Beirut: Dār

Maktabah al-Hilāl, 1986.

______, *Tārīkh Ibn Khaldūn*, Beirut: Mu'assasah al-A'lamī, 1971.

Ibn Khallikān, Abū al-'Abbās Shams ad-Dīn Aḥmad bn Muḥammad, *Wafayāt al-A'yān wa-Anbā' az-Zamān*, Iḥsān 'Abbās (ed.), Beirut: Dār Ṣādir, (n.d.).

Ibn Manẓūr, Jamāl ad-Dīn Muḥammad, *Lisān al-'Arab*, Beirut: Dār Ṣādir, (n.d.).

al-Jāḥiẓ, Abū 'Uthmān 'Amr bn Baḥr, *Al-Bayān wa-t-Tabyīn*, 'Abd as-Salām Harūn & Muḥammad Fātiḥ ad-Dāyah (ed.), Beirut: Dār al-Fikr, (n.d.).

Khāzin, Nasīb, *Min as-Sāmīyīn ilā al-'Arab*, Beirut: Dār Maktabah al-'Ilm li-l-Malāyīn, 1984.

Kramer, Samuel Noah, *Cradle of Civilization*, New York: Time Incorporate, 1969.

______, *The Sumerians: Their History, Culture, and Character*, Chicago: The University of Chicago Press, 1971.

Mahrān, Muḥammad Bayyūmī, *Dirāsāt fī Tārīkh al-'Arab al-Qadīm*, Riyadh: Imam University Press, 1980.

Marr, Phebe, *The Modern History of Iraq*, Colorado: Westview Press, 2004.

al-Mas'ūdī, 'Alī bn al-Ḥusayn, *Murūj adh-Dhahab wa-Ma'ādin al-Jawhar*, Beirut: Dār al-Kutub al-'Ilmīyah, 1986.

al-Mawsū'ah lin-Nashr wa al-Tawzī', *Al-Mawsū'ah al-'Arabīyah al-'Ālamīyah*, Riyadh: al-Mawsū'ah lin-Nashr wa al-Tawzī', 1999.

Metz, Helen Chapin (ed.), *Iraq a Country Study*, Washington, D.C.:

Federal Research Division, Library of Congress, 1990.

Nawwār, ‘Abd al-‘Azīz, *Tārīkh al-‘Arab al-Mu‘āṣir-Miṣr wa-l-‘Irāq*, Beirut: Dār an-Nahḍah al-‘Arabīyah, 1973.

Ronuven, Pier, *Tārīkh al-Qarn al-‘Ishrīn*, trans. by Nūr ad-Dīn Ḥāṭūm, Beirut: Dār al-Fikr al-Mu‘āṣir, 1980.

ar-Rūsān, Mamdūḥ, *‘Alāqah al-‘Irāq as-Siyāsīyah ma‘a Aqṭār al-Mashraq al-‘Arabī*, Irbid: Mu’assasah Ḥammādah lid-Dirāsāt al-Jami‘īyah wa an-Nashr wa at-Tawzī‘, 2000.

as-Sabbā‘ī, Muṣṭafā, *Min Rawā’i‘ Ḥaḍārati-nā*, Amman: Maṭābi‘ al-Mu’assasah aṣ-Ṣaḥīfah al-Urdunnīyah, 1974.

Saggs, H. W. F., *Babylonians*, Oakland: University of California Press, 2000.

Sālim, as-Sayyid ‘Abd al-‘Azīz, *Tārīkh al-‘Arab fī ‘Aṣr al-Jāhilīyah*, Beirut: Dār an-Nahḍah al-‘Arabīyah, (n.d.).

Shalabī, Aḥmad, *Mawsū‘ah at-Tārīkh al-Islāmī*, Cairo: Maktabah an-Nahḍah al-Miṣrīyah, 1990.

Simons, Geoff, *Iraq: From Sumer to Saddam*, Basingstoke: Macmillan, 1996.

as-Suyūṭī, Jamāl ad-Dīn ‘Abd ar-Raḥmān, *Tārīkh al-Khulafā’*, Beirut: Dār Ṣādir, 1997.

aṭ-Ṭabarī, Abū Ja‘far Muḥammad bn Jarīr, *Tārīkh al-Umam wa al-Mulūk*, Beirut: Dār al-Kutub al-‘Ilmīyah, 1997.

al-Wardī, ‘Alī, *Lamaḥāt Ijtimā‘īyah min Tārīkh al-‘Irāq al-Ḥadīth*, Baghdad: Baghdad University, 1969.

Wiet, Gaston, *Baghdad*, trans. by Seymour Feiler, Oklahoma: University of Oklahoma Press, 1971.

Yāqūt al-Ḥamawī, *Mu'jam al-Buldān*, Beirut: Dār Iḥyā' at-Turāth al-'Arabī, (n.d.).

Yāqūt, Shihāb ad-Dīn Abū 'Abd Allāh, *Mu'jam al-Udabā'*, Beirut: Dār Iḥyā' at-Turāth al-'Arabī, (n.d.).

az-Ziriklī, Khayr ad-Dīn, *Al-A'lām*, Beirut: Dār al-'Ilm li-l-Malāyīn, 1984.

az-Zubayrī, Abū 'Abd Allāh, *Nasab Quraysh*, Cairo: Dār al-Ma'ārif, (n.d.).

圖片出處

2, 15: Bettmann/CORBIS; 3, 4, 6, 8, 10, 26: Shutterstock; 7: Gianni Dagli Orti/CORBIS; 11: Roger Wood/CORBIS; 12: Gérard Degeorge/CORBIS; 13: Sylvia Cordaly Photo Library/Alamy; 17: Christian Simonpietri/Sygma/CORBIS; 18: INA/epa/CORBIS; 20, 22: Peter Turnley/CORBIS; 23: Ed Kashi/CORBIS; 24: AFP; 25: wikipedia

國家圖書館出版品預行編目資料

伊拉克史：兩河流域的榮與辱／鄭慧慈著.－－增訂二版一刷.－－臺北市：三民，2023
面；　公分.－－（國別史）

ISBN 978-957-14-7670-4（平裝）
1. 歷史 2. 伊拉克

735.51　　112011675

國別史

伊拉克史——兩河流域的榮與辱

作者	鄭慧慈
發行人	劉振強
出版者	三民書局股份有限公司
地址	臺北市復興北路 386 號 (復北門市) 臺北市重慶南路一段 61 號 (重南門市)
電話	(02)25006600
網址	三民網路書店 https://www.sanmin.com.tw
出版日期	初版一刷 2008 年 4 月 增訂二版一刷 2023 年 11 月
書籍編號	S730220
ISBN	978-957-14-7670-4

三民書局